······中国基础教育国家级教学成果文库······

促进数学教师专业发展的
数学教学效率研究

王光明 著

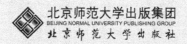

北京师范大学出版集团
BEIJING NORMAL UNIVERSITY PUBLISHING GROUP
北京师范大学出版社

图书在版编目(CIP)数据

促进数学教师专业发展的数学教学效率研究 / 王光明著. —
北京：北京师范大学出版社，2019.1(2025.9重印)
（中国基础教育国家级教学成果文库）
ISBN 978-7-303-24093-7

Ⅰ.①促… Ⅱ.①王… Ⅲ.①数学课－教学研究－中小学
Ⅳ.①G633.602

中国版本图书馆 CIP 数据核字(2018)第 186441 号

出版发行：北京师范大学出版社 https://www.bnupg.com
　　　　　北京市西城区新街口外大街 12-3 号
　　　　　邮政编码：100088
印　　刷：北京虎彩文化传播有限公司
经　　销：全国新华书店
开　　本：710 mm×1000 mm　1/16
印　　张：17.5
字　　数：228 千字
版　　次：2019 年 1 月第 1 版
印　　次：2025 年 9 月第 2 次印刷
定　　价：46.00 元

策划编辑：路　娜　郭　翔　　　责任编辑：马力敏　李　迅
美术编辑：焦　丽　　　　　　　装帧设计：焦　丽
责任校对：韩兆涛　　　　　　　责任印制：马　洁

总　序

教育兴则国家兴，教育强则国家强。中共中央、国务院高度重视教育事业，始终将教育事业摆在优先发展的位置上。在中共十九大报告中，习近平总书记明确指出："优先发展教育事业。建设教育强国是中华民族伟大复兴的基础工程，必须把教育事业放在优先位置，深化教育改革，加快教育现代化，办好人民满意的教育。要全面贯彻党的教育方针，落实立德树人根本任务，发展素质教育，推进教育公平，培养德智体美全面发展的社会主义建设者和接班人。"2018年9月10日，全国教育大会在北京召开，习近平总书记强调：在党的坚强领导下，全面贯彻党的教育方针，坚持马克思主义指导地位，坚持中国特色社会主义教育发展道路，坚持社会主义办学方向，立足基本国情，遵循教育规律，坚持改革创新，以凝聚人心、完善人格、开发人力、培育人才、造福人民为工作目标，培养德智体美劳全面发展的社会主义建设者和接班人，加快推进教育现代化、建设教育强国、办好人民满意的教育。

"两个一百年"奋斗目标的实现、中华民族伟大复兴中国梦的实现，归根到底靠教育，而基础教育则是实现伟大复兴中国梦、提高民族素质、促进人的全面发展的奠基工程。为此，要鼓励校长和教师创新教育思想、教育模式和教育方法，在实践中办出特色，教出风格。

近些年，基础教育领域教育教学成果斐然，涌现出了一大批有特色的学校、有个性的校长、有风格的教师。在此背景下，2014年，教育部委托中国教育学会组织评选了首届"基础教育国家级教学成果奖"，共有417项成果获奖。这些获奖成果是改革开放以来我国基础教育改革创新的缩影，凝聚着几代教育工作者的智慧和心血。获奖者中有的是历史悠久、文化积淀深厚，至今仍然在实践中勃发着育人风采的名校；有的是建校时间短，在校长和教师的勠力同心、共同耕耘下创出佳绩的新学校；有的是办学理念先进、管理经验丰富、充满活力的校长；有的是师德高尚、业务精湛、热爱学生的教师。总结和推广他们的经验，是推动我国基础教育改革、提高基础教育质量、实现基础教育内涵式发展的重要动力，也是写好教育"奋进之笔"、实现教育现代化的重要保证。

为了宣传首届"基础教育国家级教学成果奖"的获奖成果，充分发挥优秀教学成果的示范、引领和借鉴作用，有效促进基础教育的教学改革与质量提升，教育部委托中国教育学会与北京师范大学出版社共同组织编写了"中国基础教育国家级教学成果文库"（以下简称"文库"）。"文库"围绕首届"基础教育国家级教学成果奖"中的特等奖、一等奖及部分二等奖进行组稿，将每一项教学成果转化为一部著作，深入挖掘优秀成果的创新教育理念与教育思想，系统展示教育教学模式和教育方法，着力呈现对教育突出热点问题和难点问题的工作思路、解决措施和实际效果。这套"文库"将成为宣传优秀教学成果、交流成功教改经验、促进基础教育教学质量提升的综合服务平台。

新时代呼唤更好的教育，人民群众期盼更好的教育。只有扎根中国大地，努力挖掘民族文化底蕴，不断吸收优秀文明成果，始终坚定本土教育自信，持续创生本土教育智慧，才能创造富有中国特色的教育理论和教育文明，推进教育教学改革实践探索；才能切实回应人民群众最现实的教育关切，增强人民群众的教育获得感；才能真正办好人民满意的教育，满足人民对美好生活的向往。人民满意的教育既是我们奋斗的目标，也是我们前进的动力。

2018 年 9 月

前　言

21世纪初叶，我国基础教育的一项重要变革举措就是实施新课程改革。拥有和建设一支高素质的教师队伍，是保障新课程顺利实施的关键。《国家中长期教育改革和发展规划纲要(2010—2020年)》指出，要提高教师专业水平和教学能力，提高教师业务水平。在教育实践中，教学效率的高低，往往成为判断教师业务水平高低的重要指标。

教学效率问题早已引起一些教育名家的重视。早在1632年，夸美纽斯在《大教学论》中就指出，著作《大教学论》的目的就是改进学校教育，要让老师因此而少教，让学生因此而多学，让学校充满欢乐，而不是厌烦和高压。到了20世纪，教育家巴班斯基系统研究了教学优化问题。我国著名的青浦数学教学改革之所以成功的原因之一就是他们认为：平庸的教师叙述，好的教师讲解，优秀的教师示范，伟大的教师启发。没有启发的课堂，教学效率必定是低下的。尽管国内外许多专家、学者均曾研究过课堂教学效率问题，对一般教学效率做了深入研究，也涌现出了许多科研成果，取得了关于教学效率的一些新认识，但关于数学高效率教与学的系统研究还不多见。

本人自2002年在南京师范大学攻读博士学位开始，便一直思考数学教学效率问题。2003年3月，经过认真思考、反复斟酌，并征求单墫教授、涂荣豹教授、沈德立教授、肖凤翔教授、庹克平教授、张文贵教授、杨泰良教授、喻平教授等多位专家、学者的意见，申报了全国教育科学"十五"规划课题——数学教学效率论，同年年底被批准为全国教育科学"十五"规划重点课题。2008年8月，在"十五"规划重点课题的研究基础上，又申报了全国教育科学"十一五"规划课题——基础教育高效教学行为研究。2013年，申报了教育部人文社会科学一般项目"高中生高效学习的心理特征研究"。十余年间，关于教学效率的研究经历了由理论到实践、由表层到深层、由数学学科到一般学科的发展与深入。在"课题驱动""教研心动""会议互动""观摩带动""教学行动"的"五动"模式下，我们培养了大量骨干实验教师，促进了教师专业迅速发展。在课题驱动下，天津、福建、浙江、四川、江苏、广东、湖北、陕西和新疆9个实验区先后建立起来，2位教师成为天津市未来教育家奠基工程首批学员，4位教师被评为省级教学名师培养对象，2位教师成为正高级教师，2位教师分别由当地教育主管部门成立了名师工作室，7位教师成长为省级（直辖市）学科带头人，9位教师被评为特级教师，来自100多所学校中的600名教师从中受益。关于数学教学效率研究的专著《数学教学效率论》（理论篇和实践篇）入选"十一五"国家规划重点图书，荣获天津市人民政府颁发的天津市第十一届社会科学优秀成果三等奖；有关数学教师专业发展的专著《数学教育研究方法与论文写作》入选教育部"国培"计划课程资源，荣获天津市人民政府颁发的天津市第十三届社会科学优秀成果三等奖。颁奖过程中，《光明日报》《中国教育报》《天津日报》《天津教育报》《成都日报》《华西都市报》《镇江日报》《福州晚报》、天津电视台、镇江电视台、镇江教育局网、福建省人民政府网、福建省教育厅官网、新华网、人民网·天津视窗等各地媒体对课题重要活动给予了关注与报道。

2014年，基于课题研究的成果《开展数学教学效率课题研究 促进中学数学教师专业发展》获得首届基础教育国家级教学成果二等奖。在中国教育学会和北京师范大学出版社的组织下，课题研究团队将研究成果汇集于《促进数学教师专业发展的数学教学效率研究》。本书是对课题研究十余年来的高度凝练，同时也是对课题研究的理性省思。全书分为十一个章节，系统介绍了数学教学效率的研究溯源、理论概述、实践探索和实践成效。

感谢各地实验校同仁和我校数学教育团队成员多年来的热忱参与和支持，课题研究过程中，谈笑有鸿儒，往来无白丁，实验校教学效率和教师专业水平得以同步提升。本书凝结了同仁的集体智慧，也是我校数学教育团队辛勤耕耘的结果。本书在编写过程中采纳了中国教育学会和北京师范大学出版社给予的诸多中肯建议，在此一并表示诚挚的谢意！

　　由于水平有限，书中疏漏和不当之处在所难免，恳请批评指正。

目　　录

第一章

教学效率研究的背景概述

第一节　教学效率研究的背景

效率问题与民族的振兴、国家的兴衰休戚相关。全社会都要树立效率意识，充分认识效率的意义。数学教育应在正确认识效率、提高效率、帮助学生树立效率意识方面有所作为。

一、教学效率研究的社会背景

效率是践行"五大发展理念"的需要，是克服科技浮躁的需要，是提高国民向时间要效率的意识的需要，也是提高国家竞争力的需要。正是基于这些社会背景，我们展开对效率问题的研究。

（一）效率是践行"五大发展理念"的需要

发展是当今世界的主旋律之一，也是当代中国的主题之一，"创新、协调、绿色、开放、共享"的发展理念是发展行动的先导，以发展理念的转变引领发展方式的转变，以发展方式的转变推动发展质量和效益的提升。"五大发展理念"是认识把握发展规律的科学理念，是经过科学判断、深入思考提出来的。在践行"五大发展理念"、实现中国梦的过程中，首先要引导我们对什么是发展，怎样才能发展，如何评价发展等基本问题作出回答。

重视效率，就要重视效果，没有应然与理想的效果，就谈不上效率。因此，什么是"发展理念"首先体现在对"效果观"的认识上。在我国，形象工程和政绩工程之所以在某些地方搞得轰轰烈烈，与某些部门和某些人盲目注重发展，忽视了效果不无关系。据报道，有的地区不具备建机场的条件，花巨资建成后，全天飞机起降只有三四架次，全年旅客不过二三万人，运量少，亏损严重，只能依靠国家每年几百万元的财政补贴过日子。2003 年投入使用的 12 个重点机场，9 个亏损；38 个支线机场，32 个亏损……①20 世纪，全国都一哄而上生产 VCD 和 DVD，许多厂家在竞争中纷纷倒闭或转产，教训惨痛，而中国的汽车工业似乎在步 VCD 和 DVD 厂家的后尘。举目神州，作坊式的小工厂遍地开花，几乎每个省市区，甚至许多县级地区，都有自己的汽车厂。"中国成为世界上汽车制造厂数量最多的国家，超过美国、日本、德国等所有的汽车大国，而每个厂却都是弱不禁风。"②据报道，全国复混肥行业现在有 2 亿吨左右的产能，而实际的产销量大概只有 5 000 万～6 000 万吨。山东省临沐县曾经有上百家化肥企业，现在已经大量关停倒闭。③这说明，忽视效果的"发展理念"是盲目的，是缺乏效率的。

实现效率离不开先进的科学技术，引进先进技术固然可取，但核心技术的引进往往存在困难，所以发展自己的先进技术至关重要，而这又要有科学(包括自然科学和管理科学的厚实基础等)做支撑，怎样使发展理念体现在先进科学技术，尤其是民族的原创力和专利技术的重要性的敏感度上。我国的高新企业缺少的是自己的高新专利技术，致使高科技产品在国际上竞争力较弱。芬兰由于在通信产业技术上的领先，使其成为北欧的发展新秀。美国更是信息行业的领头羊，信息技术的发达是使美国成为当今世界头号强国的重要原因。1996 年年底，美国《商业周刊》发表文章，认为美国出现的"新经济"即"知识经济"，其主要动力是信息技术革命和商业全球化浪潮。与此同时，网上商业活动发展迅速，许多大公司都通过互联网寻找供货商或顾客，以降低成本。④ 反观我国，信息产业的核心——亚微米微电子技术，中央处理器和电脑的操作系统完全由外国公司控制，重要的电脑部件、外设、传感器和应用软件没有自己的知识产权，信息资源的建库、传输和处理技术还很落后。即使是在汽车行业，我国酒厂、烟厂、空调器厂都跃跃欲试想生产汽车，中国汽车市场看似一派繁荣景象，但是中国汽车业缺少强有竞争力的品

---

① 宗寒：《浮躁——现代化建设的大敌》，载《理论前沿》，2003(19)。

② 陈伟民：《教师与经济》，长春，东北师范大学出版社，2003。

③ 刘朝晖：中国化肥企业深陷"倒闭死亡潮" 行业巨亏上百亿，http://finance.ifeng.com/a/20170418/15307673_0.shtml，2018-06-28。

④ 陈伟民：《教师与经济》，长春，东北师范大学出版社，2003。

牌和技术。韩国国土面积不大，但有"现代"品牌和其技术专利。在中国，北京有"现代"，上海有"大众"，广州有"本田"，天津有"丰田"，湖北有"雪铁龙"。品牌是国外的不可怕，可怕的是，我国汽车行业缺少自己的专利技术，又引进不到最先进的技术，致使在国际上竞争力不强，在国内却是同室操戈，后果令人担忧。

1830 年，尽管当时中国清朝时期的工业总产值还多于俄国，但中国的工业是带有农业作坊式的手工业，效率十分低下。俄国的彼得大帝锐意改革，认识到由农业社会向工业社会转变的重要意义，大力倡导资本主义工业经济，机械工业在俄国迅速发展起来，大大提高了生产效率。但当时的清王朝，还没有认识到汽车、轮船代替牛拉车以及人抬轿子是社会发展的必然，对工业时代效率的高要求缺乏敏感性，对其重要性认识不足，自然难以抵制迅速发展起来的俄国的攻击，只好割地赔款，留下屈辱的历史篇章。没有科学技术，就没有效率；没有效率，就没有社会的繁荣。因此，在怎样发展的问题上，首先体现在通过科学技术提高效率的重要性的认识上。

效率是重视低成本与低消耗的。在怎样评价发展上，要重视消耗了什么，代价是什么等问题。改革开放以来，我国经济建设取得巨大成就，经济发展效率得到极大提高，国民生产总值(GDP)呈现持续增长态势，从 1978 年的 3 679 亿元人民币增长到 2016 年的 744 127 亿元人民币。加入世贸组织(WTO)以来，我国对外贸易蓬勃发展。2016 年，我国货物进出口总值达 24.33 万亿元人民币。尽管经济发展速度喜人，但却常常以环境的严重退化和资源消耗的增加为代价。以至有学者批评道："以较多的资源换取较少外汇的初级策略，是一种置子孙后代于不顾的短视行为。"[①]发达国家利用自身优势和发展中国家对工业化的急迫需求，将许多高污染的传统产业转移到环境标准较为宽松的发展中国家，在国际关系中出现了生态殖民主义的倾向。环保部公布的 2014 年城市空气质量报告显示，京津冀地区仍是污染重灾区，PM2.5 年均浓

---

① 徐玉高，侯世昌，孟庆国：《可持续发展中的公平与效率问题》，载《清华大学学报（哲学社会科学版）》，2000(4)。

度为 93 微克/立方米，超过国家标准的 1.6 倍，在全国 74 个重点城市中，仅有 8 个城市污染物年均浓度达标。① 警钟已敲响，由于环境污染，我国产品的出口已经受到"绿色贸易壁垒"的影响，更为可怕的是，对中国的农畜产品实行"绿色贸易壁垒"的国家日益增多，已由欧盟、美国、日本延伸到韩国、新加坡等。2014 年前 5 个月我国食品农产品被美国、欧盟、日本、韩国、加拿大等国家和地区通报高达 488 起，其中美国、欧盟通报达 379 起。美国食品药品监督管理局（FDA）共拒绝 5 705 批外国产品入境，其中我国有 715 批。② 我们曾以"人口众多"而自豪，但是批判马寅初的人口理论带来了难以承受的负担；我们曾以"地大物博"而自居，对自然资源的掠夺式开发却造成了严重的生态破坏，作为世界上人口最多的国家更让我们感受到了资源与环境的压力，这些深刻教训促使我们思考。在评价发展的问题上，要树立效率意识。资源的高消耗，可以获得较高 GDP，而保护环境，也可以获得 GDP。没有全面的效率意识，片面追求 GDP 的认识与做法是与科学的发展理念是背道而驰的。

（二）效率是克服科技浮躁的需要

科学技术是推动一个国家繁荣与发展的动力源泉。在我国，怎么强调科学技术的重要性都不过分，但科技浮躁是一个国家和民族科学技术发展的大忌。效率强调速度与效果、数量与质量的统一，重视效率，重视效果与质量，有助于克服科技浮躁。有的人将搞科研当作换取功名利禄的一种手段，获取经济利益的一条捷径。有的学者急功近利，草率马虎，粗制滥造，急于求成，"十年磨一剑"的意识弱了，"板凳甘坐十年冷"的情况少了，而是热衷于"速效""速成"，恨不得"一口吃个胖子"；有的学者心中长草，逢山止麓，浅尝辄止，疏于用功，耐不住"十年寒

---

① 吴福象：《论供给侧结构性改革与中国经济转型——基于我国经济发展质量与效益现状与问题的思考》，载《人民论坛·学术前沿》，2017(1)。

② 杨宁：绿色壁垒已严重影响我国产品出口，http://www.zj.xinhuanet.com/zjzj/2014-07/03/c_1111437498.htm，2018-06-28。

窗无人问"的寂寞；有的学者对国外的文献囫囵吞枣，甚至不甚理解原作者的本意，就加以翻译，并将翻译变为自己的科研成果；还有的高校，或过于注重文章的数量，或以文章发表的刊物"级别"是否被检索，简单评价文章的质量；有的学者有了名气，用于学术研究的时间越来越少，据说一夜之间就能写一篇文章，却也能被某些著名刊物发表。据报道，2014 年我国 SCI 论文数量高达 25 万篇，仅次于美国，并且是英国的两倍。然而一边是科技论文"第二大国"的辉煌成绩，一边是创新指数在 40 个主要国家中排名第 18 的尴尬现实。[①] 第一位当选为英国皇家工程院院士的华人宋永华教授谈到他的治学之道时指出："做科学研究要力避浮躁和急于求成的心态，科学不是跟风跑，科学不是追求时尚，科学研究需要具备创新与严谨治学的科学精神。"[②]每个人都想成为一个成功的、优秀的人，只不过在名利的诱惑下，我们不能失去理性，在急功近利与厚积薄发之间，我们更要重视后者。浮躁的结果往往是浅薄，在鲜花和掌声的包围中，即使有一点深刻的东西也会渐趋流俗，即使是有学术价值的研究也会毫无创新之处。秦伯益院士坦言道："花花哨哨，热热闹闹，不深谋远虑，不未雨绸缪，不研究解决我国科技的深层次问题，科技浮躁的恶果将会扼杀中国科技的生命。问题是多方面的，但最根本的要害在于目前急功近利的科研评估体系。"[③]他认为，科学不能用量化方法来对待，量化只能用在低水平的体力劳动衡量上，而不能用在评估科学研究上。

北齐刘昼在《新论·专学第六》说："学者出于心。心为身之主，耳目候于心。若心不在学，则听诵不闻，视简不见。"说的是学习可以静心，知识给人聪慧，阅历给人宽怀，采用以学静心的态度，自然就少一份浮躁。明代钱琦在《钱子语测·法语篇》说："人心能列，虽万变纷纭，亦澄然无事；不静，则燕居闲暇，亦冲然靡宁。"意即内心沉静，虽然世

① 郭路瑶：《被买卖的 SCI 竞赛》，载《中国青年报》，2016-07-27。

② 施晓慧：《脚踏实地才能成功——访英国皇家工程院院士宋永华》，载《人民日报海外版》，2004-08-11。

③ 柳风：《科技浮躁是科研大忌——中国工程院院士秦伯益访谈》，载《河南科技》，2004(7)。

界千变万化，纷纭复杂，自己也能纯正安然；如内心浮躁，即使安居无事，也会心乱不宁。当然，造成个别学者身上的科技浮躁症，有用人制度、评价制度、传统文化以及社会环境等诸多原因，但以学者自居的知识分子，自身要树立"文章千古事，得失寸心知"的质量与效果意识。

（三）提高国民向时间要效率的意识的需要

一方面，我国国民对时间不重视，在牌桌上自愿修"长城"的何止千万人？他们个个意兴盎然，其乐陶陶。胡适先生提出"四人麻将中有鬼"。有学者感慨："中国人毁于麻将的比毁于战争与饥荒的还要多！"[①]当然，这种"毁"指的是对人的精神日销月蚀。如果说打麻将是在不知不觉中浪费时间，那么在交际与应酬中则是不得已或有意识地消磨时光，在一片片的"吃""碰""和"中逝去的是悠悠岁月，在一片片的"吃""喝""玩""乐"中丧失的是原则与党纪国法。国人应意识到：人生百岁犹如白驹过隙，何来多余的光阴可供虚掷？振兴国家，匹夫有责，人情与权力怎能大于国法？

另一方面，我国重视时间，但传统文化显现的是时间的生命意识。我国古人是惜时的，《黄帝内经》中的"神转不回"意孕着生命是时间函数的思想。孔子也在《论语》中表现了强烈的时间意识："逝者如斯夫！不舍昼夜。"曹操也曾感叹道："对酒当歌，人生几何？"岳飞更是发出了"莫等闲，白了少年头，空悲切"的感慨。对时间流逝性的感伤，使古人产生了强烈的惜时意识。中国古代大量惜时诗的存在，表明了这种意识的普遍性。《淮南子·原道训》中有一段话，从理论上揭示了产生惜时意识的原因：时之反侧，间不容息，先之则太过，后之则不逮。夫日回而月周，时不与人游。故圣人不贵尺之璧而重寸之阴，时难得而易失也。"间不容息"说明时间流逝是连续的；"夫日回而月周，时不与人游"则说明这种流逝是客观的。既然时间的流逝不受人的操纵，而且是一去不复返的，所以人们要珍惜时间，"圣人"之所以不重视直径逾尺之巨璧，却

---

① 王开林：《麻将中有鬼》，载《今晚报》，2004-08-12。

关注转瞬即逝的时光，原因就在于"时难得而易失也"。这种意识传布于民间，就成了"一寸光阴一寸金，寸金难买寸光阴"的名句。中国传统文化对时间的重视，是本能地对生命的珍惜与留恋，也就有了"隔年拟待春消息，得见春风已断肠"的矛盾诗句(唐·王初《春日咏梅花二首》其二)。进一步而言，中国古人们对时间的重视，是带有强烈的人文韵味的。当时间的流逝伴随着实现了的或未实现的理想追求带给古人躁动不安的生命焦灼，当美好的生命在各种各样的摧抑坎坷中渐渐老去，他们自然而然地站在了人生的高度上，对时光的流动变迁表现出热切的关注，一方面不自觉地流露出对美好年华的无限留恋和追慕，另一方面又情不自禁地对年华虚掷、时光荏苒的无可追返发出深沉的喟叹。李白留下了期待留住生命中的美好时光，却又做不到的诗句——"君不见，黄河之水天上来，奔流到海不复回。君不见，高堂明镜悲白发，朝如青丝暮成雪。"杜甫则发出了感叹："春水春来洞庭阔，白苹愁杀白头翁。"鲁迅在感怀时间的流逝时也曾提道："时间就是生命。"

在我国流传着大量古人惜时如金、勤奋治学的传说。如孔子的"读《易》，韦编三绝"(翻来覆去翻阅《易经》，致使那些编竹简的牛皮绳断了好几次)，苏秦的"引锥刺股"，孙敬的"以头悬梁"，匡衡的"凿壁偷光"，祖莹的"祖莹偷读"，王羲之的"临池学书"(每次写完字后都要到池水中洗笔，时间一长，池水都变成黑色了)，元末明初戏曲作家高则成的"踩穿地板"(每次在写曲子时，都要反复吟唱修正，以至地板都被踩穿)，祖逖、刘琨的闻鸡起舞(每天鸡鸣即起，练剑习武)，欧阳修的"三上作文"(因每日政务系身，利用马上、枕上、厕上时间勤学不辍)，朱熹的"惜时劝学"(望着一群打闹的少年，留下诗句——少年易老学难成，一寸光阴不可轻。未觉池塘春草梦，阶前梧叶已秋声)，王亚南的"苦读成才"(将木床的一角锯去半尺，学习到半夜才就寝，睡着后，只要身体一动，床就会发出声响，这样就会被惊醒，立刻起来看书)等。

而西方则流传着"人若把一生的光阴虚度，便是抛下黄金未买一物"(萨迪，《蔷薇园》)，"合理安排时间，就等于节约时间"(培根，引自《牛津辞典》)，"在今天和明天之间，有一段很长的时期；趁你还有精神的时候，学习迅速办事"(歌德，《格言诗》)。

在中国古人的时间观中，多的是对生命的关怀，少的是对效率的渴望。诸如"读书百遍，其义自见"以及"磨杵成针""衡乃穿壁引其光，以书映光而读之"等劝学佳句中难觅效率的踪影。人们在解答李约瑟难题——为什么近代科学没有在中国诞生时，给出了各种各样的答案。李约瑟本人给出的一个答案则是毋庸置疑的，中国文化含有两种概念的成分，但大体而言，线性时的成分较大。① 也就是说，西方人是在多重视角下看待时间，我国一些文人却主要在生命的意义下看待时间。我国人民是勤劳的，却少浓厚的效率。勤劳在农耕社会的作用，可以弥补低效率的不足。而在现代社会，效率关系着国家的发展甚至是存亡。著名企业家维克多·席勒通过大量调查，获得的结论是："一个国家、一个民族、一个企业没有效率是缺乏竞争力的主要原因之一。"②这一结论带给我们的重要启示是：中国要想屹立于世界强国之林，既要有时间忧患意识，又要有效率意识。

（四）高效率是提高国家竞争力的关键

我国近代让人辛酸的历史篇章充分说明，提升国家竞争力的重要性不必赘言，而国家发达程度、竞争力与生产效率和管理效率息息相关。一些国家崛起的历史说明了这一点。

英国是一个国土面积不大、人口不多、资源不丰富的岛国，16世纪初期仍然是一个落后的国家。正像著名的经济学家威廉·配第(William Petty)所分析的那样，英国之所以能够超过荷兰等欧洲强国，成为世界上最强大的殖民帝国，原因有多方面，其中一个重要原因就是其生产效率的迅速提高。③

1765—1769年，英国瓦特发明了高效能蒸汽机，1764年，詹姆斯·

① [英]李约瑟：《大滴定——东西方的科学与社会》，范庭育，译，台湾，帕米尔书店，1984。

② 社会百科——时间价值"时间就是金钱"小考，载《成人高教学刊》，1996(4)。

③ [美]威廉·盖里·沃斯：《国际贸易与投资——后冷战时代国际商务活动的法律环境》，黄建武，刘兴莉，刘恒，译，广州，广东人民出版社，1998。

哈格里夫斯发明了世界上第一台手摇式多锭纺纱机，1767 年，理查·阿克莱发明了水利纺纱机。由于纺纱机和蒸汽机的发明与利用，英国的棉纺产量在 100 年内有了很大的提高。1825 年蒸汽机用于火车，蒸汽机车已能牵引几十节煤车和客车，极大提高了交通运输的效率。后来，英国采煤使用蒸汽凿井机，到 1846 年已成为欧洲第一产煤大国。18 世纪末，约翰·马卡丹发明了在公路表面用碎石铺路的方法。托马斯·劳尔福德则开发了用大石板筑路基的技术。因而在当时的英国，公路运输是十分快捷的。恩格斯指出："分工、水力，特别是蒸汽机的利用，机器的应用，这就是从 18 世纪中叶起，工业用来摇撼旧世界基础的三个伟大的杠杆。"①

英国的生产效率提高主要靠先进的技术发明，但在西方发达国家日益重视提高生产技术后，英国管理效率的低下，使得英国的竞争力在 20 世纪日益下滑。玛格丽特·撒切尔为振兴英国经济做出了杰出贡献，她是英国历史上首位女首相，在英国政坛蝉联 3 届首相，执政 11 年，政绩显赫。她认识到，当时英国行政效率十分低下是影响经济发展的一大症结。她在上任之初，就成立了政府效率办公室，该组织由著名管理专家德芮克·瑞纳任组长，成员有 20 人，主要是对中央和地方政府的效率状况做调查，提出提高效率的方案。德芮克·瑞纳向英国政府提出了提高效率的十项原则："第一，不要用创造一个官僚体系的办法，去反对原来的官僚体系。第二，不要企图面面俱到，要选择一个明确的目标，要有紧迫的时间要求和具体的行动计划。第三，要让真正有权落实改革措施的人直接参加，不能做表面文章，要实实在在。第四，禁止成立委员会。第五，不能想当然，不要完全相信书面报告，而要直接到下面去看看。第六，指定办事的人，一定要具备领导者的素质，干练、果断、有说服力，在上、下层都有一定的信誉。第七，经常提醒自己要创造性地工作，只有做出成绩才值得重视，不要被'文件堆'湮没。第八，必须经常提出这样一个问题：这项工作的价值是什么？第九，知识就是力量，从真正做

---

① 恩格斯：《英国工人阶级状况》，北京，人民出版社，1956。

这项工作的人那里得到这方面的知识。第十，一份好的报告要写得简短、生动、有趣，不能像科学论文。"①诸如此类，旨在提高管理效率建议的采纳，使得英国的综合国力在 20 世纪 80 年代得以迅速提升。

日本在 20 世纪 70 年代和 80 年代的崛起，靠的是汽车工业和家电行业与管理的高效率。譬如，就生产效率而言，20 世纪下半叶，西欧汽车工业部门已落后于日本的汽车制造商。日本研制一种新型小轿车的时间仅为西欧各国的一半，而日本制造一辆小轿车的劳动耗费量仅为西欧各国的 1/4～1/2，日本的成品销售期约为西欧国家的 1/30。德国汽车制造部门每工作一小时的费用为 44.47 马克，而日本仅为 33.87 马克。②就管理效率而言，第二次世界大战后，日本为了迅速恢复工业生产，在工业建制上统一规划，采用泰勒原理，促进管理效率，使得日本工业在短时期内获得复苏。日本在 20 世纪 70 年代开始实施旨在提高效率的全面质量管理制度和"0"废品率运动。管理的高效率使日本的科学技术不优于西方国家，甚至是移植西方国家的先进技术，而其生产效率是优于西方国家的根本保证。

建国初期的美国，是一个缺少人才、人民平均文化水平较低的国家。在科学技术和文化教育各方面，美国都远远落后于英、法、德、意等欧洲国家。但是，美国从第一任总统华盛顿开始，就非常重视民主与科学，把民主看作立国、治国之本，把科学教育看作富国、强国之本。

美国综合国力的提升以农业机械化后农业生产效率的提高为肇始。19 世纪 50 年代，美国的农业机械已赶超英国，成为世界上最先进的生产工具。在 1855 年的巴黎博览会上，美国的收割机收割速度是英国的 2 倍。1856—1900 年，美国有 12 000 多项农业方面的发明获得了专利，从备耕到收获农作物都实现了机械化，美国的打谷机相当于 120 多人同时工作，其工作效率在当时所向披靡。一流的农业机械促进了美国农业生产的飞速发展，很快使美国成为世界上最大的小麦出口国。

---

① 张文贤：《论效率》，载《当代财经》，2002(1)。

② Hilscher Gottfried，"Japan Wirtschaftsmacht mit System，"Techn Rdsch，1992（84），pp. 10-14.

农业革命促进了工业革命的发展，19 世纪末 20 世纪初，电话、电灯泡、汽车和飞机等，都相继在美国首先诞生，这些新发明极大地提高了工业和运输业等方面的效率，使美国成为世界上头号强国。"硬件"的机器可以提高生产效率，但物化的机器普及后，"软件"的管理就显得十分重要了，在 19 世纪中期，现代化的科学企业管理制度在美国形成。"科学管理之父"泰勒提出了一套旨在提高效率的管理制度，即"泰勒制"。这种制度的主要目的是减少每个工人在操作中浪费的时间和多余的动作，大幅度地提高生产效率。在实行"泰勒制"后的 1859 年到 1914 年，美国加工工业的产值增加了 18 倍，工业发展速度超过了农业。到 1880 年，工业取代农业成为美国国家财富的最主要来源，工业产值开始超过英国，跃居世界第一位。[①]

自 20 世纪 90 年代以来，美国日益重视应用信息技术提高劳动和管理效率，进而提高国家竞争力。信息革命对美国新经济的作用，首先是信息产业的崛起对总体经济的牵引效应；其次是对其他产业的渗透、改造和推进作用。任何产业都可以应用并享受信息技术的成果，通过它可以减少劳力，减少库存，降低成本，提高效率。20 世纪 90 年代以来，美国劳动生产率年均增长 3％，高于西欧和日本，其增长的 80％靠的就是科技的进步。美国通信工具的发达和普及，使信息的传递变得非常神速，由此赢得了时间，在竞争中占优势，信息技术成了美国国家竞争优势提升的关键要素。而 20 世纪末 21 世纪初，美国更是愈加重视运用信息技术提高管理效率。高生产率与管理效率是使得美国具有持续强竞争力的重要保证。

新加坡是以效率制胜的又一个典例。新加坡作为岛国，一无资源优势，二无土地优势，新加坡成为当今世界极具竞争力的国家的重要原因，在于其闻名世界的政府效率。[②] 新加坡建立起了促进效率的资本竞争制度和高效政府，这些成为新加坡储蓄与投资率高、征税率低、以科技含量高的高质量产品促进经济高速发展的必要条件。多年以来，新加

---

① 陈会昌：《竞争 社会—心理—文化透视》，北京，北京师范大学出版社，2000。
② 吴乐进，臧蕴：《新加坡提升国家竞争力之借鉴》，载《改革与理论》，2001(9)。

坡一直是欧亚货物的集散地。新加坡人深知，要获得更多的收入，就必须让船只快速通关。1965 年，李光耀带领新加坡人退出马来西亚联邦时，为了使 200 万新加坡人生存下去，他们把新加坡变成了一个手续简单、高速高效的自由市场。他们说："我们没有丰饶的土地，没有金矿，不产石油，付不起慢条斯理的代价。"现今，在新加坡，每 20 分一条货船就能通关；外国人去移民局 3 小时即可办好延长签证；货物出口至多只需填两种表格，平均 2 天就能出关；外国人投资，常常是当天就能知道是否审核及批准。而且，新加坡的高效率渗透在生活的每一方面。人民协会派 5 个公务员就能管理 4 万居民的社区；出租汽车在遍布全岛的邮局就可换牌照，不必排队等候，影响工作。靠这种高速度和高效率，短短几十年间，新加坡制造业产值就增加了 30 倍，人均国内生产总值居亚洲第二位。[①]

工业国家受生产过程的机械化和组织管理的科学化之惠，劳动生产率得以成倍提高，工业生产量和贸易额以前所未有的速度增长，各项社会经济指标都得到明显改善。在 1820—1980 年的 160 年间，16 个较发达的资本主义国家的生产总量增至 60 倍，人口增至 4 倍，人均产值增至 13 倍，而一个劳动力的平均年工时从 3 000 小时减至不到 1 700 小时，劳动生产率提高约 20 倍，人均预期寿命从 35 岁增至 70 岁。以水力和风力取代人力和兽力克服了人力和兽力的局限性，提高了效率。而蒸汽机、内燃机和电动机的发明，则使得生产效率发生了巨大的飞跃。在大家都具备了机械化设备后，生产组织和管理的科学化对一个企业，乃至整个民族和国家是不可或缺的。降低成本，提高产品的质量，是一个企业乃至整个民族和国家的产品具有竞争力的关键所在。世界两大经济组织：WEF(World Economic Forum)和 IMD(International Institute for Management Development)指出，"3E"(Economy Efficiency and Effect)是提高国家竞争力的良方。[②] 有学者深刻地谈到，对于发展中国

---

① 陈会昌：《竞争 社会 心理—文化透视》，北京，北京师范大学出版社，2000。

② Gindin James. *Harvest of a Quiet Eye*，Bloomington：Indiana University press，2001，p. 19.

家而言，自然资源是否丰富不是提高国家竞争力的根本，发挥有限资源的更大效益，提高社会效率才是提升国家竞争力的根本。[①] 还有学者指出，良好的、效率的管理制度才是经济发展的真正动力。[②]

中国一些民族产业的国际竞争力不高，源自这些企业效率低下，尤其一些国有企业效率低下问题更严重一些。从投入产出关系的角度分析，在中国国有企业中，国家每投入一元钱的固定资产净值和流动资金，国有企业所创造出的净产值，在 1957 年到 1978 年的 21 年间不仅没有提高，反而下降了 48％。国有工业总产值中增加值部分所占的比重，在 1985 年到 1995 年的 10 年间不仅没有上升，反而从 36％下降到24％。到现在为止，国有和国有控股企业所占用国家的资源和资金仍占绝大多数，如固定资产投资占 60％以上，银行贷款占 80％以上，但其所创造的国内生产总值仅在总量中占 40％左右，在当年增加值部分中大约只占 20％～30％，显示其投入产出的比例极不相称。

我国效率的低下问题表现在诸多方面。有传媒报道，现在我国许多法院办案效率低下，许多事要几个月才能立案，几年才能开庭，法院案头案卷堆积如山。有的经济案件久拖不决，使原告蒙受成百上千万元的经济损失。还有报道，某地办理建立外资企业的审批手续，要跑几十个单位、盖一百多个图章。[③]

我国经济尽管持续增长，但劳动生产率的严重滞后对中国经济基本面产生了重大影响，中国经济的实际发展质量远非数据显示的那么高。2012 年世界银行发布的数据显示，2010 年中国的劳动生产率比 1990 年增长 1 倍以上，但仍不到经济合作与发展组织（Organization for Economic Co-operation and Development，OECD）国家的一半水平，也不如拉美国家的水平。相比于发达国家，中国的劳动生产率严重滞后，仅

---

① Rembold Ulrich，"Grundbestandteil und Entwicklung eines Expertensystems，"Techn Rdsch，1992，84(13)，p. 38.
② 茅于轼：《谁妨碍了我们致富》，成都，四川文艺出版社，1996。
③ 周长年：《对效率问题的一些思考》，载《组织人事学研究》，2001(1)。

相当于美国的 1/12，日本的 1/11，甚至不如印度。① 廉价劳动力充足和低附加值工业生产繁荣推动的阶段性优势无法持续促进经济的稳定高效增长。对我国而言，如何有效地提高劳动生产率迫在眉睫。

当今国家竞争力的高低主要源于效率，而不是主要取决于劳动力、自然资源、金融资本等物质因素，在科技日新月异的今天，这些投入要素的作用日渐减弱。令人忧虑的是，我国多数企业的生存与发展依靠的是廉价劳动力、模仿(与引进)和资源的消耗，再加上管理的低效，造成我国许多企业在国际上没有强竞争力。不具备竞争力令人担忧，而经济发展所付出的能源消耗与环境破坏的代价更是后患无穷。为了提高我国竞争力与经济增长的"含金量"，我们必须树立效率意识，让效率的旗帜在神州大地到处飘扬。我国政府已经充分意识到效率的重要性，提出了科学发展观，指出了经济效率不高等问题，吹响了全社会都要重视效率问题的号角。对于我国来说，效率是当今正本清源的问题！

二、 教学效率研究的时代背景

数学教学效率的研究是解决现实数学教育问题的需要，是比较教育研究的需要，更是数学教育发展形势的迫切需要。

（一）解决现实数学教育问题的需要

当今中国的效率意识在增强，特别是随着改革开放的深入和发展，现在很多企业以及许多干部和国家工作人员的工作效率比过去有了明显的提高。但是不可否认的是，当前一些企业、政府部门、行政单位效率低下、工作拖拉的现象仍大量存在。更为可怕的是，很多人并没有自觉地意识到这是问题。提高效率意识以及对他人时间的尊重亟待进一步加强。这样，学校教育就担负着让学生树立效率意识的重任，数学教育当然也不例外。

---

① 王智勇：《FDI 对中国产业效率的影响——基于 1989—2010 年地市级面板数据的研究》，载《当代经济科学》，2015(1)。

可是，我国的数学教育教学现实是令人担忧的。学生和教师在数学的学与教上是十分辛苦的，但获得的数学教育教学效果与他们所付出的辛苦是不成正比的。许多学生的数学学习能力并未随着学习时间的增加而水涨船高，许多数学教师恪守熟能生巧的古训，缺少向教育科研要效率的意识与能力。在数学教学中，年复一年、日复一日采取时间战术和题海战术。教学效率不高表现在多方面。其一，许多刚升入大学的学生，对一些高校数学教师不是直接将结论告诉他们，内容推导得不细，很不适应，原因是他们在中小学数学学习中，课上不经自己深入思考，教师将内容讲得很细，他们也能"听懂"数学教学内容，做许多题目后，也会形成一定的"解题能力"，而大学数学学习内容突然增多，一些高校的数学教师教学方法注重"实质上"的启发后，许多学生不适应高校的数学学习，正是中小学数学教学效率不高的后遗症。我国的基础教育通过师生的勤奋，为我国的高等数学教育打下了一定的知识基础，但并未打下厚实的数学学习能力基础。其二，为了突出学生的主体地位，提高学生的数学学习能力，目前，倡导师生互动的理念，但师生互动在大量的数学教学实践中，有其形而无其神。数学课堂表面上热闹非凡，但宝贵的时间在教师毫无启发性的提问中与形式上的讨论中流失了。其三，在一些学校，一些学生缺乏外在的数学学习动力，而一些数学教师缺少行之有效的教学手段，难以激发学生内在的数学学习兴趣，再加上教育管理能力不强，许多宝贵的时间在教师整肃学生纪律、维持课堂秩序中消失了。还有的数学教师重视激发学生的学习兴趣，但存在为兴趣而兴趣的问题，满足于学生的欢欣一笑，或将兴趣仅仅作为掌握知识、获得高分的功利手段。

随着我国综合国力的不断增强，对人才的要求越来越高，传统的教学方式已经显得力不从心，甚至对新世纪人才的成长有抑制作用。题海式的训练已经成为阻碍素质教育的痼疾，高耗低效的熟练度训练与让学生潜移默化地形成效率意识背道而驰，因此，时代要求我们必须把如何提高数学教学效率放在重要地位，所以立足数学教育实践，脚踏实地研究数学教学效率具有重要的现实意义。

（二）比较教育研究的需要

目前，当务之急是构筑具有我国特色和数学教育特征的高效率数学教与学理论。在国际上，我国的数学教育成就是有目共睹的。但是，问题同样突出，在我国，数学是中小学生学习负担最重的一门课程，中国的数学教师是世界上最优秀的教师，同时也是最辛苦的教师，中国的学生在数学学习上是勤奋的，"衣带渐宽终不悔，为伊消得人憔悴"是他们的真实写照。近些年西方数学教育遇到不少问题，他们试图从中国、日本和新加坡等国家的经验与理论中寻求答案，而我国高效数学教学理论研究的不深入与缺乏特色，使其他国家的一些人士认为，中国基础教育数学教学取得的成就是时间战术换来的，这不仅限制了我国与西方数学教育的交流，而且在比较教育研究中不能获得更有益的研究结论。

（三）数学教育发展形势的迫切需要

我国是在重视课程改革的过程中走向新世纪的，数学课程改革也正在如火如荼地开展，拥有和建设一支高素质的数学教师队伍，是顺利实施新课程的保证，而教学效率是判断教师素质的重要指标。20 世纪 80 年代以来，一些国家特别是发展中国家在中小学教育改革过程中逐渐意识到："学校教育质量的任何意义的改善在很大程度上取决于教师的教学效率……教学效率不高，设计再好的教材也只能束之高阁。"[1]在我国，不必讳言的是，"物化"的数学教育的发展步伐已超越了"人"的效率的提升速度，关于前者的研究无疑是重要的，但如果关于后者的研究跟不上，那么，我国的数学教育发展形势不容乐观。

教学效率的重要性早已引起一些教育名家的重视。早在 1632 年，夸美纽斯在《大教学论》中就写道：著作《大教学论》目的就是改进学校教育，要让老师因此而少教，让学生因此而多学，让学校充满欢乐，而不

---

[1]　Lorin W. Anderson, *Increasing Teacher Effect iveness*, UNESCO：International Institute for Educational Planning，2004.

是厌烦和高压。到了 20 世纪，教育家巴班斯基系统研究了教学优化的问题。我国著名的青浦数学教学改革成功的原因之一就是他们认为：平庸的教师叙述，好的教师讲解，优秀的教师示范，伟大的教师启发，没有启发的课堂教学效率必定是低下的。许多教育专家、学者对一般教学效率做了深入研究，取得了关于教学效率的一些新认识。尽管国内外许多专家、学者均曾研究过课堂教学效率问题，也涌现出了许多科研成果，但关于数学学科的高效率教与学的研究还不多见。实践中数学课堂效率不高的问题仍很严重，造成了学生数学课业负担过重。大量机械习题和重复性作业不仅使得部分学生厌学数学，而且数学学习效率不高。脑科学研究已表明，某些技能训练太多，可能会导致另外潜能的被压抑，机械模仿训练过多的恶果，可能会导致创造潜能的被扼杀。美国卡内基教育促进基金会前主席博耶曾谈到，追求优异教育的战斗，最终要由美国的课堂决定胜负。联合国教科文组织国际教育局局长特德斯科先生则认为："提高教育质量仍是 21 世纪教育的目标。"1998 年联合国教科文组织工作报告中"教师素质与教学质量关系无论怎样强调均不过分"，这一句话竟重复了三次，足可见这一国际性组织对教师素质与教学质量关系很是关注。联合国教科文组织还在编写的《学会生存——教育世界的今天和明天》中提出，在节约教育方面再没有比不浪费学生的时间更有成效的了。[①] 优秀教师教学效率是高的，其课堂教学必将是高效率的。培养创新精神以实践能力为核心的素质教育观又将对数学课堂教学和数学学习的高效率注入新的内涵，对提高数学课堂教学质量和数学学习质量提出新的要求。目前，数学教学内容在不断增加，教学要求在不断提高，而课时却在不断减少。从根本上解决这一问题，迫切需要提升实践中的数学教学效率。

总之，提高数学教学效率是一个古老的课题，但同时又是一个具有鲜明时代特色的课题。不同国家，不同民族，不同时期，其内涵与特征均会有所不同。我们国家在这方面的研究还远远不能满足实践的要求，

---

① 联合国教科文组织国际教育发展委员会：《学会生存——教育世界的今天和明天》，华东师范大学比较教育研究所，译，北京，教育科学出版社，1996。

而如果照搬国外相关研究，则难以适应新时期下我国的国情。因此，探讨适合我国国情的数学教学效率论，理应成为新时期广大教育工作者工作的重点之一。

第二节　相关概念辨析

一、效率

效率(Efficiency)，源于拉丁文 efficientia，指"有效的因素"。

1776 年，英国古典经济学家亚当·斯密的《原富》一书率先提到效率一词。在 19 世纪初，效率作为正式科学概念被用于物理学的电学和力学中，泛指输出能量(功率)与输入能量(功率)之比。[①] 在 19 世纪末 20 世纪初，科学管理之父泰勒(F. W. Taylor)为提高劳动生产率而引入了生产效率(Productive Efficiency)的概念。泰勒通过在工厂实地进行试验，系统地研究和分析工人的操作方法和动作所花费的时间，谋求最高劳动生产率，进而用科学化、标准化的管理方法代替经验管理。泰勒认为，科学管理的根本目的是谋求最高劳动生产率。应该说，泰勒的效率思想解决了如何提高工人的劳动生产率的问题，大大增加了企业主的利润，逐渐被企业主所接受并受到工业国家的欢迎，受泰勒效率思想的影响，人们逐渐承认了管理学是一门独立的科学。[②]

另一位科学管理的先驱哈林顿·埃默森则对效率的对立面——无效率进行了详尽的分析。埃默森认为，无效率主要包括材料方面和技术的无效率以及人员、社会和国家方面的无效率。在这两类无效率中，材料和技术的无效率危害相对较少。无效率的材料与技术被使用，它们只影

---

① 汪思谦，苏云荪，瞿鸣荣：《物理学词典——力学分册》，北京，科学出版社，1986。
② 田禾：《泰罗的科学管理：谋求最高的工作效率》，载《化工管理》，1999(8)。

响产品质量与数量，到一定程度，它们将被停止使用。人员、社会和国家方面的无效率则要严重得多，如果人的无效率显现于行政管理中，那么轻则影响企业乃至国家的进步，重则会影响企业乃至国家的破产与消亡。由此可见，埃默森更关心人的效率。埃默森说，官僚主义、管理不善、扼杀首创精神、妨碍人们实现目标的组织机构往往扼杀人的效率。[①] 埃默森强调思想观念中的效率意识和管理的效率，重视投入与产出的分析，重视效果与质量的分析，重视不同技术效率的分析。

无论是在经济领域、物理领域还是管理科学中，效率都涉及数量、质量、速度和效果等关键词汇。根据以上分析，我们认为，效率是指以较少的投入(人力、物力、财力、精力、时间和能源等)，获得合乎某些要求的效果(如质量与数量的统一、长效与短效的统一、实然效果与应然效果或计划效果的统一，合乎道德规范与伦理要求、专家学术共同体的理想、人类进步的应然期望、社会繁荣的需要或个人的健康发展等)。

二、 教学效率

对教学效率的研究分析主要结合国内外定量定性来进行，具体如下。

(一)定量研究的视角

基于定量研究的视角，对教学效率进行界定，主要有以下几种观点。

1. 预期实现比例说

该观点认为，在确定的教学目标是科学、合理的前提下，教学效率是每个学生对教学目标的实际达成度之和与全体学生应达教学目标之和的比值。用公式表示：课堂教学效率＝(每个学生的实际目标达成度之和/全体学生应达目标)×100％。[②]

---

① ［英］摩根·威策尔，吴言：《效率：完美系统的目标仍遥不可及》，载《国外社会科学文摘》，2003(3)。

② 李涛：《提高课堂教学效率之我见》，载《教育理论与实践》，2000(2)。

这种定义侧重的是对教学结果的评价，反映的是教学产出与教学目标的相符合程度。

2. 投入产出比例说

该观点是用投入与产出的比例来界定教学效率的，认为教学效率是教学所得与教学所耗之比值。用公式表示：教学效率＝(教学所得/教学所耗)×100%。[①]

这种定义尽管对两大教学主体"互制耦合"作用及系统整体原理有所忽视，但涉及了教学过程中两大主体的相互作用。

3. 时间利用状况说

这种观点认为，课堂教学效率等于有效教学时间与实际教学时间的比值。用公式表示：教学效率＝(有效教学时间/实际教学时间)×100%。[②] 并指出有效教学时间是指在课堂上除去学生一无所获白白浪费掉的时间之外，学生学习知识、形成能力、发展个性、提高觉悟真正起作用的时间。这种界定是以时间与学习的结合而进行的时间利用率评价。

4. 学习效率衡量说

这种观点是"投入产出比例说"的延伸，更全面地表述了学习所得和学习投入的内容，用公式表示为：教学效率＝(学生学到的有用知识＋学生形成的有用能力＋学生养成的良好非智力因素)/(学生投入的学习时间×学生的脑力负担)×100%。[③]

这种观点认为，教学效率具体表现为学生在学习过程中的有效学习量与精力投入量之比。其中有效学习是指学生能学习终身受用的知识，发展终身受用的能力和培养良好的非智力因素(如态度、兴趣、动机、意志、习惯等)，精力投入是指学生学习时所投入的时间与脑力。

---

① 陈佑清：《教学效率刍议》，载《现代中小学教育》，1996(1)。
② 王必成：《略论教学质量与教学效率》，载《课程·教材·教法》，1995(1)。
③ 周静，张庆林：《关于提高教学效率的几点思考》，载《西南民族大学学报(人文社科版)》，2003(10)。

基于定量研究的视角，对教学效率进行界定，不同程度地存在着对教学效率追求纯定量数值结果的思维倾向。这种研究是基于自然科学意义来解读效率，进而演绎出关于教学效率的认识。这种研究试图从对教学效率的测量与评价出发，套用自然科学的效率计算方法，用投入多少、产出多少等来计量教学效率，进而达到自然科学意义下完全的客观化和纯粹的科学化。这种研究最大的缺陷在于将处理自然现象时的研究方法与思维习惯套用于教育问题与现象，对教学效率的认识直接套用物理学以及经济学的量化方法。

毫无疑问，教学效率是客观存在的，是可以通过教学效率测量与评价来对其展开研究的，但简单地将通过测量所得数据作为衡量教学效率的唯一标准却难免陷入误区。

（二）定性研究的视角

在国外，对教学效率的认识呈现出莫衷一是的状况，美国学者杨和肖指出，虽然在教学效率方面已经进行了众多的研究，但对于什么是效率、怎样去定义、如何去定义、如何去评价等问题仍然见仁见智，处于众说纷纭阶段。[①] 与上述定量研究相比较，国外学者对教学效率的认识多属于定性认识。

1. 通过对教学特征的分析和把握来实现高效率教学

虽然很多研究者试图从探讨高效率教学的特征出发，判断什么是高效率的教学，但是关于高效率教学特征的认识观点各异。

(1)教师性格特征的视角。

1950 年左右，研究者普遍接受"教师的教学效果和教师的性格特点密切相关"这种看法，[②] 所以，关于高效率教学的特征也主要集中在研究教师的性格特征。比如，克热兹(Kratz)对 2 000 名学生的调查结果显

---

① Yong Suzanne，Dale G. Shaw，"Profiles of Effective College and University Teachers," The Journal of Higher Education，1999(6)，pp.670-686.

② 邓金：《培格曼最新国际教师百科全书》，教育与科普研究所，译，北京，学苑出版社，1989。

示，高效率的教师具有的特征有：丰富的学科知识、热情与热心、个人魅力、幽默、适应性与灵活性强、对学生抱有很高的期望等。

福克斯(Fox)的研究表明：高效教师应具有个人魅力和强表达能力[1]。

贝兰提(R. Ballan Tyne)等认为，高效教学具有的特征包括：教师无比热爱教学工作，教学充满热情；教师善于激发学生的学习兴趣；教师关心、尊重、爱护学生；教学内容恰当，适合学生的水平；能够有效地将教学内容与学生的生活经验、实际问题联系起来；注重培养学生的学习能力；引发学生的认知冲突，培养学生的探究精神与能力；注重与学生交流与沟通。[2]

从教师性格视角来理解高效率教学，可以使教师有意识地关注自身的个性品质(如亲切、机智、幽默、热情等)和教育教学品质(如教学能力、宽容体谅度、对学生的期望以及教学的适应性等)。但是，这种视角最大的缺陷在于，不能精确地回答教师的特征或品质是怎样影响教师的行为，进而影响学生学习效果的，因此，有学者把这种研究称作黑箱研究。

(2)教师行为表现的视角。

1960 年以后，对研究教师教学效率感兴趣的学者们开始抛弃教师教得如何取决于教师的性格这种假设，而试图通过教师教学过程中的行为表现来探讨高效率教学的特征。例如，凯利森(Kallison)等学者指出，高效率的教师具有的行为特征有：必须按一定的顺序呈现信息；用清晰简洁的语言；要采用生动形象的例子；善于以不同的方式陈述重要的原理；课程与学生的背景知识相联系；在课程的相关部分简单地提示学生先前学过的内容。[3]

与凯利森等学者的观点一致，国内一些学者也从教师教学行为的角

① Donald H. Naftulin, M. D. , John E. , et al, "The Doctor Fox lecture: A Paradigm of Education Seduction,"Journal of Medical Evaluation, 1973(48), pp. 630-635.

② Roy Ballantyne, John D. Bain, Jan Packer, "Researching University Teaching in Australia: Themes and Issues in Academics' Reflections,"Studies in Higher Education, 1999(2), pp. 237-257.

③ James M. Kallison, Jr. , "Effects of Lesson Organization on Achievement ,"American Educational Research Journal, 1986, 23(2), pp. 337-347.

度对高效率教学进行了研究。例如，有学者认为，高成效教师的典型行为特征包括：讲解认真、仔细、耐心；提问恰到好处(时机选择恰当、内容服务主题)；作业布置精良；注重师生互动；对学生的回答反应积极，即时反馈；对学生多持肯定、鼓励、表扬态度；建立并恰当地运用课堂常规；注重监控和维持学生的学习任务与过程。反之，随便提问、漠视学生的存在、批评学生、脱离学生的学习过程、不注意控制课堂纪律等教师行为，必然导致教学效率的低下。[①] 还有学者将有效的教学特征归纳为：努力给予学生以广博深厚的文化浸染；能够真切地关照学生的生活世界；重视教学过程；教师的讲授具有鲜明的方法论意识。[②]

教学作为信息传递的过程，必然需要我们关注教师的教学行为。值得注意的是，不可以将教师的教等同于学生的学。杨启亮先生曾深刻地谈道：不能把教师的劳动与教学过程混为一谈。[③] 如果从教学目标的视角对教师行为进行分析，对教学效率进行研究，则很容易造成一种结果——将高效率的教学等同于教学目标的达成，高效率的教学行为就是教师在教学中能促使学生达到一些特定教学目标的行为，是那些能促进课堂教学目标完成的教学行为。如果将教学目标窄化为"文本目标"的话，教学很容易产生以教代学的后果，容易使学生处于被动接受的地位。在我国，习惯上认为一堂好课的标准是：教师讲得头头是道、条条是理，左右逢源、滴水不漏，层次分明、逻辑清晰，重点、难点、关键点清清楚楚、明明白白；同时，教学能做到细致入微，一堂课结束前教师通常还会把所讲内容梳理一遍，做个小结，以给学生一个清晰、完整的印象。这种好课的标准，虽然指明了教师的行为特征，但从结果上却未必能真正促进学生发展。

(3)教师行为表现与性格特征相结合的视角。

除了从教师行为表现出发来研究教学效率之外，还有研究者试图透

---

① 王建龙，彭学秀：《高成效教师的典型行为特征》，载《天津教育》，1998(4)。

② 肖川：《高校有效教学的目标和特征》，载《高等教育研究(武汉华中理工大学)》，1999(3)。

③ 杨启亮：《困惑与抉择——20世纪的新教学论》，济南，山东教育出版社，1995。

过外在的教学行为挖掘一些内在的特征，例如，美国教育心理学家斯莱文(Slavin)提出了著名的与教学效率有关的 QAIT 模式。在 QAIT 模式中，有两种独立变量：学生输入量与可变变量。学生输入量是指导致学校不容易控制的因素：学生的资质(包括他们先前拥有的对某一学科的知识)以及来自学生家庭的学习动机。可变变量就是 QAIT 四要素——教学质量、教学的恰当水平、激励机制和时间。可变变量对学生学业成绩的影响处于两个与时间有关的变量之间：教学效率与(学生自己)从事学习的时间。教学效率可以定义成单位时间内的学习量。比如说，同样是 10 分，学生在教学效率高的课堂上将比在教学效率低的课堂上学到更多的知识。(学生自己)从事学习的时间是指学生实际用于相关的学习行为的时间量，这种学习行为是指听课、做作业等。教学效率及(学生自己)从事学习的时间与学生的学业成绩加倍相关，明显地，如果二者之一为零，那么学业成绩就为零。QAIT 模型与教学效率及(学生自己)从事学习的时间是相关的。教学效率是教学质量、教学的恰当水平与激励机制(学生对学习这门课程有兴趣)的产物。

(4)教学效果的视角。

近年来，国外一些学者认识到，研究教学效率只关注教师的特性或个性品质是不够的，至关重要的是要重视对教学效果——学生的学习结果的评价与研究。[1] 例如，有学者提出："高效率教学指成功实现了教学目的——调动了学生学习的积极性，促进了学生有效的学习。"[2]

斯莱文提出的著名有关高效率教学的 QAIT 模式中，将有效率教学的落脚点也放在了学习成果方面(图 1-1)。[3]

① Feldman K. A., "The Association between Student Ratings of Specific Instructional Dimensions and Student Acheivement：Refining and Extending the Synthesis of Data From Multisection Validity Studies,"Research in Higher Education，1989(6)，pp. 583-645.

② Broder J. M, Dorfman J. H., "Determinants of Teaching Quality：What's Important to Students,"Research in Higher Education，1994(2)，pp. 235-249.

③ Slavin R. E., "The Napa Evaluation of Madeline Hunter's ITIP：Lessons learned," The Elementary School Journal，1986，87(2)，pp. 165-171.

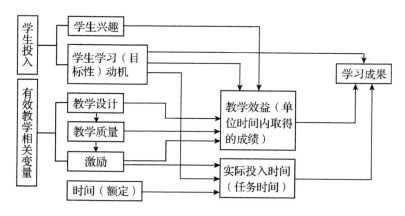

图 1-1　有效教学结构分析图

(5)教服务于学的视角。

一些学者从"教服务于学"的观点出发，对高效率的教学特征做出一些探讨工作。费尔德曼(Feldman)认为高效率教学具有的特征为：教学清晰明了，易于为学生理解，教师教学准备充分，教学组织灵活、巧妙，善于激发学生的学习兴趣，引发学生的内在学习动机，鼓励学生讨论，对学生有宽容心与同情心。[①] 也有学者谈道："高效率教学通常具有下列特征：拥有关于学科内容和教学策略的丰富知识，明确并强调教学目标，向学生清晰地解释和说明要学什么和为什么要学，仔细组织课程内容并使课程内容循序渐进，通过提供有规律的和适当的反馈，监控学生的进步和检查他们的理解，充分利用教学时间，为学生提供充分的练习机会，充分了解学生，使教学适应学生并预测学生现有知识水平与可能出现的误解，让学生对学习负起责任，对教学具有反思意识。"[②]

虽然"教服务于学"被很多学者认同，但关于"学"，人们的认识又有所差异。比如，有学者将教侧重于服务学生知识的学，教学效率是学生

① Feldman K. A. , "The Association between Student Ratings of Specific Instructional Dimensions and Student Achievement: Refining and Extending the Synthesis of Data From Multisection Validity Studies,"Research in Higher Education, 1989(6), pp. 583-645.

② Porter A. C. , Jere Brophly "Brophy J. Synthesis of Research on Good Teaching: Insights from the work of the Insititute for Research on Teaching,"Educational Leadership, 1988(8), pp. 74-85.

"掌握知识"的速度与程度的体现，而且这种认识还具有一定的普遍性。巴班斯基尽管提出了教学效率不取决于教师打算教给学生什么，但他将教学效率限定于学生实际学到了什么。也有学者认为，有效教学就是学生高效学习，教学目标就是为了使学生学好。[①] 需要注意的是，教学要为学生的学服务，但教学效率不仅体现在学生掌握知识与学好当堂内容的近期学习效果上，而且还体现在学生获得的发展的远期学习效果上。

由以上研究可见，教学效率的研究从分析教师的内在特征，到仅关注教师教的行为，再到关注学生的学习，服务学生的学习，体现出关于教学效率的认识在不断深入。

三、 数学教学效率[②]

首先，本书不基于量化的观点认识数学教学效率。其次，认为数学教学效率不取决于教师打算教给学生什么，而取决于学生实际获得了什么。学生的学习结果应是近期目标与远期目标的统一，即对于数学教学效率而言，不应单纯看数学知识的吸收率，甚至是一节课的教学内容的多少(即所谓教学密度)，而要看综合效果。

目前，研究教学效率应重视"过程—结果"模式。[③] 基于该观点，我们认为，教学效率从过程上看，主要是指时间，重视对时间的充分利用。"欢娱嫌时短，疲倦恨更长"，其实两个时间在量上是相等的，可是，当时间加入了人们的感觉体验后，就产生了太长与太短的情感判断。一位教师可能才讲了不一会儿，而学生却觉得过了好长的时间，不由自主地在偷偷看时间，盼望早点下课。而教师仍在无休无止地讲着，滔滔不绝地灌输着知识，陶醉在自己的讲课中，没有意识到教师的劳动并不等于教学过程。当一个人主动地做某件事时，时间过得似乎比在无可奈何地、被动地做某件事时要快。在学生乏味的情况下，学生所得到

---

① 程红，张天宝：《论教学的有效性及其提高策略》，载《中国教育学刊》，1998(5)。

② 王光明：《重视数学教学效率 提高数学教学质量——"数学教学效率论"课题简介》，载《数学教育学报》，2005(3)。

③ 甄德山，王学兰：《教学成效相关研究》，天津，天津人民出版社，1997。

的比他们所期待的要少得多。学生产生厌倦的原因：其一，内容枯燥无味；其二，信息量不足；其三，所讲内容让学生听不懂。当学生对教师所讲内容感到厌倦时，注意力就集中在时间本身上了。"对时间速度快慢不同的感受取决于时间本身是否加入了意识。当我们厌倦时，时间像在慢慢地爬；当我们兴致勃勃时，时间却像在飞。忘掉了时间，我们就不会想到去看时间已经过去了多少。在令人感兴趣的情景中，时间本身就不会成为意识的内容。"[1]也就是说，当学生感觉时间不知不觉就过去了，甚至忘记了时间，则说明他已充分利用了时间，投入到学习之中。相反，即使教师拖堂，占用了下课的一点时间，增加的也只不过是空洞的时间数量而已。不同时期的时间观念不尽相同，新的发展观包括树立新的时间观，即我们不但要重视有效利用时间，而且要重视时间的利用价值。教师讲解、学生练习比教师引导、学生探究在学生掌握知识方面可能用的时间要少，但因为"对学生的评价不能只以获得知识量的多少作为唯一指标，而应考虑学生通过数学学习是否得到了发展"。[2] 所以，如果学生利用时间的价值，只体现在知识的迅速"吸收"和基本技能的"熟练"上，忽视了学生在精神、意识、认知结构、理解与学习能力等方面的发展，那么，这种消耗时间所获得的教育价值是有限的。教师很敬业，加班加点，但只是满足于学生识记大量题型，企图让学生见多识广，教师苦劳的主要结果体现在学生数学知识的记忆与技能的熟练方面，那么，这种苦劳要不得，没有功劳也有苦劳，是一块不能向时间要价值的遮羞布。

杨启亮先生曾针对"宝剑锋从磨砺出，梅花香自苦寒来"这句格言深刻地谈道："关键在于磨剑者、苦寒中的主体精神体验，在于如何磨剑、如何吃苦，而不在于要不要磨、要不要苦。"[3]数学教学中的时间不体现在学生所用时间量的增多方面，关键取决于学生是否真正参与到数学教学中，参与到数学教学中后，学生哪些方面得到了发展。

---

① ［德］恩斯特·波佩尔：《意识的限度——关于时间与意识的新见解》，李百涵，韩力，译，北京，北京大学出版社，2000。
② 喻平：《数学教育心理学》，南宁，广西教育出版社，2004。
③ 杨启亮：《减轻学生课业负担的价值辨析》，载《天津市教科院学报》，2000(6)。

在学习数学的过程中，学生在解决问题的过程中记忆的负担较重，思维的负担不重。学生可以在没有深层次的认知参与的情况下完成学习数学的任务，从而会产生一种浅层次学与教的循环。[①] 而研究表明："浅层次的认知参与变量与时间变量具有正相关。"[②]

因此，我们不能片面强调刻苦，如果学生在数学教学中思维不活跃，而且学习数学经历的是"苦"与"枯燥"的体验的话，那么数学和数学教学给学生留下的则是不良印象，更为可怕的是，"学生通过数学学习应然达到的发展目标"将成为一句空话。

涂荣豹先生指出："促进学习者是教育者的基本责任和最终目标。在学校教育中，牢固树立'教师的教服务于学生的学'这一观念十分重要。"[③]基于该观点，教学结果要通过学习效果反映出来。涂荣豹先生还指出："数学教育问题说到底是如何以数学育人的问题。因此，数学教育首先是人的教育，但是它不是一般意义下的育人，而是以数学来育人，因此，数学教育又是时刻不能脱离数学的育人问题。"[④]

基于该观点，数学教学效果不仅指数学知识的掌握情况，更为重要的是指远期的教育效果。

理性精神。数学科学是理性精神的产物，数学家具有独立的人格，显现了主体理性，数学教育中培养理性精神的过程是指在数学教学以及数学学习活动中，通过对数学内在理性的感悟以及对数学家的理性精神的感受所获得的精神层面的文化与价值体验。在数学教育中，应该培养的理性精神包括：其一，学习目的上重视数学的内在价值，这主要体现了"自由"以及"摆脱外在欲望的干扰"的要求；其二，学习动因上将好奇心作为数学学习的动力源泉，这主要体现数学学习活动的动力不能完全被外在学习动机所遮蔽的要求；其三，学习过程中树立追求真理的质疑精神与意识，不盲从，不完全迷信专家与书本，但也绝不是无标准、无

---

① 孔企平：《数学教学过程中的学生参与》，上海，华东师范大学出版社，2003。
② 孔企平：《数学教学过程中的学生参与》，上海，华东师范大学出版社，2003。
③ 涂荣豹：《数学教学认识论》，南京，南京师范大学出版社，2003。
④ 涂荣豹：《数学教学认识论》，南京，南京师范大学出版社，2003。

要求地漫无目的地怀疑一切，质疑要坚持用逻辑的标准审查发现建构的命题。质疑不是利益驱动，而是对真理的坚持，这些主要体现了逻辑"对普遍法则的追求"等基本要求；其四，对待理性精神的态度上，不是独尊理性，罢黜其他精神，具有独立人格的数学家的理性精神的产物是没有国界和阶级自由的数学科学，数学家没有独立人格，就不会有数学科学的诞生，数学科学研究内部需要自由，感自由之恩惠，数学不会排斥与理性精神相和谐、同舟共济的其他自由精神主张的。这里，同样体现了"自由"的要求。

良好数学认知结构的构建。数学认知是数学学习的重要范畴与基础，数学认知过程优化的目标体现在构建数学认知结构上，而数学认知过程优化的过程体现在学生对数学知识的深刻理解上。

效率意识。珍惜时间，抓紧时间努力学习是需要的，更重要的是，要有向时间要效益的意识，特别是数学学习，数学是关于思维的科学，数学学习一刻也离不开思考，没有有效利用时间的意识，仅靠延长时间的战术，拼体力学习数学，这种观念是十分有害的。

数学学习能力。关于数学学习能力的构成至少包括数学认知能力和数学元认知能力等。数学认知能力包括思维能力、空间想象能力和解决实际问题能力等。数学元认知能力包括数学元认知知识的掌握与运用能力、数学学习计划、监控和调节能力等。在数学认知能力中，数学思维能力是核心，数学思维能力是基本能力，在数学思维能力中主要包括建构思维能力、抽象思维能力、化归思维能力和拓扑思维能力。其中，建构思维能力包括外源建构思维能力、内源建构思维能力和辩证建构思维能力。抽象思维能力包括弱抽象思维能力(概念外延具有逻辑包含关系)、强抽象思维能力(内涵具有逻辑包含关系)以及广义抽象思维能力(概念定义间具有逻辑相联关系)。化归思维能力包括等价化归思维能力(如恒等变形的转化问题的思维)、弱抽象化归思维能力(如将问题一般化的思维)和强抽象化归思维能力(如，将问题特殊化的思维)。[1] 拓扑

---

① 喻平：《数学问题化归理论与方法》，桂林，广西师范大学出版社，1999。

思维能力包括具有总结数学基本知识的能力和对数学知识的适用与应用条件的认识能力。数学元认知包括数学元认知知识、元认知体验与元认知监控，其中元认知体验与有意识地监控自己的数学学习过程，是数学学习中的自我意识要求。作为基本要求，我们提出数学学习的自我认识能力，主要是指为什么学习数学、学习数学什么以及如何学习数学的自我认识能力。

概言之，教学效率从两个维度来认识。在学生的时间投入方面，指能够充分利用时间，全身心积极主动地参与数学学习。在数学教学结果方面，指多方面的学习效果——认知成绩、理性精神、效率意识、良好认知结构和数学学习能力。教学效率是相对概念。同样的学习结果，学生用时间较少，则教学效率高；同样的学习时间，学习效果好而且多样，则教学效率高。

第三节　数学教学效率的研究问题

改革开放以来，尤其是 20 世纪 90 年代以后，中国数学教育的理论与实践，无论是在研究论题的深化方面还是在研究范围的拓展方面，都获得了可喜的成绩，并呈现出许多新的特点。但是，一直以来困扰数学教学的低效率问题却仍没有得到很好地解决。问题是引导变革的良方，既指明了当前研究的不足，又为今后的研究指明了方向。数学教学效率的研究问题成为引领数学教学效率研究的指路石。数学教学效率的研究问题主要包括数学教学效率研究的理论基础、数学教学效率的现状、数学教学效率的影响因素、数学教学效率的提升等问题。

一、　数学教学效率研究的理论基础问题

研究数学教学效率的源头，是对数学教学效率研究的相关理论进行研究。处理好数学教学效率的理论基础问题，是保证数学教学效率研究

顺利进行的基本前提条件。

数学教学效率研究的相关理论基础，与数学教学效率的本质特征密不可分。数学教学效率，是指教师向学生教授数学这样一门抽象学科的教学内容时，其教学的投入与产出比。因此，数学教学效率的高低受到诸多因素的影响，从数学教学效率的本质出发，其内部影响因素主要包括数学的学科特性，教学的输出对象与接受对象，教学本身(教学理念、教学方法、教学实施)等；而作为教育事业中的一门具体学科的绩效评判标准，又受到诸多外部因素影响，诸如国家的教育政策、家庭的教育氛围等。数学教学效率研究的理论基础问题受内部与外部影响因素共同作用，但目前为止，对于内部影响因素的研究更为具体，也更具操作性，外部影响因素尽管也非常重要，但往往难以将其与各学科教学效率的影响进行具体分离，研究较少。

因此，对数学的学科特性、教学的输出对象与接受对象、教学本身(教学理念、教学方法、教学实施)等数学教学效率各组成成分的研究，成为了当前数学教学效率研究的主要内容。涉及这些成分的理论基础，则主要包括教育研究方法论、经济学有关理论、信息与思维的有关理论、系统科学有关理论、脑科学的有关理论、教学评价方法论。

二、 数学教学效率的现状问题

数学教学效率研究的一个基本前提假设是：当前我国的数学教学效率低下。长久以来，这一假设的提出，大抵是通过数学教师与数学教育科研者的经验判断得出的。这种经验判断有其一定的存在合理性，但对于教育科学研究而言，对于数学教学效率现状的实证研究也非常必要。实证研究是提升教育科学研究科学性的重要途径，也是评价教育科学研究科学性的重要标准和寻求教育科学学科自信的重要基础。[1] 只有经过实证研究，准确掌握了我国数学教学效率的现状，才能够确保这一研究

---

① 薛晓阳：《教育科学研究：一个有关实证方法论的讨论》，载《教育发展研究》，2012(Z1)。

的意义所在。将经验研究与实证研究相结合，是解决数学教学效率现状问题的有效方法。

数学教学效率的现状问题，不但关系着整个数学教学效率系列研究的存在性与价值判断，而且直接影响着数学教学效率的影响因素与解决策略的探究。解决好数学教学效率的现状问题，使数学教育效率研究者们能够科学有效地、有针对性地面对我国的数学教学效率问题。目前的数学教师、学生对于其自身所处的数学教学效率持何种认识？具有不同特征的教师或学生，所对应数学教育效率现状是否有差异？我国不同地区的数学教学效率现状如何？我国不同时期的数学教学效率现状如何？此类相关问题，都属于数学教学效率现状问题的研究范畴。

三、 数学教学效率的影响因素问题

数学教学效率的影响因素较多，从研究对象分析，教师与学生是影响数学教学效率的直接对象。

教师层面而言，由于不同数学教师接受的教师教育不同，成长环境与所处工作、教学环境不同等原因，其对于数学教学效率的认识程度与水平，对于高效率数学教学的实施情况都有所差异。这些因素都深刻地影响着数学教师的教学效率。例如，经验分析表明，影响数学教学效率的突出原因主要表现在两个方面。第一，教师热衷于重复训练，忽视教学效率的提高。因一味追求应试成绩，对学生进行了过度的模仿性训练，造成了高分数下的低效率。脑科学研究表明，某些技能训练太多，可能会导致其他潜能被压抑，机械模仿训练过多，可能会导致创造潜能被扼杀。第二，教师局限于传统教学模式，忽视专业发展，限制教学效率的提高。教学改革过程中，许多数学教师忽视自身专业成长，盲目照搬提高教学效率的某种方法；许多数学教师不重视通过参与课题研究、潜心教研、虚心学习、遵循教学规律组织教学等手段促进专业发展，局限于传统教学模式，不愿创新。

学生层面而言，许多学生的心理机制也影响着数学教学效率。有学者指出，选择性注意、元认知、学习策略、非智力因素、内隐学习是影响学习效率的要素,[①] 进一步的研究更是直接指明,影响学生数学学习的因素包括智力因素、非智力因素、数学元认知、数学学习策略以及数学学习素养,这些因素构成了高效数学学习中学生心理结构模型(图1-2)。[②]

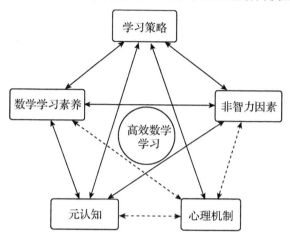

图 1-2　高效数学学习中学生心理结构模型

数学教学效率的影响因素是"教师教"与"学生学"两方面共同影响的结果。对数学教学效率影响因素的研究,将找到影响数学教学效率的归因。

四、 数学教学效率的提升问题

我国基础教育在 21 世纪初最重要的变革举措就是实施新课程改革。建设一支高素质的教师队伍,是保障新课程改革顺利实施的关键。《国家中长期教育改革和发展规划纲要(2010—2020 年)》指出:要提高教师专业水平和教学能力,提高教师业务水平。在教育实践中,教学效率的高低,往往成为判断教师业务水平高低的重要指标。因此,教学效率的提升问题,成为国家中长期教育改革和发展的重要指标。

---

① 沈德立,白学军:《高效率学习的心理机制研究》,载《心理科学》,2006(1)。
② 王光明,佘文娟,宋金锦:《基于 NVivo10 质性分析的高效数学学习心理结构模型》,载《心理与行为研究》,2014(1)。

数学教学效率的提升问题，主要解决的是如何提升数学教学效率，是数学教学效率的理论基础问题、现状问题、影响因素问题的最终指向所在，总之，以上问题都是为我国数学教学效率的提升而做出的努力。

数学教学效率的提升，与数学教师的专业发展密不可分。数学教学效率不高，某种程度而言，与数学教师的专业发展程度不够呈正相关关系，极大地限制了数学教学的发展。因此，我们有必要在基础教育阶段的数学教学实践中，探索出一条如何促进教师专业发展的道路，进而解决当前我国数学教师教学效率低、学生负担重的难题，同时也为我国数学教学效率的提升开辟了一个新的视角。

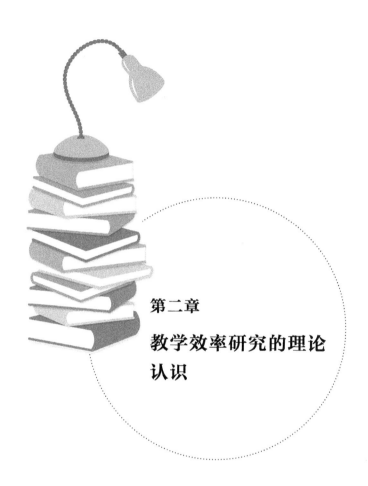

第二章

教学效率研究的理论认识

教育涉及的领域烟波浩渺，教育科研的根基盘根错节，教育的生命相依于一切自然之理与人之道学之中。任何一项教育课题的研究，都需要从方方面面汲取营养。教育研究的方法论、经济学有关理论、信息与思维的有关理论、系统科学有关理论、脑科学的有关理论、教学评价方法论都是开展数学教学效率研究的理论或技术基础。

第一节　教学效率研究的方法论认识

法国著名学者拉普拉斯曾经指出："认识一位天才的研究方法，对于科学的进步……并不比(科学)发现本身的意义要小。科学研究的方法经常是极富兴趣的部分。在方法论上，古代科学是以超越论的思辨哲学为其特点的。超越论的知识见解在柏拉图的岩穴比喻中得到了经典的形象表述。柏拉图描写了一个岩穴，里面住着几个人，他们只能面对着岩穴的后壁，而不能转动头部。在岩穴入口的前面有一堆融融之火，火光照进岩穴，照到后壁。在岩穴入口和火堆之间常有人走过，于是他们的影子就投射到岩穴的后壁上，岩穴中的居民看见这些影子，但他们永远看不见岩穴外走过的人，因为他们不能把头转过去。他们将影子视为实在事物，永远不会知道外在世界，他们看到的只是它的影子。两千多年来，这一岩穴比喻代表着思辨哲学的态度。德国学者莱欣巴哈认为，古代的科学方法基本上属于唯理论的科学推论方法。"古代各种科学知识混沌一片，直到近代科学的出现，自然科学与社会科学才分道扬镳了。"不过，社会科学的研究方法在很长一段时间基本上仍停留在古代的思辨境界中，而自然科学方法则独自大踏步前进了。因此，近代的科学方法，主要是指自然科学方法。"①社会学经过培根、笛卡儿、孔德、斯宾塞以及杜尔克姆等人的工作，开始逐步深入运用自然科学的研究方法，

---

① 李冬民：《社会学方法简论》，济南，山东人民出版社，1986。

但在西方，滥用科学与理性，遭到了后现代主义等学者的批判。

叶澜认为：以哲学作为前提，运用演绎的方式进行推理，是教育研究的前学科时期。教育研究开始运用系统观察的方法，教育研究才进入了学科形成期。① 教育调查是为了深入了解教育的实际情况，弄清事实，收集资料，借以发现问题，进而对教育现状做出分析和认识的方法。运用教育调查具有明了教育现状，发现新的研究课题、先进的教育经验或教育问题，提供研究数据与假说的功效，但受制于样本数量以及被调查者的不积极配合，研究结论有时会出现以偏概全或偏离客观实际的问题。

实验研究涉及改变一个或几个(自)变量，然后确定对其他(因)变量产生的影响。真实验研究的被试被随机分配为实验对象，而准实验研究的被试是原始的、自然的。实验研究有助于揭示变量间的因果关系。教学情景是十分复杂的，基本上多种因素同时起作用。运用实验研究说明一两个变量导致了某些结果，可能会夸大这些变量的作用。

质的研究发源于人类学的研究方法，是指"研究者深入到社会现象之中，通过亲身体验，了解研究对象的思维方式，在收集原始资料的基础上建立'情景化的''主体间性的'意义解释。"② 与主观控制的实验不同，质的研究方法是在自然状态下，研究者亲自参与被研究群体生活和活动，没有任何控制与干预，研究者通过观察，利用自身的直觉、洞察力等去发现问题与结论，而不是验证一些常识或结论，所以能获得第一手的详实材料。但研究者的偏见、价值观和看问题的角度等均会使得结论带有主观色彩，而且，运用该方法时，被研究者的数量一般不大，所获得结论未必具有一般性。

拓扑心理学的创始人勒温在 1944 年首创行动研究的方法，到 20 世纪 50 年代，美国教育领域开始运用该方法。1977 年，日本教育心理学家大桥正夫甚至预言：行动研究将成为教育心理学研究法的主流。1992 年，中华人民共和国国家教育委员会(现教育部)将上海青浦区的数学教

---

① 叶澜：《教育研究方法论初探》，上海，上海教育出版社，1999。
② 陈向明：《质的研究方法与社会科学研究》，北京，教育科学出版社，2000。

育实验，定为基础教育改革的重大成果，并向全国推广。青浦教育实验的方法体系中重要的一环，就是重视行动研究。①

在我国教育研究中，存在理论(研究)与实践(行动)相互分离、研究者与实验者分离的问题。尽管研究者也常常进入实践领域，从中寻求理论的源流，但是他们的进入更多的是一种"俯瞰"，是自上而下的、游离于实践之外的。而实践者却极少进入研究领域，他们将那里视为高不可攀的、超越于他们之外的"圣地"。"行动研究就是教师在教学实践中进行的一种教育研究，它把单纯的教学过程引向了探究过程。教师在探究中提出问题，设计解决问题的方法，收集解决问题的资料，用不同的方法分析资料，从而找到问题的解决方法。'行动'一词体现了教师将把研究过程付诸行动，把研究方法、结果用于自己的教学实践中。"②行动研究的起点是对自身实践的不满和反思，研究的对象是现实中出现的具体问题，研究的目的是为了解决现实问题，研究的过程是为了改善现实的实践，研究的结果则是为了改变现状。行动研究不是理论工作者对教育实践的指导，而是理论工作者与教育实践人员的合作。"行动研究是教育民主化的过程，也是教育实践的过程。它是对专业实践的民主取向，是了解和提高自身及其实践的方法。它是一个系统、持久的探究过程，并应具有公开性。它是一个自我定向的旅程，方向是建立一个民主的学习共同体，并且它指引我们到达更伟大的专业主义。"③

行动研究是教师有意识地将教育实践过程当作研究过程，教师通过反思自己的教育实践，发现问题，通过倾听他人的意见，在研究的行动中监控与改善实践过程。行动研究将教育实践者作为研究者，有助于提高教育实践者的专业品位，提高教育研究的密度，但教育研究既包括改善教育实践，还包括引领教育实践，而后者是行动研究很难达到的，况且行动研究是对教育实践研究主体的扩充，是对教师的更高要求，它不

① [德]库尔特·勒温：《拓扑心理学原理》，竺培梁，译，杭州，浙江教育出版社，1997。

② [美]安淑华：《数学教育中的行动研究》，载《数学教育学报》，2002(2)。

③ [美]Joanne M. Arhar，Mary Louise Holly，Wendy C. Kasten：《教师行动研究——教师发现之旅》，黄宇，陈晓霞，阎宝华，等，译，北京，中国轻工业出版社，2002。

是一个独立的研究方法。

运用数学方法研究教育问题是指运用数学知识、思想方法、数学思维去量化、描述教育现象，去处理、分析和解决教育问题，从而获得教育研究结论，构建教育理论的方法。马克思在一百多年前就已经指出："一门科学只有成功地应用数学时，才算达到完善的地步。"一百多年来，正是成功地运用了数学，才使物理、化学等学科日臻完善，正是成功地运用了数学，才诞生了生物数学、金融数学等新的分支。叶澜谈道："数学对自然科学的意义，不仅是工具的、方法的，更重要的是方法论的。认识数学在科学体系中地位的变化，对于教育研究人员来说，尤其重要和艰难。因为教育研究在运用作为研究工具的数学方面，还远远落后于像经济学和社会学这样的社会科学。"[1]也就是说，教育学科的发展离不开数学方法的运用，其中，多元分析是研究客观事物中多个变量间统计规律性的一门数学分支学科。

随着计算机技术的发展，多元分析方法很快在很多领域得以运用。多元分析方法不仅在自然科学领域"功勋卓著"，而且在社会科学领域"战绩显赫"，表明多元分析方法确实是处理数据，揭示多变量之间关系的先进工具。因为影响教育的因素众多，它们之间关系错综复杂，但却水乳交融、息息相关。研究教育各因素之间的关系可分为三个层次。其一是研究各因素之间是否有关系，判定各变量之间是否有联系。方法包括：相关分析、偏相关分析、方差分析、协方差分析、判别分析和聚类分析等。其二是研究各因素之间有什么样的定量关系，即分析各变量之间有何种联系。方法包括：回归分析和马尔柯夫预测等。其三是分析各因素之间相存关系的原因。方法包括：主成分分析和因素分析等。需要说明的是，不能认为只是在调查与实验中才能运用数学方法，也不能认为数学方法仅限于概率统计方面的知识和方法。

在教育研究中，广泛运用数学思想方法及高等数学知识，将加大运用数学方法研究教育问题的广度。当然，强调在教育研究中要重视运用

---

① 叶澜：《教育研究方法论初探》，上海，上海教育出版社，1999。

数学方法，但绝不是鼓吹滥用数学方法。在教育研究活动中，运用数学方法，建立教育现象的数学模型，只不过是一种解决教育问题的辅助手段，它不是万能的。历史充分说明了这一点，德国化学师里希特（Richter）过于抬高数学的地位，甚至认为化学是应用数学的一个分支学科，由于滥用数学，他虽然走到了当量定律面前，但还是没有迈入门内，反而误入歧途。数学方法所具有的那些功能总是在正确的路线指导下，建立在原始数据的可信性和有效性的基础上，研究结论要接受教育实践的检验。

思辨与争鸣是指对教育现象、问题或观点进行深思或反思后，阐述个人或学术共同体的教育见解与主张。众所周知，文艺复兴以后，意大利曾迎来科学繁荣的局面，一度成为世界科学活动中心。但自 1633 年罗马宗教裁判所对伽利略进行审视和人身监禁后，意大利的科学活动很快衰弱下去，以致在之后长达 300 年里没有再出现重要的科学家，意大利也因此而不再是世界科学活动的枢纽。

美国著名数学教育家伦伯格（T. Romberg）指出："在今天教育改革的形势下，研究者不可能是一个冷静的旁观者。他们必须意识到正在做出并将不断做出各种决定，他们必须对相关的争论做出贡献。"[1]王士平先生谈道："自然科学各个学科的发展中，充满着各种不同的学术观点，各种不同学派之间的争论。科学争论表现出自然科学界关于科学事实的认识和解释。科学理论的抽象和建构、科学方法的选择和运用、科学结论的阐发和应用等方面的深刻分歧，科学争论的发生和进行，成为自然科学发展中最有生命活力、最具戏剧色彩的幕幕场景，是推动科学认识发展的一种重要的创造因素和强大的动力。"[2]自然科学的发展史启迪教育研究，应开展必要的争鸣，特别是构建原创性的教育科学体系是我国教育研究的重任。在这一探索性过程中，研究难免带有经验性、描述性和定量化程度不高的特点，难免会有对教育本质和现象带有猜测和假设

---

[1] Grouws，*Handbook of Research on Mathematics Teaching and Learning*，New York，Macmillan，1992.

[2] 王士平：《科学的争论》，北京，科学出版社，1998。

性的特征。因此，在教育研究领域，假说丛生，学派林立，争论激烈应是教育发展所必不可少的现象。正如王士平先生所言："在前沿领域，科学争论常常是科学革命的先导和前奏。一场大规模的科学争论的结果，往往导致一种革命性新理论的创立。"①特别是在构建教育科学理论方面，更是离不开思辨与争鸣。此类争鸣的结果，将导致教育科学理论的修正、补充、完善和深化。而且这是较高层次的争鸣，但忌争鸣中各自为战，没有针对性地盲目建立"各自体系"，而宜有思想火花的碰撞和以强有力依据作依托的各抒己见。

另外，还要重视关于教育哲学认识的争鸣，即关于教育本体论、认识论和方法论的争鸣，这是教育界最高层次的争鸣。各种教育思想在争鸣中能够不断得到提炼和升华，从而反过来更好地指导着教育实践。常听有人讲，杨启亮、郑毓信等先生的教育观点较为深刻，本人也有同感，因为他们的观点中多有哲理思考，需要说明如下几点。首先，少开展"某某课题研究重要性"的争鸣。教育是一项系统工程，与教育有关的课题都需要研究和开展实验。我国教育界都开展同一项专题研究或同一项实验研究，不仅不现实，而且危害极大。其次，要创设自由争辩、民主讨论的学术氛围。1990年，当时中国教育学会会长张承先先生发表了关于论述新时期教育方针的文章，萧宗久先生撰文提出了相当尖锐的不同意见。张承先先生知道后，专门召开座谈会，开展讨论，并要求《中国教育学刊》刊发这篇文章。张承先先生作为学术权威不独断专行，而且鼓励"百花齐放，百家争鸣"的精神与作风，为世人所津津乐道。教育科学无禁区，教育科学无顶峰，教育科学无偶像，愿必要的科学思辨与争论成为教育科学发展的一条强而有力的生命线。

目前，思辨研究正在受到一些学者的批评，有学者谈道："在研究方法上，中国学者目前从事的大部分'定性研究'基本上没有系统收集和分析原始资料的要求，具有较大的随意性、习惯性和自发性，发挥的主要是一种议论和舆论的功能。它更多的是一种研究者个人观点和感受的

---

① 王士平：《科学的争论》，北京，科学出版社，1998。

阐发,通常结合社会当下的时弊和需要对有关问题进行论说或提供建议。"①也有学者谈道:"教育研究方法过于传统,研究手段比较落后。如果把研究方法分为经学的研究方法和科学的研究方法两大类的话,教育研究中似乎经学的成分多了些,而科学的成分则显得不足。这并不是说经学的研究就一无是处,它是思考问题的方法、指导行为的一种方法类型,但它和科学方法是难以兼容的。教育学作为一种现代社会科学,理应受到科学研究方法的指导。"②教育研究中的思辨与争鸣存在着观点左右摇摆、以西方人的观点评判中国的教育、教育学概念没有与非教育学的概念加以区分,将教育事件问题与性质问题不做区分、以及陷入解释学的循环等问题,但在教育研究中,不是要不要思辨与争鸣的问题,而是如何进一步提高思辨与争鸣的质量的问题。即思想只有比较好的,没有绝对好的。一种比较好的思想,要永葆青春,恐怕一定要有不同思想的争论,争论是思想完善、发展的必由之路。正可谓:"百家思想各争锋,异彩纷呈千万重。只道独尊成霸业,不知霸业毁阿侬。"③总之,教育研究中的方法各有各自的优点,也各有各自的局限性,方法本身没有良莠之分。在教育研究中,应广泛运用各种教育研究方法,合理运用各种教育研究方法。

第二节 教学效率研究的经济学认识

由于大量应用数学方法并借鉴自然科学的研究方法,经济学已不再众说纷纭,而成为一门研究不断深入,新理论与观点迭出的学科。相对最优化原理、边际收益递减规律、80/20 法则与不值得定律、机会成

---

① 陈向明:《质的研究方法与社会科学导论》,北京,教育科学出版社,2000。

② [美]威廉·维尔斯曼:《教育研究方法导论》,袁振国,译,北京,教育科学出版社,1997。

③ 陈四益:《思想打架》,载《今晚报》,2004-08-04。

本、帕金森定律与帕累托定律对数学教学效率研究更有启示意义。

一、 相对最优化原理

相对最优化原理说明，对于绝大多数著名的组合优化问题来说，若其中有一个有效算法，则其他亦然，而对这些问题，至今尚未证实有一个最有效算法。这说明最优化的算法仅是相对的，不存在绝对最优化的算法。[①] 通过该原理，我们可以得到提高教学效率的启示，不存在万能的高效率教学方法，对于已证实是高效率的教学，需要学习其中的方法，更为重要的是要分析原因，而不是简单照搬方法。研究教学效率，应适度淡化技术思维，将研究重点放在教学效率的内涵、影响因素以及评价等问题上。

二、 边际收益递减规律

经济学上的边际收益递减规律是指在技术水平不变的情况下，当把一种可变的生产要素投入到一种或几种不变的生产要素中时，最初这种生产要素的增加会使产量增加，但当它的增加超过一定限度时，增加的产量将要递减，最终还会使产量绝对减少。边际收益递减规律是从科学实验和生产实践中得出来的。1771 年，英国农学家杨格就在若干相同的地块上施以不同量肥料进行实验，结果证明了肥料施用量与产量之间存在着边际收益递减的关系。之后，国内外学者也以大量事实证明了这一规律，并把这一规律应用于许多其他领域。1924 年，S. P. 弗罗伦斯通过研究不同劳动者群体的工作效率与工作时间之间的关系发现，在最初工作的一小时内，劳动者的工作效率最高，其后便依次递减，在临近下班的两小时内，工作效率急剧下降。[②] 边际收益递减规律启发我们，不能一味强调勤奋，成功的学习者往往不一定是整天忙于学习和陷入题海不能自拔的人，而可能是那些讲究劳逸结合的人。聪明的学习者总是

---

① 程民德：《中国数学发展的若干主攻方向》，南京，江苏教育出版社，1994。

② 崔卫国：《学习负担的经济分析》，载《喀什师范学院学报(社会科学版)》，2001(2)。

把智慧用在怎样提高效率上，而不是盲目的勤奋上；成功的秘诀不是勤奋，而是提高效率。

三、 80/20 法则与不值得定律

80/20 法则是一百多年以前，由意大利经济学家帕累托（Pareto）提出的。这个法则是说我们 80% 的收入来源于 20% 的行为，也就是说，我们浪费了 80% 的时间，或者至少是没有对这 80% 的时间进行最充分的利用。[1] 不值得定律是指不值得做的事情，就不值得做好。这个定律似乎再简单不过了，但它的重要性却时时被人们所遗忘。80/20 法则与不值得定律均支持这样一种观点：为了能在生活中得到更多的成功，就要试着比社会中的普通人少用一些时间工作，但要多思考一些。毫无疑问，80/20 法则启迪我们用较少的精力去实现更多的成功。

一个勤奋但效率不高的人会问：如果 80/20 法则如此有效，为什么那么多人却不使用它？答案很简单，它需要创造性思维。歌德说过："可千万别被那些最不重要的事情随意摆布，永远不要。"[2]80/20 法则启发我们：首先，一个人在做一件事情时，用多少时间并不重要，重要的是集中精力，提高效率。其次，有些学生基本知识掌握得还不很牢固，却在一些数学偏题、难题上花费过多时间，殊不知，技巧性过强的问题迁移范围很小，对于某些学生而言，是不值得花费更多时间的，否则会得不偿失，时间没少用，但学习效率并不高。聪明的学习者懂得该忽略什么，该重视什么。最后，中国是讲人情与强调交往的社会，许多人乐此不疲地花费大量时间编织复杂关系网。学校与班级是社会的缩影，人际关系网过于密集，会使人陷入人际旋涡中，而影响教与学的效率，研究教学效率，对一些外部因素亦不容忽视。

---

① ［美］弗兰克·B·吉尔布雷思，莉莲·M·吉尔布雷思：《勤奋的人未必成功》，马晓飞，编译，北京，海潮出版社，2004。

② ［美］弗兰克·B·吉尔布雷思，莉莲·M·吉尔布雷思：《勤奋的人未必成功》，马晓飞，编译，北京，海潮出版社，2004。

四、 机会成本

机会成本这个术语很有用，指的是采取某种行动而不采用另一种行动而放弃的收益。[①] 机会成本假定的是没有无限的资源，不能拥有想要的一切，对大多数人来说这是一个公平的假定。当给时间估值的时候这一点尤其有用，因为时间的供应是固定的，甚至比金钱或是其他资源更稀缺、更珍贵。与金钱一样，除非挪作他用，否则还看不出它有那么大的用途，因此时间价值与你利用它所得的成果有关。假如我们做了另一件事，而没有做本该做的那件事，赋予那件本该做的事的价值与对时间的消耗都是机会成本。机会成本启示我们：人类在千方百计追求一些东西的同时，有时也失去了一些东西。仅仅为升学而学习数学，可以满足一时之需，却可能失去了一世之用的发展基础。低效率的教学，失去的机会成本不仅是一去不复返的时间，更严重的是失去了这些时间所应产生的学习价值。因此，在教学中，为了让时间发挥更大的价值，就要明确数学教学应然达到的目标，并在实然教学中，努力实现应然的目标。

五、 帕金森定律

1958 年，英国历史学博士帕金森(C. N. Parkinson)在《经济学家》发表了一篇论文，这篇论文形象地说明一位平庸的管理者，工作不顺利时，不是将职位让给优秀的人才，也不是选择优秀的人才做他的助手，而是选择更为平庸的两个人作为助手。助手不可能对这位管理者构成威胁，助手无能，只能上行下效，再找更为平庸的助手，造成机构臃肿，人浮于事，效率低下。该论文的观点，后来被经济学界称为帕金森定律。[②] 该定律提醒着世人，精练的机构，很可能是高效率的。学校机构

---

① ［英］哈里·艾德：《事半功倍——使平凡人生发生质变的新方法》，高玉环，译，北京，华文出版社，2003。

② 西武：《黄金法则》，哈尔滨，哈尔滨出版社，2004。

的精练，管理的高效率，是教学高效率的保证，而且，行政的高效率还会在学校中形成重视效率的氛围，对学生有潜移默化的积极影响。

六、 帕累托定律

帕累托定律是指"关键的少数，次要的多数"的规律，说明了在影响某一社会结果出现的众多因素中，总会有一些主要因素。[①] 帕累托定律对数学教学效率研究的启示是：研究教学效率要抓关键问题；构建数学教学效率评价指标要突出重点，不要面面俱到；不要将研究的旨趣放在大而全的体系上。

第三节 教学效率研究的信息论与思维学认识

教学过程涉及信息的传递与消化，也涉及学生的思维，所以信息与思维的相关理论可以作为数学教学效率研究的基础。其中，思维的方向、外部信息与主体思维的有关理论和思维经济法对数学教学效率研究有深刻的启迪。

一、 思维的方向：自发的目的与理性的目的

思维这种特殊的信息过程总是和人的目的有着关联，不是与理性的目的有关，就是与自发的目的有关，或者是同潜目的有关。也就是说，目的牵引思维的方向。欲念的基础是本能，但本能还不等于欲念，欲念是意识到了并被意识加工发展了的本能。欲念和欲望是一种潜目的，是一种还没有成为明显的动作意图的模糊意识。在潜目的的基础上，转变成为通过动作来实现这种欲念或欲望的意图，就成为目

---

① 田运：《思维词典》，杭州，浙江教育出版社，1996。

的。如果通过动作实现某种意愿的意图只是建立在主观欲念和欲望的基础上，还没有建立在理性思考的基础上，这就是自发的目的。如果通过动作实现某种愿望的意图，不只是建立在欲念和欲望的基础上，而且还建立在对相应对象的理性思考的基础上，这就是理性目的。在理性目的中，欲念和欲望服从于理性思考的结果，并受理性思考结果的制约。理性的目的与自发的目的都有价值，自发的目的不需要培养，理性的目的却是教育所应关注的。数学是关于思维的科学，数学教育要培养学生理性的学习目的，是否有效培养了学生的理性，应作为数学教学效率的一条评价标准。

二、 外部信息与主体思维

（一）思维与信息相关第一定理

熵，在科学技术上泛指某些物质系统状态的一种量或者某此物质系统状态可能出现的程度，也可以用来表示人脑(意识)反映外部世界景象的无序程度。映照在人的头脑中的外部对象之景象或映像的无序程度，就是思维熵。[①] 由此可见，完全的无知就是最大的思维熵。头脑中装的信息愈多，则表示头脑中的外部世界映象愈加有序，无知成分愈少即思维熵愈少。学习过程就是通过获取外部信息，消除思维熵的过程。

世界上存在着无穷无尽的信息，对于具体的人来说，可接触到的只是其中很小的一部分，其余绝大部分是思维主体接触不到的，这部分信息，自然对思维主体不发生作用。对思维主体能够发生作用的，是可触信息。可触信息量愈大，则思维的活跃程度愈强(或者说思维频率愈高)，思维进度也就愈快；反之，则效果相反。信息可以导致思维指向目标的变换，从而导致思维方向的改变。[②] 也就是说，思维熵的消除，

---

① 田运：《信息与思维》，福州，福建教育出版社，1990。
② 田运：《信息与思维》，福州，福建教育出版社，1990。

取决于学习者得到的可触信息量。

思维与信息相关第一定理是指在意识对信息的消化作用大于意识对信息的抑制作用的条件下，思维的过程状态完全取决于可触信息的信息量和起作用的方向。[①] 思维与信息相关第一定理告诉我们，为了提高教学效率，就需要尽可能消除学生的思维熵，就需要尽可能多地让学生获得可触信息，在所提供信息是学生可以消化的前提下，教材以及教师的教学活动提供给学生的可触信息要尽量多，为了激发学生的学习兴趣并考虑学生的可接受性，利用日常生活经验或组织游戏等活动是可以的，但要注意，不要因此而影响了提供给学生可触信息的量，否则，教学是低效的。

（二）接收信息与消化信息

外部信息一旦突破人脑中意识对信息的抑制作用而被人脑(思维主体)接受，它就成为一个待解信息。所谓消化信息，就是在人脑中通过对信息的加工处理，还原为事物的本质，或者说就是要对信息做出解释，对信息做出了正确的合适的解释，也才算完成了对信息的消化。[②] 也就是说，主体接收了某个信息并不等于消化了这个信息，这就可以解释一些学生常常自认为理解了教师所讲的知识，实际上却并没有真正理解，学生所认为"理解了"实际上是"接收了教师传递的信息"，并不意味着"完全消化了教师所传递的信息"。因此，提高教学效率，必须要重视学生对知识信息的消化。

（三）空壳信息、黑洞信息、饱和信息和含熵信息与"模式"

空壳信息是没有熵，也没有信息量的信息，黑洞信息则是全是熵，但没有信息量的信息。确切地说，黑洞信息是信息量很小、趋近于 0 的信息。信源发出的信息所携载的信息量已经达到了饱和，这种信息为饱

---

① 田运：《信息与思维》，福州，福建教育出版社，1990。
② 田运：《信息与思维》，福州，福建教育出版社，1990。

和信息。含熵信息是介于黑洞信息和饱和信息之间的信息，信宿收到这种信息后，可以消除信源的一部分不确定性，但还有一部分不确定性不能消除，还是熵。我们把头脑中已有的那些经验、观念、知识、理论、方策、计划等统称为"模式"。①

处理信息，要用到"模式"。其中，人们对信息进行处理，对空壳信息的处理是最容易的，运用相关模式就行了。"多次收到同一内容的信息，这个信息就变成了空壳信息；多次运用模式处理空壳信息并且获得成功，就必然形成对模式的全信、全靠态度，养成对已有模式全信全靠的思维习惯；而一旦遇到的信息已不是空壳信息的时候，这种思维就要碰壁。"人们经常接收大量饱和信息，在认知活动中对模式的依赖程度就会大大减少，对待具体模式的态度也就变得两可——可用也可不用。这时，"与其说他看重模式，不如说他更看重模式的简化。经常大量收受饱和信息的人，模式在其脑中就呈退化趋势。"人们经常收受含熵信息的条件下，人脑中的模式呈进化趋势。②

空壳信息、黑洞信息、饱和信息和含熵信息与"模式"的关系，启发我们：辩证认识"熟能生巧"。大量地练习某个题型，实际上，该题型对于主体已是空壳信息，养成运用"模式"处理空壳信息的后果是思维的僵化。教学者不创设问题，引发学习者的认知冲突，试图将所有内容都明白无误地传授给学习者，学习者不利用本身"模式"，也能轻轻松松听明白教师的授课内容，这时教师试图给予学生饱和信息，而造成的后果却是学习者"模式"的退化，用教育术语讲，也就是会造成学习者学习能力的退化，切不可只对难题情有独钟。过难的问题，提供给学习者的是黑洞信息，黑洞信息的信息量很少，注意，记住某个难题的解法，与获得大量信息及发展"模式"是两回事，只有教学者给予学生的是含熵信息时，才会有助于发展学习者的模式。因此，为了提高教学效率，有效创设问题情景、制造认知冲突，是可以考虑的措施。

---

① 田运：《信息与思维》，福州，福建教育出版社，1990。
② 田运：《信息与思维》，福州，福建教育出版社，1990。

（四）兴趣、关注程度与认知拓进

认知拓进就是通过思维活动产生新思想、新认识的过程。认知拓进与信息量息息相关，而兴趣和关注程度与信息量成正比。[①] 高效率数学教学需要学生认知拓进，这样，就需要激发学生的学习兴趣，让学生全神贯注投入到数学学习中去。因此，激发兴趣是提高教学效率应该考虑的措施，但兴趣是手段，而不是目的。

（五）跃迁效应

跃迁效应是思维数学的概念，指信息元在重新组合过程中发生质的飞跃，产生新的信息元。假定输入的信息共有 m 个信息元，而输出的信息中与这些信息元所不同的信息元的个数为 n，则称 n 与 m 之比为跃迁效应系数，记为 $C_{tr} = \dfrac{n}{m}$。如果跃迁效应系数为零，那么就意味着没有发生跃迁效应。而思维结果不含新的信息元就无创造性可言。因此，发生跃迁效应乃是创造性思维的真谛所在，能否发生跃迁效应，不仅取决于思维元素之间相对距离的悬殊性，而且取决于思维元素是否含有创造基础。只要存在创造基因，随时都有发生跃迁效应的可能。上一次跃迁效应中所产生的新信息，常常是下一次跃迁效应的一个因素。这样，随着跃迁效应的次第进行，新信息将不断增加，并最终凝聚成思维函数。[②] 跃迁效应启发我们，因为学生具有建构完善认知结构的意识与能力，就会易于在不同的知识之间建立联系，从而有助于产生跃迁效应，进而有助于产生创造力。因此，帮助学生建立完善的认知结构，应作为数学教学的目标，当然也是高效率数学教学所追求的目标。

三、思维经济法则

笛卡儿的一条重要思维法则是，在所考察的那些材料中，若我们在

[①] 田运：《信息与思维》，福州，福建教育出版社，1990。
[②] 田运：《信息与思维》，福州，福建教育出版社，1990。

某个序列中走到了这样一步：在我们的理解上确实不能有直觉认识，那么就必须立即停止。我们不必再企图考察随后是什么，否则就会浪费许多不必要的精力。① 思维经济法则启发我们，在数学学习中，如果觉得某个问题确实过难(包括奥赛问题并不适合所有学生)，那么不如将其悬置起来，否则会影响到学习效率。

---

① 欧阳绛：《思维效率》，福州，福建教育出版社，1990。

第三章

教师专业发展理论

教育部前部长袁贵仁曾指出：全面实施素质教育，推进教育教学改革，关键在于有一支具有实施素质教育能力和水平的教师队伍。促进教育均衡发展，统筹城乡教育、区域教育协调发展，实现教育的公平和公正，关键在于有一支具有较高素质而且配置合理的教师队伍。可见，教师的专业发展对教育教学质量、对教育统筹发展具有非比寻常的重要意义。同样，教师的专业发展水平也是提高教学效率的有力保障。①

第一节　教师专业发展

当前，影响数学教学效率的突出原因表现在两方面。一方面教师热衷于重复训练，忽视教学效率的提高；另一方面教师局限于惯习，忽视专业发展，限制教学效率的提高。数学教学效率不高，数学教师专业发展程度不够，极大地限制了数学教学的发展。因此，有必要在基础教育阶段的数学教学实践中，探索出一条如何基于课题实验研究促进教师专业发展的道路，进而解决当前我国数学教师教学效率低、学生负担重的难题。本节重点介绍教师专业发展的相关概念与发展阶段。

一、 教师专业发展的内涵与标准

要正确认识和理解教师专业发展的内涵，首先必须清楚、明确地区分"职业"和"专业"这两个相关概念。所谓职业，是泛指用以谋生、有金钱酬劳的工作。而对于专业，总体而言大家普遍认为专业是具备高度的专门技能及相关特性的，它有别于一般的职业。其主要特点为：专业人员具有系统而全面的专业理论和实践知识基础，而不仅仅只受过某种技术训练；专业人员在其专业范围内，具有较高水平的专业判断和决策能

---

① 袁贵仁：《开创继续教育工作新局面》，载《中国教育报》，2011-11-17。

力；经过严格的专业选拔与有效的专业训练；专业本身具有发展性。[①]

因此，所谓专业发展，一方面是某一专业的从业人员达到该专业标准的动态的发展过程，另一方面是指其成长为专业人员的静态的发展结果。对于教师这一特定职业，教师专业发展是指教师职业真正成为一个专业，教师成为专业人员得到社会承认这一发展结果。因此教师专业发展不仅是教师教育的过程，而且是教师教育的目标和发展趋势，体现了对教师专业水平和社会地位的一种肯定和认可。但是当前，尽管教师的专业能力和水平有了很大的提高，但是与医生、律师、工程师这些专业人员的水平相比，教师的专业发展程度相对较低，并且相应地其社会地位也未达到其他专业人员的水平。因此一些教育界人士认为，当前教师职业正在由"半专业发展"向"专业发展"方向发展，"专业发展"成为未来教师发展的努力方向。

通过对上述教师专业发展本质与内涵的分析，结合国内外已有的关于教师专业发展标准的研究，广义地分析，教师专业发展的标准主要包括两大方面：教师自身素质与客观环境。其中，教师自身素质的发展和提高是教师专业发展标准的根本体现与核心，它主要包括以下几方面：受过较长时间的专门训练，具有较强的专业基础；具有专门的儿童发展与教育理论和实践知识，包括教育学、心理学等多个方面，树立起正确的教育观念；具备教育实践能力，包括教育活动组织能力，教育监控能力，对儿童的行为、学习、交往、情感的指导能力，创设有利于儿童发展的环境，特别是和谐的师生关系和家园关系等；具有专业责任感和服务精神。除教师自身发展外，良好客观环境的创设也是教师专业发展标准的重要方面，例如，创建完善的教师培训体系，为教师提供严格而专门的职前训练；提供多途径、多形式的教师在职进修机会，以发展和提高其专业水平；为教师提供参与研究的机会，采取切实有效的措施，鼓励其积极参与科研；建立教师专业团体；制定严格的教师选

---

① 曹一鸣：《数学教学论》，北京，高等教育出版社，2008。

拔和任用制度；提高教师的经济和社会地位等。在教师专业发展中，其内外两方面标准都必不可少，仅强调教师自身素质的发展或仅创设良好的外界环境都不可能真正实现教师专业发展，只有这两方面相互配合、相互补充和相互促进，才能为教师专业发展创造良好条件，促进教师专业发展。

二、 教师专业发展的含义

关于教师专业发展，国内有两种理解，即"教师专业"的发展与教师的"专业发展"。前者指教师职业与教师教育形态的历史演变，后者则强调教师由非专业人员转变成为专业人员的过程。两种不同的理解体现了两种不同的思路和研究视角：前者侧重外在的、涉及制度和体系的，旨在推进教师成长和职业成熟的教育与培训发展研究；后者侧重理论的、立足教师内在专业素质结构及职业专门化规范和意识的养成与完善的研究。从已有的研究视角及研究成果来看，大部分集中在后者，也就是说，我国学术界把教师专业发展这一概念更多地理解为是教师专业素质及专业化程度的提高。[①] 本书中的教师专业发展是指第二种含义的理解，即教师的"专业发展"。

三、 教师专业发展的过程

早在 20 世纪 60 年代，美国学者傅乐就对教师专业发展的发展过程进行了研究，他通过"教师关注问卷"对教师的专业成长过程进行了分析，傅乐以教师关注事物的变化为基点，将教师的专业成长划分为四个阶段：教学前关注阶段—早期生存关注阶段—教学关注阶段—关注学生阶段。他认为，一个专业教师的成长是经由关注自身、关注教学任务，最后才关注学生的学习以及自身对学生的影响这样的发展阶段而逐渐递进的。傅乐的这一理论为专业化教师发展的研究开辟了先河。之后，美

---

① 季钧诚，陈于清：《我国教师专业发展研究综述》，载《课程·教材·教法》，2004(12)。

国学者凯茨(Katz)、伯顿(Burden)、伯利纳(Berliner)和斯特菲(Steffy)等都先后提出了自己的教师专业化发展阶段论。

一般认为，教师的专业成长主要包括这样五个阶段：准备阶段(师范教育)、求生阶段(任职第一、二年)、巩固阶段(任职第三、四年)、更新阶段(任职第四、五年)和成熟阶段(任职五年后)。根据教师不同的特点，各阶段的年限会有所变化。在各个不同阶段，教师具有不同的发展内容和侧重点。同时，在教师成长的五个阶段中，更新和成熟两个阶段是连续循环、交叉重叠的过程，正是在不断地求新—成熟—再求新—再成熟的过程中，教师的专业水平不断提高，专业能力得到增强。

教师专业化是一个多元化、多层次的发展体系，只有将教师的自身特点、不同发展水平和社会需求相结合，并分阶段、分层次地对教师提出不同的专业化发展要求，才能真正有效地促进教师专业化目标的最终实现。

通过前期研究发现，随着在典型的教师专业化发展阶段之间跃迁，数学教师们往往会在教学效率的相关问题上发生以下趋势的基本变化：对不断提升教师教学效率的可能性预期与价值性寄望日益增强；对自身专业发展与教学效能更加关注，发生从学科知识与技能到教学效率与创新的微妙变化。因此，教师专业化程度可能影响其教学效率意识。

在教学也是研究过程，教师也是教学研究的行动者等观点感召和影响下，时下教学与学习的研究中出现了一个新的趋势：教师们自己开始越来越多地参与到研究中。教师参与研究可以是教师结合一定的理论和自己的实际经验，往往将自己的日常教学中的任何问题作为研究问题，对改进教学的途径进行一定的探索。这有利于教师建构自己对教学和学习的理解，有利于缩短研究与实际教学之间的距离，同时还可以使教师主动地提高自己的教学能力。开展教学效率行动研究，是各个阶段教师提高专业发展水平重要路径，教学效率高低又是判断教师专业发展水平高低的重要标志。

第二节　研究型实践者范式

　　教师作为一种复杂而特殊的社会职业，其专业化发展有自己的特殊轨迹。因此，长期以来，研究者们一直致力于教师专业化范式的探讨，从传统的教师到现在的"熟练型实践者""反思型实践者"和"研究型实践者"，不同的专业化范式体现了对教师专业化发展的不同要求，教师专业化随着时代和社会发展的不断丰富，同时随着研究的不断深入，各专业化范式的内容也得到不断地充实和丰富。本节将对三种教师专业化范式，特别是与本书关联密切的"研究型实践者范式"展开阐述。

一、三种教师专业化范式

　　20 世纪 60 年代，托马斯·库恩在《科学革命的结构》中广泛使用"范式"一词，他定义"范式"是一个科学共同体成员所共有的东西，是由共有的信念、价值、技术等构成的整体。换言之，一个科学共同体由共有一个范式的人组成。他们受过近似的教育和专业训练，钻研过同样的技术文献，并从中获取许多同样的教益。科学家团体中交流相当充分，专业判断也相当一致。[1] 20 世纪 70 年代以来，社会学者们经常运用托马斯·库恩的范式理论。在教育领域，教师专业化范式是指关于促进教师专业化发展的一些基本的取向、模式、视角、看法，它不是具体的方法技术，而是整体性、原则性的架构。[2]

　　不同的专业化范式体现了对教师专业发展的不同要求，教师专业化范式主要有三种："熟练型实践者范式""反思型实践者范式"和"研究型

────────────

　　① ［美］托马斯·库恩：《科学革命的结构》，金吾伦，胡新和，译，北京，北京大学出版社，2003。
　　② 吴永军：《促进教师专业发展：范式、途径、方法》，载《当代教育科学》，2007(12)。

实践者范式"。下面对三种教师专业化范式进行比较分析，见表 3-1。

表 3-1　三种教师专业化范式比较①

教师专业化范式＼比较元素	熟练型实践者范式	反思型实践者范式	研究型实践者范式
理论基础	技能熟练理论	反思性实践理论	教育行动研究理论
取向	理智	实践—反思	实践—反思—研究
模式	技能熟练模式	反思性实践模式	反思性实践模式
基本内涵	学科内容的专业知识和教育学、心理学的原理与技术的合理运用，教师的专业程度就是靠这些专业知识、原理、技术来保障的	强调教师要检查自己的教学实践，回顾、诊断、监控自己的行为表现，以改进教学方法和策略，适应教学需要	教师要具有深厚的理论素养、丰富的专业知识和一定的研究能力，不断运用先进的教育思想和理论指导实践，在教育实践中始终带着敏感的研究意识，不断进行反思并富有创新精神
研究内容	专家—新手比较；临床指导；教师教学效能核定；教育内容知识等	反思性教学的含义：反思性实践者的研究；校本培训和校本管理；教师教学监控；新模式反省性教学等	教师即"研究者""行动研究者""解放性行动研究者"；教育行动研究；教育对象；教师教学监控；反思教学；校本研修和校本管理；教师特征及培养策略的理论与实践等
目标	"教书匠"	专业教师	专家

①　徐婷婷：《论现有教师专业化发展模式的缺陷：从范式比较的视角》，载《上海教育科研》，2010(2)。

教师专业化范式 / 比较元素	熟练型实践者范式	反思型实践者范式	研究型实践者范式
发展基础	专业知识和教育学、心理学的原理与技术	缄默知识	实践性知识 缄默知识
发展前提	默认教师的专业性得到社会的认可(比如医生);熟练的专业知识和原理技术	高深的学历知识和投入生命的体验	较强的科研能力和投入生命的体验
发展策略	培训;专家带新手	写反思日记、文献分析、创造民主和谐的教学环境、参与行动研究、观摩与分析、教育叙事、教师访谈等	改善学校制度建设;实施校本培训;开展反思性教学等

熟练型实践者范式强调通过外在的专业知识、理论的学习与技能训练来形成和发展专业化,培养的是"教书匠"式的教师,与另外两种范式截然不同。反思型实践者范式和研究型实践者范式在以下几方面也有所区别。

第一,理论基础不同。反思型实践者范式的教师侧重于运用认知心理学和批判理论对自己的教学过程进行反思。而研究型实践者范式侧重的是运用教育行动理论对教育行为进行研究,即要求他们对教育行为进行反思并总结上升到理论高度,还要求有创新精神,这是在反思行为基础上的研究。

第二,取向不同。反思型实践者范式是以"实践—反思"为取向,但是研究型实践者范式则是以"实践—反思—研究"为取向。后者在前者的基础上进行更深一步的思考、研究，对于教师来说有更高的要求。

第三，基本内涵不同。反思型实践者范式侧重于反思与行动，而研究型实践者范式只侧重于研究。

第四，研究内容不同。反思型实践者范式的研究内容有反思性教学的含义，侧重于在教学过程中的反思、反省活动。研究型实践者范式的内容偏向于把教师当作一个研究者，研究其教学实践活动。

第五，目标不同。从目标上来看，研究型实践者范式的目标明显高于反思性实践者范式的目标。显然教育专家要具备比专业教师高深得多的理论知识和实践知识，而这些知识既需要教师有丰富的理论基础，也需要教师在实践过程中潜心反思、研究，从中获取新的有用的符合教育规律的知识来武装自己。

第六，发展基础不同。反思型实践者范式的教师只需缄默知识，而研究型实践者范式的教师要求实践知识和缄默知识综合运用。前者只是强调运用缄默知识对自己的教学过程进行反思，看是否符合教育规律，是否达到更好的教育教学目的。后者的要求更高，对教育行为的研究能够把握得更深入也更全面。

第七，发展前提不同。虽然两者都要求有投入生命的体验，但是较强科研能力的要求明显高于高深学历的要求，科研能力要以高深的学历知识为前提，而除了知识外还要有发现问题、研究问题、解决问题乃至创新的能力。所以说，后一范式的发展前提高于前一范式的发展前提。

第八，发展策略不同。反思型实践者范式教师的发展策略侧重于教师自己对自己教学过程的反思，而研究型实践者范式侧重于教师对教学的研究。

总之，研究型实践者范式在理论上都是高于反思型实践者范式的。下面将主要针对与本书紧密相关的"研究型实践者范式"进行阐述。

二、 研究型实践者范式

教师有意识地选择或参与相应的教育研究课题，并能自觉地运用恰当的研究方法去探究教育现象或教育问题，形成个人对某些问题的独到见解。通过这种方式，教师就能够一步一步地提高，其专业素养也就日益丰富和完善，即教师要成为研究者。① 教师成为研究者的思想由来已久，早在 1926 年，西方就有学者在一本名为《教师的研究》的书中表达了这样的一种理想："教师有研究的机会，如果抓住这种机会，不仅能有力而迅速地发展教育技术，而且将赋予教师的个人工作以生命力和尊严。"②后来，这一思想被英国课程论专家斯腾豪斯所继承，他不仅明确提出了"教师成为研究者"的理念，而且认为"没有教师的发展就没有课程的发展"。③ 因此，教师的研究能力是其专业能力发展的一个重要表现。

研究型实践者范式认为，教师不仅应是一个教育实践者，同时也应是一个研究者。教师应该积极、主动地参与和进行教育研究，研究教育对象，研究教育教学过程及其有效的教育方法、教育策略等，并在研究中不断地提高自己的教育能力与水平。目前教师"研究型实践者"范式主要有以下三种。

斯腾豪斯提出的"教师成为研究者"，指教师通过自身的实践活动不断地对自己的理论进行检验、修正和完善。

埃利奥特提出的"教师成为行动研究者"，指教师针对某些实际问题改变自己原有的教育方式，在解决问题的过程中不断进行自我监控、评价，从而修正、改进和提高自己的理论。

凯米斯(Kemmis)提出的"教师成为解放性行动研究者"，指教师通过"促进者"即外来专家的帮助，形成自己的研究共同体，并由教师共同体来引导他们不断地进行自我反思，调整教育实践。

从上述三种"研究型实践者"范式中可见，尽管不同研究者在教师研究的内容和方式上阐述有所不同，但有一些根本内容是相同的。首先，

---

① 陈琴，庞丽娟，许晓辉：《论教师专业化》，载《高等师范教育研究》，2002(6)。

② Corey S.. *Action Research to Improve School Practice*, New York, Teachers College Press, 1953.

③ Stenhouse L.. *An Introduction to Curriculum Research and Development*, London, Heinimann, 1975.

教师作为研究者的性质与专业研究者有所不同，教师的研究是根植于教育过程中，结合教育实践活动而进行的一种特定的"教育教学研究"，是教师对自己教育的思考与探究。其次，研究者们都充分肯定了教师成为研究者在教育理论发展和教育实践改革中的重要意义。尽管教师的教学任务繁重，但由于其研究所特有的实践性特点——"在教育中研究，在研究中教育"。因此，它能有效地促进教师教育教学活动的开展，还有助于促进教师的专业化发展。

第四章

"五动"模式的理论建构

我国是在重视课程改革的过程中走向 21 世纪的，数学课程始终是改革的"活跃分子"，拥有和建设一支高素质的数学教师队伍，是顺利实施新课程改革的保证，而教学效率的高低则是判断教师素质高低的重要指标。提高数学教师教学效率的有效途径，不应是空中楼阁、虚无缥缈的，而应是立足教师教学的实际问题，通过交流研讨，最终转化为高效的教学行动的。基于"研究型实践者"范式，本研究定位于通过促进教师的专业发展，运用"五动"模式，即课题驱动、教研心动、会议互动、观摩带动、教学行动(图 4-1 为"五动"模式简图)，提高教师的数学教学效率。

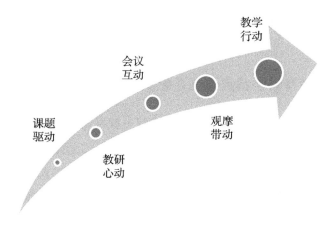

图 4-1 "五动"模式简图

第一节 课题驱动

我国的数学教育教学现实是令人担忧的，学生和教师在数学的学与教上是十分辛苦的，但获得的数学教育教学效果与他们所付出的辛苦是不成正比的。许多学生的数学学习能力并未随着学习时间的增加而水涨船高，许多数学教师持熟能生巧的古训，在数学教学中，日复一日，年复一年地采取时间战术、题海战术，结果师生身心俱疲。脑科学研究已表明：某些技能训练太多，可能会导致另外潜能被压抑，机械模仿训练过多的恶果，可能会导致创造潜能被扼杀。① 在我国基础教育实践中，大量机械训练和重复性作业不仅使得部分学生厌学，而且导致学生学习效率和课堂效益不高。要提高教师的教学效率，必须立足于教师所任学科进行高效教学行为的系统研究。

新的基础教育课程改革把教师角色由传统的"教书匠"重新定位为"研究型"教师，"教师作为研究者"的观点已经得到共识，以往一味闷头教书的教师形象不能适应新课程的要求，也不会对教师自身的专业发展起到正向的推动作用。面对中学教师研究基础薄弱、研究能力欠佳的现实情况，参与课题研究为他们提供了一个促进专业发展、提高教学效率的有利平台。

一、 全国教育科学重点课题是驱动教师参与课题的推手

尽管素质教育倡导已久，但教学实践中数学课堂效益不高的问题依然严重，造成学生数学课业负担过重。本人承担的全国教育科学"十五"规划青年专项重点课题"数学教学效率论"力图改善教学实践中教学效率不高的问题，以中学数学教育实践为背景，努力构建具有我国特色和数学教育特征的高成效数学教与学的基本理论，为减轻我国普遍存在的中学生数学学习负担过重以及数学教与学效益不高等现象，提供依据与措施。

教学效率问题，研究者发现教师的教学行为对教学效率起到重要作用，② 进一步开展了关于高效教学行为的研究。本人承担的全国教育科学"十一五"规划重点课题"基础教育高效教学行为研究"力图以基础教育实践的各学科为背景，努力探索高效教学行为的理论与实践，则直接适应了高效教学从一般性理论研究逐步走向具体学科的课堂教学的现实需要。

---

① 刁颖：《高中生高效率数学学习行为特征研究》，天津，天津师范大学，2009。
② 王光明：《高效数学教学行为的归因》，载《数学教育学报》，2010(5)。

二、 实验区（校）子课题是施展教师专业发展的舞台

依托全国教育科学"十五"规划青年专项重点课题"数学教学效率论"和全国教育科学"十一五"规划重点课题"基础教育高效教学行为研究"，研究团队在全国范围内确定了天津、福建、浙江、四川、江苏、江西、广东、湖北、陕西和新疆 10 个实验区的 60 余所实验学校，在实验区（校）寻找那些有想法、善思考、勤提炼的教师作为实验教师，参与课题研究，承担子课题任务，推动实验教师在课题的带动下重视数学教育科研。表 4-1 给出了部分实验区(校)承担的子课题任务情况。

表 4-1　部分实验区(校)承担的子课题任务一览表

序号	实验区（校）	负责人	子课题名称
1	四川	魏勇 王学沛	用心理学理论提高数学教学效率的研究
2	新疆	吴勤文	MM 教育方式与数学教学效率
3	广东 （深圳外国语学校）	邱卫平	高效率数学教学实验研究
4	广东 （惠东县高级中学）	缪寿海	高效率数学教学方法研究
5	陕西	乔希民 李军庄	高效率数学教学方法研究
6	天津 （天津中学）	胡庆玲	高效率数学教学的实验研究
7	天津 （河西区）	洪双义 魏芙蓉	高效率数学学习行为的归因研究
8	江西	舒昌勇	数学高才生和数学普通生的学习效率比较研究

在研究中，实验教师借助科研课题凝练教学实践中的想法和思路，将深刻的数学教育理论与生动的教学实践有机融合，不断丰富自身专业知识，力求以课题带科研、以科研促发展、以发展提效率，通过科研课题的驱动探索建构各自风格的解决数学教学中效率低下问题的策略与方法。

第二节　教研心动

　　教研，即教育研究或教学研究，可以广义地理解为凡针对教育领域的各种问题、规律、技术、策略和教学全过程的调查、观察、实验、系统思辨、比较分析以及其他与教育直接相关的所有研究，[①] 也可以狭义地理解为教师对教学实践的微观研究。[②] 教研活动作为我国教师职后教育的一种常见形式，对提高我国基础教育的教学质量起到了重要作用，几乎每位中小学教师都要定期参与各种形式的教研活动。本书中所提及的教研与教学活动密切相关，因此侧重于教研的狭义范畴。

　　教师参与教研活动，一方面是促进教师专业发展的客观需要，另一方面是提高教学效率的有效途径。

一、 教师参与教研活动是促进教师专业发展的客观需要

　　确认教师职业的专业性，促进教师发展的专业化，是各国政府和国际组织长期努力的目标。1966 年，联合国教科文组织和国际劳工组织在《关于教师地位的建议》中对教师专业化做出了明确说明；1971 年，日本通过了《关于今后学校教育的综合扩充与调整的基本措施》，强调应当确认和加强教师的专业化；1986 年，美国先后发表了《变革师范教育的呼吁》《国家为 21 世纪准备教师》《明天的教师》等多个报告，意在呼吁加强教师的专业性；改革开放 30 多年来，我国先后发布了多个教师专业发展性文件，特别是 2012 年颁布了《中学教师专业标准(试行)》(同时颁布的还有《小学教师专业标准(试行)》和《幼儿园教师专业标准(试行)》)，为教师培养、准入、培训、考核等工作提供重要参考依据。[③] 为适应国际形势和

---

① 聂劲松，邹飞雁：《中国百年教研制度审视》，长沙，湖南师范大学出版社，2009。
② 雷树福：《教研活动概论》，北京，北京大学出版社，2009。
③ 龚兴英：《中小学教师教研活动研究》，重庆，西南大学，2014。

我国教师专业发展的要求,《国家中长期教育改革和发展规划纲要(2010—2020 年)》[①]指出,通过研修培训、学术交流、项目资助等方式,培养教育教学骨干、"双师型"教师、学术带头人和校长,造就一批教学名师和学科领军人才。通过教研,教师可以在与专家和同行的交流中增强专业知识,加深专业理解,提高教学能力。

二、 教师参与教研活动是提升教学效率的有效途径

课堂教学的效率低下问题,是当前教育教学改革中普遍存在的现实问题,被动单一的灌输式教学形式仍然居于教学的主导地位,教师教得辛苦,学生学得痛苦,教学低效甚至无效的现象仍然十分严重。如何利用有限的时间,提高课堂的教学效率和学生的学习效率是每位教师需要思考的课题。通过教研,实验教师可以在与专家、同行的思想碰撞中形成具有个人特色的数学教学效率理念,产生提升数学教学效率的实践做法假设。

教师参与教研,体验了自身专业发展的历程,提升了教学效率的理念,凝练了教学实践的假设,激发了付诸实践的热情。

第三节 会议互动

互动研讨是教师碰撞思想、交流认识的有效方法。如果说教研为某一学校或某一地区的教师提供了交流互动的平台,课题研讨会议则为不同地区的教师经验分享提供了开放的平台。有研究表明,在研讨会中与其他教师共同对某一实际问题进行探讨,不仅对促进教师之间的互动合作最为有效,也是提高教师教学能力的有效手段。[②] 研究团队依托全国

---

① 中华人民共和国教育部:《国家中长期教育改革和发展规划纲要(2010—2020 年)》,2010。

② 杨喜鞠:《美国大学促进教师教学发展研究——基于三所大学教学发展中心的视角》,硕士学位论文,西安外国语大学,2015。

教育科学"十五""十一五"规划课题，在全国范围内建立了 10 个实验区，每个实验区的实验教师定期组织与课题相关的教研活动，交流探讨课题进展，形成各具特色的提高数学教学效率的实践思想。为了给实验区实验教师提供更大范围的交流借鉴的机会，全国范围的课题研讨会提供了实验教师互动交流的平台，让实验教师在思想的交锋中碰撞出提高数学教学效率的实践思想的火花。

一、 "数学教学效率论"成果研讨会

2004 年 11 月 26 日—2004 年 11 月 29 日，本着聚焦课堂教学，提高数学教学效率的精神，为交流各子课题单位和部分中学数学教师有关数学教学效率的相关研究成果，研究团队在四川省成都市新都一中召开了"数学教学效率论"中期成果研讨会，[①] 来自天津、江西、广东、江苏、陕西、云南、贵州、黑龙江以及四川约 200 名代表出席了这次会议。四川、江西、陕西、天津和广东等地如火如荼地开展课题研究，涌现了一大批理论与实践方面的研究成果。四川师范大学数学与软件学院马岷兴教授与成都龙泉驿区数学教研员王富英老师、成都七中何明老师联手进行了精彩的课件展示和点评，江西师大附中朱涤非老师、四川新都一中王淳老师和南充白塔中学张让琛老师展现了精彩的公开课。本次研讨会各省市的子课题负责人以及参研人员不仅汇报了前期研究成果，还展示了精彩的高效数学课，汇编了"全国教育科学'十五'规划重点课题'数学教学效率论'中期成果研讨会论文集"，形式多样，气氛热烈，取得了互动、交流、共享的良好效果。

鉴于四川研讨会营造了良好的学术氛围，研究团队于 2006 年 5 月 15 日至 2006 年 5 月 18 日在新疆昌吉州再次召开了高效率数学教学研讨会，江西、陕西、广东、江苏、重庆、天津、四川和新疆等地 300 余位代表参加了会议，天津市教育科学研究院肖凤翔研究员、北京师范大学

---

① 王光明：《重视数学教学效率 提高数学教学质量——"数学教学效率论"课题简介》，载《数学教育学报》，2005(3)。

曹一鸣博士、天津师范大学张广君博士等专家学者做了大会报告，各实验学校代表交流了开展高效率数学教学的体会、收获与经验。这次会议不仅使各实验学校在数学教学效率的理论与实践方面有了新的见解和成果，还吸引了许多未参加的实验学校迫切地希望参与课题研究。

二、 "基础教育高效教学行为研究"全国研讨会

2010 年 7 月 28 日—2010 年 7 月 30 日，为交流各实验区的研究成果，研究团队在有着悠久历史文化的江苏镇江市的江苏省重点中学扬中高级中学召开了"基础教育高效教学行为研究"全国研讨会。来自四川、江苏、广东、湖北、浙江、陕西、新疆和天津等地 80 多位代表参加了研讨会，参会人员层次丰富，既有高校的专家教授，也有基础教育一线的特级教师。各位代表围绕高效教学行为的特征、高效教学行为的影响因素以及高效课堂教学案例进行了热烈的讨论与较为充分的交流。各个试验区的实验教师还通过论文交流、示范课、说课等形式，就"基础教育课堂高效教学行为"展开了互动研讨。研讨会讨论热烈，气氛融洽，开诚布公，各抒己见，既有衷心的赞许，也有中肯的批评，大家在研讨中切磋，在交流中受益，通过经验的分享为进一步的课题研究和实践做法指明了方向，普遍感到收获颇丰。

除此之外，各个实验区还分别进行了子课题的专题研讨会①②，例如，2004 年 11 月新疆实验区吴勤文组织召开了子课题"MM 教育方式与数学教学效率"中期研讨会；2004 年 12 月广东省惠东县高级中学组织召开了子课题"高效率数学教学方法研究"中期研讨会；2010 年 12 月福建实验区江嘉秋组织召开了子课题"网络环境下数学课堂高效教学研究"首次课题研讨会等。

通过召开课题研讨会，研究团队了解到各个实验区实验教师在教师

---

① 王光明：《重视数学教学效率 提高数学教学质量——"数学教学效率论"课题简介》，载《数学教育学报》，2005(3)。

② 杨学枝，江嘉秋：《"网络环境下数学课堂高效教学研究"首次课题研讨会暨开题仪式会议纪要》，载《数学教育学报》，2011(1)。

专业发展的道路上进行的创新尝试；通过互动交流，实验教师分享了基于脑（Based Brain）、适于脑（Adapting Brain）和发展脑（Developing Brain）的"3B教育"，渗透数学思想（Thought）、进行情感（Emotion）教育、实施合作（Cooperation）教学的"TEC教学""说数学"和"开放式教学"等形式多样、各具特色的实践做法，得到了专家的指点和同行的认可。

第四节　观摩带动

我国著名的青浦数学教改成功的原因之一是他们拥有先进的教育理念，他们认为平庸的教师叙述，好的教师讲解，优秀的教师示范，伟大的教师启发，而没有启发的课堂教学效率必定是低下的。骨干实验教师在参与课题研究、交流互动、实践检验的过程中完善数学高效教学的教学模式或教学方法后，还需要将提高教学效率的实践成果分享给更多的一线教师，带动他们在观摩学习中认同教学效率的理念，提升专业发展的受关注度。

通常，骨干实验教师通过高效教学公开课、研讨讲座、师徒结对等形式发挥带动作用，给更多的中学教师以示范和启发。

一、公开课

公开课作为一种示范教学活动，是基础教育中一种常见的教师专业活动形式，也是一条较为有效的教师专业发展途径，或者说是教师实现专业发展的必然选择。[1]"公开"是形式，"观摩"才是本质。骨干实验教师精心准备、仔细打磨，完成一节高效的数学课堂展示，能够直接传递

---

① 朱晓民，秦杰：《公开课与教师专业发展关系的调查研究》，载《课程·教材·教法》，2008(5)。

出新的课程教学理念,让更多的教师在观摩中学习如何将高效教学理念转化为实际课堂教学行为的操作办法。通过公开课,观摩教师能够与骨干实验教师对高效教学理念、教学组织形式、高效教学试验等进行交流探讨。图 4-2 为四川省成都市新都一中王淳老师的公开课《日历中的方程》,图 4-3 为四川省南充市白塔中学张让琛老师的公开课《数学归纳法的应用》。

图 4-2 《日历中的方程》公开课　　4-3 《数学归纳法的应用》公开课

二、 研讨讲座

研讨讲座是观摩带动的另一个重要途径,它与公开课相辅相成,在提升教师高效教学能力的过程中,二者相互独立但又互为依托。公开课的参与者是教师和学生,其作用是验证教学思路,考察教学成果,发现教学问题。而研讨讲座的参与者更多是一线教师和专家学者,它的目的是通过学术交流对课题研究思路和实践教学方法进行指导和评判,指明教师的专业发展之路。例如,2010 年 12 月 25 日在福建福州教育学院召开的基础教育高效课堂教学行为研讨会上,厦门市教育局副局长、"苏步青数学教育奖"一等奖获得者、福建省学习科学研究会副会长任勇先生做了《走向卓越为什么不:数学教师的发展之道》的报告;福建省教育科学研究所副所长、福建省课程改革专家组成员林斯坦研究员做了《教师课题研究的特征、过程与范式》的报告,为与会的 120 多名教师分享了专业发展和课题研究的心得,加强了与会教师参与课题研究、改变教学实践的信心。

三、 师徒结对

师徒结对是指骨干教师与青年教师结成师徒，师傅对徒弟实施"传、帮、带"的方法，引领和指导他们走上专业化道路的一种目标性、实践性、实效性很强的青年教师专业发展的培养模式。[①] 师徒结对是一线教师最熟悉的专业成长之路，依托有经验的骨干实验教师对普通教师的教学指导，形成以老带新、以老促新、老新共进的互助成长方式。在骨干实验教师的示范指导下，普通教师通过观察、模仿、体悟、尝试等方法，不断理解高效教学的理念，掌握高效教学的实践做法，逐渐走向教师专业发展的道路。例如，广东实验区白云中学的骨干实验教师钟进均，通过参与课题研究，专业成长迅速，同时带动了学校数学组其他教师的专业发展，在教学实践中集体创建了"说数学"的实践做法；天津四中的骨干实验教师王新兵，参与课题研究，创建了"GH 数学教学方式"的数学教学模式，带动了该校青年数学教师的专业成长，在实践检验中指导青年教师杨赫梁获得了全国说课比赛一等奖，指导刘力老师获得了天津市第八届双优课一等奖。

借力骨干实验教师的引领作用，普通教师也能够通过开展公开课、聆听研讨讲座、师徒结对等方式潜移默化地提升自身的专业素养；依靠骨干实验教师，带动普通教师参与提高数学课堂教学效率的实践尝试。

第五节　教学行动

任何的理论和实践假设最终只有转化成教师的教学行动，才能在教学实践中得以检验。教师的教学行动是一种复杂的动态结构体，是在教学中外显的、可观察的行为，其特征是多方面的，从不同的角度可以对

---

① 冯传家：《优化"师徒结对"的实施策略》，载《中小学教师培训》，2006(11)。

教学行为进行不同的划分。其中有学者把课堂教学行为分为两种：一种是直接指向目标和内容的，事先可以做好准备的行为，这种行为称为主要教学行为，主要包括陈述、展示、指导、提问等行为；而另一种行为直接指向具体的学生和教学情景，许多时候都是难以预料的偶发事件，因此事先很难或根本不可能做好准备，这种行为称为辅助教学行为，主要包括动机的培养与激发、课堂交流、课堂强化技术和教师期望等行为。[①] 显然，教师教学行为的高效性直接关系到教育质量与教师的专业发展。

在"教学效率"研究课题的驱动下，实验教师经历教研心得、会议互动形成独特的教学模式和教学方法，通过高效教学示范、师徒结对等形式检验高效教学的实践假说，使实验区的其他教师认同其提高教学效率的假说，树立高效教学理念，并最终尝试在自己的教学实践中推广提高教学效率的有效方法，进而提升实验区整体的教师专业发展水平。运用"五动"模式，各实验区(校)的骨干实验教师专业水平得以提升，并在课题实验中形成了各具特色的提高教学效率的理念与教学行动。

一、 天津实验区

天津武清区杨村第一中学数学教师梁栋以及他带领的课题小组成员在参与教学效率课题的过程中，围绕提高课堂教学效率的主题，提出"自然数学"的教学理念与实践做法；天津市新华中学数学教师于川以及她带领的课题团队在参与教学效率课题的过程中，提出了"人课合一"的教学理念，并在"人课合一"理念下探究出高中数学"联想导入—发现探究—归纳概括—应用提升"四环节教学模式；天津市第四中学数学教师王新兵以及他带领的课题团队在参与教学效率课题的过程中，倡导课题教学的理念，创建了"GH数学教学方式"的数学教学模式。

二、 福建实验区

福建实验区在以往信息技术应用于数学教学的各种教学模式的研究

---

① 崔允漷：《有效教学：理念与策略(下)》，载《人民教育》，2001(7)。

中，融入高效教学的理念，开创了"信息技术与数学课堂教学有效整合"的高效课堂教学，并在实践中不断完善与修正，最终总结出"定向激趣—探究解疑—检测展示—概括提升"的高效教学模式。

三、 浙江仙居县实验区

在基础教育高效教学行为的研究过程中，浙江仙居县实验区初步形成了基于脑(Based Brain)、适于脑(Adapting Brain)和发展脑(Developing Brain)的"3B 教育"的理念，并基于该理念建构了数学课堂教学基本模式：认知加工教学模式和高效率数学课堂的时空结构，并在仙居县和台州市推广。

四、 其他实验区（校）

广州市白云中学钟进均老师参与课题研究，专业成长迅速，34 岁就破格晋升为高级教师，在促进自身专业发展的同时，还带动了该校数学科组教师的专业发展，他们团队在教学实践中创建了"说数学"的实践做法；四川龙泉驿区实验区逐步创建并完善了"导学讲评式教学方式"（简称"DJP 教学"）；新疆昌吉州结合其实际情况，构建了"TEC 教学"（贯穿数学思想、数学情感教育的合作教学）。

"五动"(课题驱动、教研心动、会议互动、观摩带动、教学行动)模式的各个环节并不是孤立存在的，前一环节是后一环节的起点和铺垫，后一环节是前面环节的推进和升华，他们通过逐层递进的关系形成了一个促进教师专业发展、提高数学教学效率的有效途径，也成为指导本书研究的思路和方法。在教学实践探索中，研究团队不仅关注如何提高数学课堂教学效率，更关注如何通过"五动"模式培养实验教师，促进骨干实验教师的专业发展，提高其数学教学效率。再依托骨干实验教师增强实验区(校)整体的数学教研氛围，带动实验区(校)开展提高教学效率的实践探索，进而促进实验区(校)数学教师的专业发展。

第五章

教学效率研究的实施过程

全国教育科学"十五"规划重点课题(青年专项)——"数学教学效率论"于 2003 年年底立项,总课题分为 12 个子课题,分别是:高效率数学课堂教学的特征研究;高效率数学学习的特征研究;高效率数学教学行为的归因研究;高效率数学学习行为的归因研究;高效率数学教学的教学评价研究;高效率数学教学的教学过程研究;高效率数学教学的教学方法研究;高效率数学教学的教学手段研究;高效率数学教学的实验研究;专家型数学教师与新手数学教师的教学效率比较研究;数学高才生与数学普通生的学习效率比较研究;自拟相关题目。经过专家推荐与自荐,总课题在天津、江西、四川、新疆、陕西、广东等地成立了子课题组。2004 年 11 月 26 日—2004 年 11 月 29 日在四川省成都市新都一中召开中期成果汇报会,会后形成了"全国教育科学'十五'规划重点课题'数学教学效率论'中期成果研讨会论文集",2005 年 10 月在新疆召开课题结题会议,课题研究顺利结束。

第一节 开启"五动"模式,确定实验区(校)

根据课题研究的需求,经各区(校)申请,2003 年至 2005 年期间,课题组在天津、福建、浙江、四川、江苏、江西、广东、陕西、湖北、新疆建立实验区。实验区的建设采用自下而上的方式,依托实验教师的专业发展推动实验校教学水平的提升,以实验校建设经验的推广深化实验区教学改革的建设。

一、天津实验区

天津实验区建立于 2003 年 12 月,主要包括天津市杨村第一中学、天津市新华中学、天津市第四中学等实验学校,每所学校由一名骨干教师牵头,开展相关研究。实验学校自开展课题研究以来,不仅课题组教师的专业水平得以提高,同时他们的成长经验得以推广,带动了学校其他教师的成长。现在，三所学校均已成为教育部"国培计划"示范性项目的实践基地。

天津市杨村第一中学由数学教师梁栋牵头，带领数学组其他教师组建课题研究小组。小组成员在参与教学效率课题研究的过程中，围绕如何提高课堂教学效率的问题，提出"自然数学"的教学理念与实践做法。这一过程带动了杨村一中中青年数学教师的专业发展，使得杨村一中成为数学教学效率不断提高的名校。2007年梁栋老师被评为天津市特级教师；2008年获第八届苏步青数学教育奖；2012年出版了《自然数学》专著，引起天津市教育委员会、《中国教育报》的关注，《中国教育报》整版报道了"自然式数学"的理念与实践做法；2017年3月被评为天津市首批正高级教师。

天津市新华中学由数学教师于川牵头，带领课题团队在参与教学效率课题的过程中，提出了"人课合一"的教学理念，并在"人课合一"理念下探究出高中数学"联想导入—发现探究—归纳概括—应用提升"四环节教学模式。在课题的驱动下，新华中学数学组的教研水平得到提升，数学教学效率得以大幅度提高，一举成为天津市减负提质的名校。于川老师本人也在课题研究中迅速成长，2007年被评为天津市特级教师，2008年入选天津未来教育家奠基工程首批学员。2012年5月，天津市教育委员会组织了于川教学思想与实践推介会，将于川老师及其团队的研究成果作为天津市"265工程"学员的培训内容，推介给全市各区县教育局。

天津市第四中学由数学教师王新兵牵头，带领课题团队在参与教学效率课题的过程中，倡导课题教学的理念，创建了GH数学教学方式的数学教学模式。课题研究推动了王新兵老师自身的专业发展，2012年王新兵老师被评为天津市特级教师。2017年3月，王新兵老师被评为天津市首批正高级教师。在王新兵老师的带领下，天津四中以科研为先导，教学质量连续大幅度攀升，同时也促进了天津四中年轻教师的迅速成长。

二、 福建实验区

福建实验区建立于2004年1月，该试验区的建设受到了福建省数学学会初等分会的高度重视。由福建省数学学会初等分会牵头，联络福建教育学院、福建省教研室、福州教育研究院、福州一中、福州三中，共同组建福州试验区的研究团队。福建实验区，以网络环境下数学课堂高效教学研究为抓手，在以往信息技术应用于数学教学的各种教学模式的研究中，融入高效教学的理念，开创了"信息技术与数学课堂教学有效整合"的高效课堂教学，并在实践中不断完善与修正，最终总结出"定向激趣—探究解疑—检测展示—概括提升"的高效教学模式。

多年的课题研究实践活动，促进了福建实验区教师的专业发展。例如，课题组核心成员福建教育学院王钦敏成为教育部"国培"专家，被评为特级教师；福州三中林风被评为正高级教师；陈中峰、江泽、黄炳锋三位实验教师获得省中小学教学名师称号；江嘉秋、丘远青、柳榕、陈智猛、童其林、王神华六位教师入选成为省中小学学科教学带头人培养对象。这些成员现已成为福建省中学数学师资队伍中的中坚力量，促进了福建省实验区各实验校的数学课堂教学效率的提高。

三、 浙江实验区

浙江实验区建立于 2005 年 1 月，由浙江仙居县第二中学、新生中学、仙居县实验中学等实验学校共同组成。该实验区在基础教育高效教学行为的研究过程中，侧重对中学数学高效率学习课堂教学策略的研究以及区域推进高效率学习课堂教学策略的研究，初步形成了基于脑、适于脑、发展脑的"3B 数学教育"理念，并基于该理念建构了数学课堂教学基本模式：认知加工教学模式和高效率数学课堂的时空结构。课题组成员在浙江仙居县第二中学、新生中学、仙居县实验中学开展初中高效率课堂教学的实践研究，研究表明课题研究所形成的高效率教学策略体系，能够有效改进学校整体教学，提高学生的学业成绩。课题研究成果具有较高的推广价值，并且在浙江师范大学、杭州师范大学、台州学院、温州、丽水、新疆等地进行了宣传，产生了良好的社会影响。

课题实验研究促进了教师的专业成长，课题主要承担者吴增生成为数学特级教师、浙江省基础教育课程改革指导专家、教育部第三批"国培"计划专家，主编了人民教育出版社八年级下册教师用书。台州市为吴增生建立了名师工作室，以此推动台州市中青年数学教师的专业发展。通过子课题的研究，仙居县以及台州市课题教学现状有了明显改观，数学教学效率明显提高。现在，当地教育局将高效率课堂教学作为教学改革的方向，要求全县各学校沿着这一方向继续前行。

四、 四川实验区

四川实验区建立于 2003 年 12 月，主要由成都市龙泉驿区教育研究培训中心牵头，在龙泉第一中学、双槐中学开展研究实验。该实验区以学生的学为出发点，用"参与者知识观"设计学生的学习活动，用体现"学习形态知识"的学案代替体现"教育形态知识"的教案，以学生参与的"对话性讲解"代替教师单向度的"独白式讲解"，以突显认知发展功能的学习评价代替发挥甄别竞争功能的学业评价，逐步创建并完善了"DJP 教学"。"DJP 教学"首先在成都市龙泉区双槐中学进行教学改革实验，现在已经推广到整个龙泉区，下一步将推广到四川省其他学校和地区。

在课题研究中，龙泉驿区数学教师的专业成长得到长足发展。截至2013 年试验结束，龙泉驿区特级教师由 2006 年的 1 人发展到 35 人，全区名优特教师由 2006 年的 327 人发展到 927 人，地市级骨干教师由2006 年的 17 人发展到 284 人。同时，通过"DJP 教学"，实验学校龙泉一中的本科上线率增长近 20 个百分点，实验学校的实践做法推广到实验区其他学校，极大提高了该实验区数学课堂教学效率。

五、 其他实验区

广州市白云中学钟进均老师参与课题研究，专业成长迅速，34 岁就破格晋升为高级教师，在促进自身专业发展的同时，还带动了该校数学组教师的专业发展，他们团队在教学实践中创建了"说数学"的实践做法。新疆昌吉州实验区结合本区实际情况，构建了"TEC 教学"（贯穿数学思想、数学情感教育的合作教学）。湖北省孝感市孝南区实验中学和孝感市第一高级中学参与试验研究后，发展迅速，分别获得湖北省教改实验校、孝感市教科研先进学校和湖北省中小学示范学校、湖北省高中课改样本校等荣誉称号。江苏省扬中高级中学杜庆宏老师、深圳外国语学校袁智斌老师作为实验教师参与课题研究后，反馈其科研能力水平得到了提升，课堂教学效率得到了提高。

第二节　巩固"五动"模式，促进教师专业发展

在课题研究强有力的驱动下，各实验区的教科研氛围日益浓厚，"五动"模式得以巩固，并日益突显出对教师专业发展的促进作用。课题组骨干实验教师通过教学示范、座谈交流、研讨讲座、师徒结对等活动，带动所在学校或者地区开展提高教学效率的实践探索，激发了教师参与高效率数学教学研究与实践的热情。不少教师在课题研究中脱颖而出，并伴随着课题的深入，逐渐从骨干教师逐步发展成为省市级名师，有些甚至发展成为特级教师。表 5-1 给出了部分实验教师专业发展情况。

表 5-1　部分实验教师专业发展情况

实验区	部分骨干教师	教师专业发展情况
天津	梁栋	1. 2007 年 4 月，获天津市五一劳动奖章；2007 年 9 月，被评为天津市中小学特级教师 2. 2008 年 9 月，获第八届苏步青数学教育奖二等奖 3. 2011 年，获天津市数学竞赛指导教师奖 4. 2012 年 12 月，教学模式"高中数学自然式教学"被天津市教委向全国推介，并在市教委、《中国教育报》联合举办的教学思想展示中做专题报告及展示课 5. 2013 年，指导青年教师王蕊获天津市双优课一等奖 6. 2017 年 3 月，被评为天津市首批正高级教师

续表

实验区	部分骨干教师	教师专业发展情况
天津	于川	1. 2007 年 9 月，被评为天津市中小学特级教师 2. 2007 年 9 月，被评为天津教育委员会优秀教师 3. "利用'自学—指导'的课堂教学模式培养学生创造性思维"获全国第九届中小学创造教育优秀科研成果二等奖 4. "现代信息技术支持下的数学课堂教学"获天津市"首届教师创新"征文大赛一等奖 5. 2005 年，"指导学生进行数学创新性学习初探"获天津市中小学第十届教研教改成果三等奖 6. 2009 年，被评为天津市未来教育家首批学员
	王新兵	1. 2006 年 11 月，指导杨赫梁教师获第三届全国高中青年数学教师优秀课观摩与评比活动一等奖 2. 2011 年 3 月，被评为中小学骨干教师区级学科带头人 3. 2012 年 9 月，被评为天津市中小学特级教师 4. 承担天津市教育科学学会课题"GH 数学教学方式的数学教学模式探究"的研究，该课题获市教育科学学会优秀课题一等奖 5. 2017 年 3 月，被评为天津市首批正高级教师
福建	严桂光	1. 指导唐传琛教师在"第八届全国初中青年数学教师优秀课观摩与评比活动"中荣获全国一等奖 2. 2011 年，所主持的省级课题"高中数学新课程教学资源的开发与利用"获省普通高中新课程研究成果二等奖 3. 2013 年，"信息技术与高中数学教学整合的研究与实践"研究成果获南平市政府颁发的南平市教育教学成果二等奖 4. 2011 年，"高中数学新课程教学资源的开发与利用"获福建省普通高中新课程研究成果二等奖
	王钦敏	1. 2010 年 9 月，被评为福建省特级教师 2. 第三批国培计划专家库成员 3. 福建教育学院培训讲座精彩一课第一名
	林风	2013 年，被评为正高级教师

续表

实验区	部分骨干教师	教师专业发展情况
浙江	吴增生	1. 2010 年 9 月，被评为浙江省特级教师 2. "初中数学课堂实践与研究"获省三等奖 3. 人民大学资料中心全文转载本课题相关论文 12 篇
四川	王富英	1. 2006 年 9 月，被评为中学特级教师 2. 承担"导学讲评式教学研究"课题获成都市优秀教学成果一等奖 3. 在核心期刊上发表多篇论文，其中被人民大学资料中心转载本 5 篇
江苏	杜庆宏	1. 2008 年 8 月，被评为中学特级教师 2. 2011 年 11 月，被评为教授级中学高级教师 3. 发表"开展高效数学教学的行动研究"等论文十多篇 4. 辅导学生参加全国数学竞赛有近 60 名学生荣获全国、省一等奖
广东	袁智斌	1. 2013 年 2 月，在《数学通报》《中学数学教学参考》等核心期刊上发表了多篇论文，其中发表在核心期刊《数学教育学报》上的论文被人民大学资料中心全文转载 2. 广东省普通高中教师职务培训数学学科课程专家
	钟进均	1. 2009 年，"记数学试卷讲评课上的一次风波"被教育部基础教育课程教材发展中心评为特等奖 2. 2009 年 8 月，论文《高中"说数学"的理论与实践探讨》被全国初等数学研究会、深圳市数学会评为二等奖 3. 2010 年 7 月，论文《对一节"说数学"实验课的教学后反思》被白云区教育发展中心评为一等奖 4. 2013 年，《在高中数学教学中开展说数学活动的实验研究》获广州市第九届教学成果奖二等奖 5. 2012 年 9 月，被评为广州市第二批中小学市级骨干教师

续表

实验区	部分骨干教师	教师专业发展情况
湖北	王广辉	1. 2010 年 11 月，参加中国教育学会中学数学教学专业委员会主办的"卡西欧杯"第七届全国初中青年数学教师优秀课观摩与评比获得一等奖 2. 2013 年 9 月，被评为"湖北名师"
	乔安国	2012 年 9 月，被评为中学数学优秀教师
新疆	吴勤文	1. 2005 年，被评为新疆特级教师 2. 2007 年，被评为自治区课改先进工作者 3. 2006 年，专著《TEC 教学概论》获得新疆维吾尔自治区第七届哲学社会科学奖一等奖 4. 2012 年，《对"TEC 教学"基础的反思》获新疆维吾尔自治区第九届哲学社会科学奖三等奖

在对高效教学的研究过程中，一些实验区从"过程—结果"的维度，主要探讨了高效数学教学的内涵、特征及教学策略等。一些实验区从"教—学"的维度，主要对高效数学教学行为、高效数学学习的学生心理特征等有关问题进行了实证研究。尽管不同实验区(校)研究的视角与在教学实践中采取的方式不尽相同，但借助课题研究，实验教师强化了效率意识，对自身的教学行为与教学策略进行了研究与反思，促进了自身的专业发展。

一、 高效率数学教师的教学策略

教学要为学生的学服务，教学效率不仅体现在学生掌握知识与学好当堂内容的近期学习效果上，还体现在学生获得发展的远期学习效果上，数学教学效率的高低不取决于教师打算教给学生什么，而是取决于学生实际获得了什么。教师评价对教师的教育教学活动具有明显的导向作用，评价适当与否，将影响到教师工作的成效和育人质量。[①]
如何提高数学课堂的教学效率，课题组对天津市 5 所学校进行了数学课
堂教学观摩，并对一位特级教师、一位国家级骨干教师和一位天津市十
佳青年教师进行了访谈，得出以下策略特征。[②]

（一）注重思维的教学

高成效的数学教师时刻把数学学科作为锻炼学生思维的最好学
科，他们不错过任何机会，锻炼学生的思维。首先，数学问题是千变
万化的，作为数学教师不可能让学生见识所有的题型，但低成效的数
学教师恰恰希望让学生见多识广，学生花在数学学习上的时间不少，
但事与愿违，收效甚微，高成效的教师不会直接给学生方法，让学生
去模仿，而是让学生想方法，如果学生想不出来，教师就会创造条
件，启发学生的思维。其次，有的数学课堂教学从形式上看，有问有
答，有讨论甚至争论，学生似乎在数学学习上很是投入，但细细品味
这些课，含金量(思维)很低。高成效的数学教师不是让学生的活跃停
留在表面层次上，他们的课堂表面上可能是安安静静的，但学生的内
部思维却在高速运转，对学生思维的训练是"随风潜入夜，润物细无
声"。最后，有的数学教师似乎也注意向学生创设挑战性的问题，但
创设的问题或重点不突出或超过学生的最近发展区，造成时间没少
用，但效果欠佳；也有的教师注重思维的训练，但忽视对学生思维活
动的调控与评价，如有的教师对难题或一题多解情有独钟，忽视了对
学生思维活动的引领与对方法的评价，学生时间没少用，但思维活跃
得不是地方。而高成效的数学教师创设的问题既具有挑战性，又适合
学生的水平，还注重对学生思维活动的引领与评价，将宝贵的时间用
在训练思维的刀刃上。通过思维训练，学生具备了学习的能力，学习
数学的效率也就会自然得以提高。

---

① 王光明，刘金英，马晓丹，等：《基于"学思知行"有机结合的数学教师评价指标》，
载《数学教育学报》，2014(3)。
② 王光明：《高成效数学教学的特征研究》，载《当代教育科学》，2004(10)。

（二）注重数学教学中的理解问题

有学者指出，理解不仅是智力活动，还是人存在的一种历史过程，理解是人生命的本质和表现。高成效的数学教师认识到了理解的重要意义，对理解倍加重视。首先，有的数学教师对学生投入的精力与心血不少，试图达到"亲其师，信其道"的效果，但却是事倍功半。而高成效的数学教师注重人与人之间的相互理解，重视学生的情感、意志、信念和态度，注重移情思考。通过与高成效的数学教师座谈，他们均认为，如果数学教师有意或无意忽略了人际间的相互理解，忽视了对学生人格上的尊重，忽视了对学生非认知因素的激发，那么将抵消教师在教学中的种种努力，教学效率不高难以避免。通过实践观察，他们不仅是如此认识的，而且确实特别重视对学生的理解，师生关系的融洽。其次，多次参加数学高考阅卷工作，常听到有的数学教师抱怨，现在的一些学生简直是不可救药了，他们明明在高考复习中做过类似的题型，怎么在高考中仍不会做类似的问题呢？笔者在 2004 年 2 月在天津市某中学听了一位数学教师的面积复习课，上课后的前十几分钟，数学教师一直是在复习各种面积公式，其中一些面积公式是以前没有遇到的，但教师没有推导，只是让学生记住，学生到底能不能将这些公式放到长时间记忆中，我们姑且不论，我们需要深思的是一味记题型、背公式，无疑需要大量的学习时间，而这样的学习到底有多大价值呢？高成效的数学教师也让学生在数学学习中记忆，但更强调理解了的记忆。因而，高成效的数学教师总是想方设法促进学生的认知理解，他们既注意在学生已学内容与新学知识之间牵线搭桥，而且认识到无关信息的冗余量也是影响理解的因素，因而他们的数学语言是简洁的，在难理解的知识点上话不在多，而是将深入浅出的教学活动落到了实处。

（三）注重帮助学生构建良好的认知结构

学习方法是影响学生数学学习成绩的一个重要因素，而高成效的数学教师能认识到，数学认知结构的差异是导致学生数学认知成绩不同的另一条重要原因。首先，受奥苏贝尔的有意义学习等理论的影响，许多数学教师均重视利用学生已学旧知学习新知，以达到促进对新知的理解。但高成效的数学教师注意到，在学习过程中，学生认知中会有许多错误认识与经验，学生的学习过程还是对以往认识的结构。因此，高成效的数学教师既从学生已经获得的知识出发，重视旧知与新知如何发生联系，有时也需要从新知出发，重视新知获得后的反思，引导学生反思如何通过新知的学习，扬弃认知结构中片面乃至错误的经验与认识，反思新知如何与旧知发生关联，进一步加深对旧知的理解。其次，不同的数学知识之间充满了内在的联系，但在教材编写中由于考虑学习难度或讨论问题的一致性等原因，有时会将具有直接联系的内容放在不同的章节。高成效的教师为了提高数学教学效率，总要根据实际情况，对教材内容进行整合，使之成为相对较完整的知识体系，帮助学生构建良好的认知结构，提高数学教学效率的功效。

二、 高效率数学教师的教研成果

以"五动"模式培养骨干实验教师，多渠道提升骨干教师数学教学效率，不仅促进了实验教师教学水平的提高，也增强了实验教师的教科研能力。在课题研究与实践过程中，课题组成员及实验教师在《课程·教材·教法》《心理与行为研究》《数学教育学报》《教育理论与实践》《数学教育研究》等期刊上发表了多篇高水平论文，承担了多项国家级、省部级课题，出版了多本专著，产生了广泛的社会影响。

（一）高水平论文

正如深圳外国语学校袁智斌老师所说，参与课题让他从最初只能在市级刊物上发表"豆腐块"随笔文章，逐步上升到在省级刊物，全国核心期刊和权威期刊上发表多篇高质量、有创意的论文。课题组成员从多个维度，多个视角对高效率数学教学进行研究，取得了大量优质的科研成果(见表 5-2)。

表 5-2　课题组成员论文成果一览表

实验区	作者	题目	发表期刊
天津	王光明 廖晶	"探索世界"范式及其对数学教育的启示	课程·教材· 教法
	王光明 罗静	美国"促进理解的数学课堂"简介及启示	
	严家丽 王光明	60年来数学双基教学研究反思	
	王光明等	How Gifted Chinese Students Study Mathematics	*Journal of* *Mathematics* *Education*
	王光明等	Case Study on Improving High School Students with Learning Difficulties in Mathematics	
	严家丽等	An Interview with Bernard R. Hodgson about High-Efficiency Mathematical Teaching Hypotheses	
	王光明等	Characteristics of Efficiency of Mathematical Instructional Behavior	
	王光明	重视数学教学效率提高数学教学质量——"数学教学效率论"课题简介	数学教育学报
		高效数学教学行为的归因	
		高效数学教学行为的特征	
	王光明 杨蕊	融入信息技术的数学教学设计评价标准	中国电化教育
	王光明	基于教学效率概念辨析的有效教学	教育理论与 实践
	王光明 徐利治	人的全面和谐发展：数学教育能做什么	
	王光明 佘文娟 宋金锦	基于NVivo10质性分析的高效数学学习心理结构模型	心理与行为 研究

实验区	作者	题目	发表期刊
天津	王光明	数学教育要培养效率意识	中学数学教学参考
		国外关于教学效率的思想（上）——西方文艺复兴时期有关教学效率的思想	天津市教科院学报
		国外关于教学效率的思想（中）——西方近代教育关于教学效率的思想	
		国外关于教学效率的思想（下）——20世纪国外关于教学效率的思想	
	王光明 陈金萍	数学教师对双专业理解水平的研究	教学与管理
	王光明 王迎	高效与低效数学课堂导入的案例比较	
	王光明	关于学生数学认知理解的调查和思考	当代教育科学
	严家丽等	国际数学教育委员会秘书长 Bernard R. Hodgson 谈数学教学效率	数学教育研究
	刁颖 王光明	高效率数学学习与低效率数学学习学生的个案比较	中学数学教学参考
	梁栋	不同的构思迥异的效果	数学通报
		自然式教学：顺应数学思维规律	中国教育报
		自然——数学教学的一种境界	天津教育
	王新兵	关于数学学习中的理解问题的评述	数学教育学报
	王新兵 杨世明	数学教育能够振奋民族精神	中学数学杂志（高中版）
	于新华 王新兵 杨之	对"数学教学效率"研究的几点思考	数学教育学报
	王新兵	关于数学教学效率及其效率意识的分析	

实验区	作者	题目	发表期刊
天津	于川	论数学教学的人课合一	天津教科院学报
		让学生经历"数学化"的数学教学策略	数学通报
		高中数学"联想—发现—归纳—提升"四段式教学模式及其运用	天津市教科院学报
		"人课合一"理念下的高中数学四段式教学模式	天津教育
	黄会来 王迎	数学高效与低效教师课堂提问教学行为的案例比较	数学教育学报
福建	余明芳 王钦敏	《矩阵与变换》中的数学思想方法	福建中学数学
		关于圆锥曲线的若干奇妙性质	福建中学数学
	王钦敏	高中数学教师专业素养现状的调查与分析	福建教育学院学报
		数学课堂三原色	中小学数学（高中版）
	郑树峰	中学生数学阅读及其能力培养的对策分析	中学时代
	严桂光	深化高中教学改革巩固初中课改成果——新课程背景下高初中数学衔接的若干问题探究	福建中学数学
		关注数学课程目标深化考试评价改革——2007年福建省初中学业考试数学试题特点与教学启示	
四川	王富英 王光明 魏荣芳	"错误重复现象"产生的原因及消除对策	数学通报
	王富英 王新民	数学学案及其设计	数学教育学报
	"数学教学效率论"新都一中课题组	整合心理学理论优化数学教学的策略——"数学教学效率论"子课题研究报告	数学教育学报

续表

实验区	作者	题目	发表期刊
浙江	吴增生	3B教育理念下的数学高效课堂教学策略初探	数学教育学报
		3B教育理念下的高效率数学原理教学	中国数学教育
	朱康青 吴增生	数学课堂高效率学习策略的探究	教育科学论坛
	吴增生	构建促进课堂复习教学的过程评价体系	中学数学教学参考
江苏	杜庆宏	开展高效数学教学的行动研究	数学教育学报
		数学教学中培养学生的创新能力	中学数学月刊
	杜庆宏 陈慧荣	多元智能理论与数学教学	江苏教育学院学报（自然科学版）
广东	袁智斌	论数学教育教学的双功能	数学教育学报
		由动手操作上升到计算推理	中学数学教学参考
	钟进均	对一则高中"说数学"案例的探讨	教学月刊（中学版）
		高中"说数学"的理论与实践探讨	数学通讯
		对一节"说数学"实验课的教学效率反思	数学教育研究
	符婉贞	精心教学，增效课堂	数学教育研究
	廖芳	思想引领高效提升——初中数学总复习函数思想及应用的教学体会	数学教育研究
湖北	王广辉	创设问题情境形成学习期待	数学教育学报
	杨田 王广辉	透视高效数学课堂教学行为——基于优秀初中数学教师的个案研究	数学教育学报
	李渺 陈长伟	高效数学课堂教学行为研究——基于优秀高中数学教师的个案研究	数学教育学报
	黄定明	如何构建高效课堂	数学教育研究

实验区	作者	题目	发表期刊
湖北	胡娟	数学学科高效教学行为的归因研讨	数学教育研究
	骆江涛 胡彬	数学学科高效教学行为的特征	数学教育研究
	郭芬	让数学课堂因高效而精彩	数学教育研究
	孙丽蓉	高效课堂教学实践与探究	数学教育研究
新疆	吴勤文	TEC 教学模式初探	数学教育学报
		贯穿数学思想、数学情感教育的合作教学	新疆教育学院学报
		构造方程求三角函数式的值	中学教学月刊
	吴勤文 杨世明	对"TEC 教学"基础的反思	数学教育学报
	田宏根 吴勤文	从数学教育的基本矛盾到 TEC 教学	新疆师范大学学报（自然科学版）
	廖洁	高效率的数学教学——如何布置数学分层作业	数学教育研究
	秦玉红	走进高效率初中作业分层教学	数学教育研究
	王斌	提高教学效率，数学教师应当具备的能力	数学教育研究
陕西	王冬平	高效教学的基础	数学教育研究
	杨存典 乔希民 李军庄	基于效率意识的数学民主教育	数学教育学报
	乔希民 李军庄 杜卫洁等	基于促进学生高效学习的数学课堂教学行为研究	数学教育学报
	李军庄	基于高效率的数学讲授法之改进和思考	数学教育学报
	罗俊丽 李军庄	数学家成材之路对数学教育的启示	数学教育学报

（二）"高效教学"相关课题

课题组在"十五""十一五""十二五"期间，围绕"高效教学"开展深入研究，申报了全国教育科学"十五"规划重点课题"数学教学效率论"，全国教育科学"十一五"规划教育部重点课题"基础教育高效教学行为研究"以及2013年度教育部人文社会科学一般项目"高中生高效学习的心理特征研究"(见表5-3)。从教师的"教"与学生的"学"两个方面对如何进行高质低耗的教学进行系统思考。

表5-3 "高效教学"相关课题一览表

课题负责人	课题名称	立项单位
王光明	全国教育科学"十五"规划重点课题——数学教学效率论	全国教育科学规划领导小组办公室
	全国教育科学"十一五"规划教育部重点课题《基础教育高效教学行为研究》	
	2013年度教育部人文社会科学一般项目——高中生高效学习的心理特征研究	教育部社会科学司

（三）专著成果

课题负责人及实验区骨干教师于川、梁栋、吴增生、吴勤文等教师结合高效教学的理论与自身教学实践，将研究精华汇集成册，以专著的形式出版，其中众多成果均获奖项，受到广大教师的欢迎(见表5-4)。

表5-4 课题组成员专著出版情况一览表

作者	著作名称	出版时间	所获荣誉
王光明	数学教学效率论·理论篇	2006年	入选国家"十一五"期间重点出版规划图书，天津市第十一届社会科学优秀成果三等奖
	数学教学效率论·实践篇	2006年	
	数学教育研究方法与论文写作	2010年	入选教育部"国培计划"课程资源，荣获天津市人民政府颁发的天津市第十三届社会科学优秀成果三等奖

续表

作者	著作名称	出版时间	所获荣誉
于川	"人课合一"理念下的数学教学	2012 年	天津市中小学"未来教育家奠基工程"学员成果丛书
梁栋	自然数学	2012 年	天津市中小学"未来教育家奠基工程"学员成果丛书
吴增生 周福群 朱明德	初中数学课堂的实践与研究	2007 年	浙江省优秀教研成果评比结果三等奖
吴增生	有效教学的理论与策略	2007 年	——
	有效教学的课堂设计		
	有效教学的课堂实施与评价		
吴勤文 杨世明	TEC 教学概论	2004 年	新疆维吾尔自治区第七届哲学社会科学奖一等奖

第三节　推广"五动"模式，提高数学教学效率

"十一五"期间，凭借全国教育科学"十一五"规划教育部重点课题《基础教育高效教学行为研究》的深入，"五动"模式的成效得到进一步巩固和推广。各实验区(校)在参与课题实践中，形成了各具特色的提高教学效率的理念与教学行动，在促进了教师专业的发展的同时，也提高了所在学校或者地区的教学效率。

依托课题研究，实验教师对高效教学有了更为深刻的认识。在如何提高教学效率的问题上，各实验区的教师基本达成共识，即能够做到深刻理解数学，深刻理解教材，深刻理解学生。

一、 深入理解数学是高效教学的基础

心理学研究表明，数学认识信念是影响数学学习的重要变量。积极正确的数学认识信念影响数学知识的记忆和理解，影响数学问题解决的学习，影响数学认知策略的学习和运用，影响数学学习中的元认知活动。[①] 教师作为学生数学认识信念的直接引导者，要帮助学生正确认识数学学习的价值，为学生创造良好的情感体验，激发学生的学习兴趣和动机，提高数学教学效率，深刻理解数学是基础性条件。

深刻理解数学应重视数学的理性精神。克莱因(Klein)把数学看成是"一种精神，一种理性精神"。正是这种精神，使得人类的思维得以运用到最完善的程度，社会的发展与人类的进步离不开这种精神。数学教育中培养理性精神的过程是指在数学教学以及数学学习活动中，通过对数学内在理性的感悟以及对数学家的理性精神的感受所获得的精神层面的文化与价值体验。在数学教育中，应该培养的理性精神包括以下几个方面。第一，学习目的上重视数学的内在价值，这主要体现了"自由"以及"摆脱外在欲望的干扰"的要求。第二，学习动因上将好奇心作为数学学习的动力源泉，这主要体现数学学习活动的动力不能完全被外在学习动机所遮蔽的要求。第三，学习过程中树立追求真理的质疑精神与意识，不盲从，不完全迷信专家与书本，但也绝不是无标准、无要求、漫无目的地怀疑一切，质疑要坚持用逻辑的标准审查发现或建构的命题。质疑不是利益驱动，而是对真理的坚持，这些主要体现了"逻辑""对普遍法则的追求"等基本要求。第四，对待理性精神的态度上，不是独尊理性，罢黜其他精神，具有独立人格的数学家的理性精神的产物是没有国界和阶级的自由的数学科学，数学家没有独立人格，就不会有数学科学的诞生，数学科学研究内部需要自由，感自由之恩惠，数学不会排斥与理性精神相和谐、同舟共济的其他自由精神主张。这里，同样体现了

[①] 唐剑岚，蒋蜜蜜，肖宝莹：《数学认识信念：影响数学学习过程的重要变量》，载《课程·教材·教法》，2014(6)。

"自由"的要求。①

深刻理解数学应重视数学的内在价值。重视数学的内在价值，在数学学习活动中主要是指重视数学对思维的训练。首先，警惕一味地将数学技术化，仅仅作为应用的工具。其次，警惕将数学程式化，将灵活的思维训练简化为程式化步骤模仿，将训练抽象思维与有意义学习的数学学习内容作为机械记忆的材料。很多数学家研究数学时，是将它作为心智的科学，并不是以应用作为研究目的的。因此，数学教育要注意警惕过于注重"实用"的偏差，而对于中学数学教育，更应对中学数学的应用性有清醒的认识。中学生的特点，决定他们学习的内容本质上还是初等数学，内容实际上在科学上的应用范围是有限的，在实际生活中，中学数学具体内容的应用机会也并不多，如中学数学经常用的三角形面积公式，许多人在生活中是用不到的。郑毓信教授谈道："我们应帮助学生清楚地认识超出生活经验(日常数学)并上升到'学校数学'的必要性。数学概念和知识(更一般地说，就是科学概念和知识)的学习对于学生思维的发展也有着十分重要和不可取代的作用。我们所追求的不应是由'学校数学'向'日常数学'的简单'回归'，而应是两者在更高层次上的整合。"②

二、 深入理解教材是高效教学的前提

数学教学实践中，有一些教师只注重练习题的钻研，而忽略对教材内容中知识的本质特征与内在联系的深入钻研，教学过程中采用撒大网、大运动量题海训练的教学方式，弥补学生知识理解的不足，造成学生数学学习备尝辛苦，不堪重负，对数学有睚眦之怨；还有一些教师只重知识的钻研，轻数学教育价值和作用的钻研，造成学生数学学习成绩尚可，但只是将数学作为贪功求名的阶梯，体会不到数学教育散发的芳香。因此，认真钻研和把握数学教材是高效率数学教学的重要前提。钻

---

① 王光明：《数学教育应该重视数学的内在价值》，载《教育理论与实践》，2005(11)。
② 王光明：《数学教育应该重视数学的内在价值》，载《教育理论与实践》，2005(11)。

研数学教材一般有两个维度：知识维度和教育维度。①

（一）知识维度： 博观约取与见微知著

博观约取指在数学概念、定理、公式、法则、方法等构成的知识结构体系中看待具体数学知识。教师钻研教材，绝不是孤立看待某章节的教材内容，而是钻研各章节内容之间的联系，还要考虑各章节内容与上一级和下一级学段是如何衔接的，同时要立足高学段，俯视低学段的内容，在纵横联系中钻研各教学内容单元，才会识得"庐山真面目"，认识到教材内容在整个数学教材中的地位、作用。例如，平面几何中的"点到直线的距离"，它是整个中小学数学中"距离"概念的一个环节，又与线段的长、斜线、垂线有关，它是平行线间的距离的基础，与立体几何中点线、线线、点面、线面间的距离息息相关，还与解析几何中中点线距离公式，乃至代数、物理中的速度、时间路程间的关系式都密切相关。只有在博观约取中才会充分认识到点到直线的距离的重要性。

见微知著指深入钻研各具体数学知识与练习题，尤其要重视对基本概念与知识的深入钻研，对具体知识要做到：见微以知萌，见端以知末，故见象箸而怖。数学教育家傅种孙指出："越是起初的东西，若是追究起来，越是困难。这是涉猎过算理哲学的人，都知道的。"而在中小学的数学教材中，这种"起初的东西"，却往往不为教师所深入钻研。例如，等式的概念及性质，为构筑所有等式的"起初的东西"，但往往被一瞥而过。实际上，等式也就是"换句话说"，当然可以若干次的"换句话说"。等式 $A=B$ 中的 A，B 必有同有异（和而不同），无同，则不能相等，无异没有写等式的必要。等式具有自反性与传递性，我们要善用这些等式的起初性质，并对之有足够的敏感性。通过等式的传递性，会有许多新的发现或建构。

关于具体概念需要钻研的主要内容：该概念是否是关键概念或与该节内容的关键概念之间是什么关系；与其他章节（甚至不同学段）之间的

① 王光明，王富英，杨之：《深入钻研数学教材——高效教学的前提》，载《数学通报》，2010(11)。

哪些概念有什么息息相关的关系；这些密切相关的概念构成了什么样的概念图等。对具体的数学公式需要钻研的主要内容：公式的结构、特征；成立的条件；适用范围和公式的变化形式等。定理需要钻研的主要内容：条件与结论的内在联系；适用范围与作用；定理的变化形式(逆命题、否命题、逆否命题各是什么？是否成立？可否推广？特殊情况是什么？等等)。例题需要钻研的主要内容：例题的条件是什么？结论是什么？条件对结论起什么作用？在此条件下还会得出哪些结论？改变条件，结论如何变化？改变结论，条件如何变化？条件与结论有什么特征？它与哪些教材中哪些习题有联系？与哪些知识有联系？对习题需要钻研的是习题搭配与编者意图分析。分析的主要内容为：教材中练习题、习题和复习题中的习题是如何搭配的？它们之间有什么关系？编者这样搭配的意图是什么？突出了什么？体现了什么？强调了什么？哪些习题是巩固知识形成技能？哪些习题是课本知识的补充与深化？哪些习题是为后面学习做好铺垫？哪些习题是培养学生某种能力等。

(二)教育维度： 宏观体味与微观寻味

宏观体味指从宏观上感受数学的味道。钻研数学教材，不仅要钻研知识，还要钻研数学之韵味，教师对数学之韵味没有感受或体味苦涩，难以让学生品尝到数学之甜美味道。例如，反映数学固有的求真、求善、求美以及理性，数学知识的联通性，数学思想方法的贯通性，数学推理之逻辑严谨，数学思维体操之美妙，数学应用之魅力四射等，散发着数学之味，该气息是一种整体的意境，我们宏观体味才能感受其浓浓的数学味道。

微观寻味指聚焦于具体的教材内容，探寻其多种文化教育意义的味道。有一些文化教育功能的素材，是课程制定者从数学教育和文化教育的角度出发，遵循学生的认知规律，用通俗的语言、生动形象的表达方式，将数学的内容、思想、方法、语言，与数学的学术价值、社会价值、教育价值与人文价值进行整合，并有机地融入教材之中，表现在教材中的插图、脚注、阅读材料以及数学故事与史料之中，这些需要我们基于文化的口味，追寻其文化教育的味道。还有一些具体内容，需要我们从多方寻觅其文化教育之意味：该教材内容与哲学的联系(世界观、方法论与辩证法，尤其是关于数学观以及数学思想方法的认识)；与艺术的联系(美学价值)；与历史的联系(不仅是数学内史，还包括文化、政治、社会等因素对数学发展的影响，数学及数学家对人类历史的影响等外史)；与德育教育的联系(道德品质、理性精神等)；与思维科学的联系(数学思维方法与能力，尤其要让学生体味数学抽象思维与概括思维的魅力)；与社会学的联系(社会价值)；与其他自然学科和生活实际的联系(数学建模或数学应用)等。例如，"勾股定理"这一微观知识，可寻觅到其9种味道：多种证法的魅力；与数学内部其他内容的联系(费马猜想、鲍恩猜想、不定方程等)；定理发现的有关数学史料与人文趣事；与艺术的联系(达·芬奇的画等)；与其他学科的联系(建筑学、金字塔的建造等)；与创造思维的联系(勾股定理的推广等)；美学价值(艺术的美、图案的美、赵爽弦图证明的简洁美等)；对人类社会的贡献(大禹治水等)；各个民族对勾股定理的发现等。

三、 深入理解学生是高效教学的关键

国内外学者在关于高效教学的研究中，都十分强调学生原有的数学学习情况。教师对学生已有知识经验、能力倾向、个性特点等了解得多少，是关乎高效教学能否成功落地的关键。为了探寻不同类型学生数学学习的特点，课题组对高才生与普通生的数学学习效率现状和认知特点进行了调查研究，得到了初步结论，为高效教学付之于实践提供了学情依据。[①]

（一）高才生与普通生的数学学习效率现状

课题组对近300名北大学子和高考状元的个案进行分析，尽管他们

---

① "数学教学效率论"江西子课题组：《中学生数学学习效率成因研究》，载《数学教育学报》，2005(3)。

的观点或朴实无华，或雍容典雅，或优哉游哉，或自出机杼，或袭人故智，但并非言人人殊，透过他们的话语，反映出在他们身上不同程度地体现着以下特征。第一，具有较浓厚的理性精神，主要表现在学习目的上重视数学的内在价值，在平时学习中要注意对数学思想、方法的领悟和掌握，在解决问题的过程中，他们重视数学思想、方法的练习和应用；将兴趣与好奇心作为数学学习的动因；具有追求真理的质疑精神，注重独立思考。第二，重视认知结构的完善和对数学知识的理解，主要表现为能够及时整理个人对概念定义本质的理解，对习题中易错的知识点的再认识，对解决某一类数学问题的方法总结，甚至是无意间冒出的一些含义、感想，或者是课外阅读知识扩充的汇集等。第三，在整个数学学习的过程中，具有计划、监控、调节、反思的意识与习惯。第四，拥有效率意识，主要表现为课上利用率很高，问题解决及时，重视劳逸结合。

课题组对天津一中、天津二十一中、天津五十五中、津沽中学、华宁中学、益中学校、天津市宝坻区新安镇一中的学生进行了调查问卷，调查发现，学生从评价数学学习效率的一个维度——数学学习结果来评价数学学习效率，普遍把认知成绩与学习效率相联系，认为成绩好学习效率就较高，而没有充分认识到它的远期学习效果，理性精神与效率意识的培养，良好的认知结构与数学学习能力的发展；对于评价学习效率的另一维度——学生的时间投入方面予以了忽视，几乎很少有学生在问卷中提及时间意识与学习效率的关系；一些学生将数学学习效率的高低局限于解题速度的快慢，认为自己数学学习效率不高是因为有时一道题想半天，只要题目做多了，一熟了，做题就快了，效率就高了。

（二）高才生与普通生的数学认知结构差异

课题组选取一所天津市直属重点中学历次数学成绩名列前 40 名，并被数学教师普遍认为数学学习兴趣浓厚、学习效率高的 10 名学生作为高才生的样本；选取依托于该校的一所民办公助学校(学生入学成绩相当于区属重点中学水平)历次数学成绩均在 100～150 名范围内、数学学习兴趣一般，但数学学习较为勤奋的 10 名学生分别作为高才生与普通生的样本。通过观察、问卷调查、访谈的方法对所选的样本进行个案分析，特别对高才生与普通生的"两角和与差三角公式"的认知学习进行了详细比较研究，试图以此推测数学高才生与普通生的数学认知结构的差异。结果发现：高才生认知结构的内容具有丰富性，普通生认知结构的内容是贫乏的；高才生认知结构中的内容具有整合性，普通生认知结构的内容是零散的；高才生提取认知结构中的内容具有灵活性，普通生则是僵滞的；高才生的认知结构具有个性特征，普通生的认知结构具有共性特征。[①]

造成高才生与普通生数学学习效率差异的原因有很多，学习习惯与方法不同是一个重要原因，元认知水平不同也是一个重要原因。教师在进行高效率数学教学时需要考虑学生的差异，因材施教，实现面向全体的高效率教学。

---

① 王光明，王悦：《高中数学高才生与普通生的数学认知结构差异比较、析因与教学建议》，载《中学数学教学参考》，2004(12)。

第六章

天津实验教师的实践
探索

"教师专业发展"和"研究型实践者"范式，及"五动"（课题驱动、教研心动、会议互动、观摩带动、教学行动）模式为实验教师的专业发展提供了理论依据和实践思路。天津地区的实验教师通过项目研究，从教学实践中总结与凝练教育思想，并积极实践，在自身专业发展的同时，带动、引领和提升所在地区数学教师的专业发展，促进数学教学效率的提高。

第一节 梁栋"自然数学"教育实践

一、 "自然数学"教育思想

例题教学和解题教学是高中数学教学的重要内容，也是教师投入精力最多，学生感到难懂、难学的主要内容。为了更好地在数学教学中揭示解题规律，探索学习解题的途径，促进学生"解题成长"，基于实践经验提出了"自然数学"教育思想。

（一）"自然数学"教育思想概述

"自然数学"指在高中数学例题教学中，教师引导学生用最流畅连贯的思路去寻求解题切入点的教学模式。自然、流畅连贯是自然式教学的关键词。通俗地讲，自然就是习惯，就是学生的成长规律和思维特点，是学生的智力水平、数学经验和思考问题的方式。这里的自然是指教育应该回归到学生本身所具有的自然属性中去，回归到他们自身所在的成长阶段中去，从而在掌握规律的自然基础上实现教育的超越。

"自然数学"是从操作的层面，系统研究自然教育思想在例题教学的应用，探索例题教学中应如何从学生的习惯出发，选择恰当的方法，把数学思想方法自然而然地呈现在学生面前，[1] 增强学生对数学的情感，

---

① 王光明，罗静：《美国"促进理解的数学课堂"简介及启示》，载《课程·教材·教法》，2008(3)。

认识到数学是讲理的，是有意思的，是生动的，学好它、掌握它是不困难的，从而使大多数学生树立学习的信心，在学习中体验数学带来的快乐，不断发展、完善数学的思维能力，逐步学会用数学的方式思考问题、认识世界。

（二）"自然数学"教育思想生发之起点

教育需要顺应学生生理、心理的发展规律，要遵循学科的本质属性。"自然数学"教育思想源于以下三个方面的认识。

1. 自然性是数学的主要学科属性

数学本身和大自然是密切相关的，同时数学是自然的。人民教育出版社 A 版教材(必修)主编寄语中有这样一段话："数学是自然的，在这套教科书中出现的数学内容，是在人类长期的实践中经过千锤百炼的数学精华和基础，其中的数学概念、数学方法与数学思想的起源与发展都是自然的。如果有人感到某个概念不自然，是强加于人的，那么只要想一下它的背景，它的形成过程，它的应用，以及它与其他概念的联系，你就会发现它实际上是水到渠成、浑然天成的产物，不仅合情合理，甚至很有人情味。"这段话对数学的特点描述得非常深刻、生动。

2. 自然性是学生的重要属性

学生已有的知识、能力是一种客观存在，是影响学习的一个重要因素，是学生发展的自然规律之一。同时，数学学习是一个循序渐进的过程，是自然的规律。此外，在学习中，学生不是单向接受，他们有内在的需求，学生的数学学习是在他们已有知识经验上的自我建构，是一个学生自然生长的过程。

3. 自然性是数学教学的本质要求

数学的自然和学生的自然，决定了数学教与学的过程应当是自然的。另外，波利亚在《怎样解题》中提到，我们表中的所有问题和建议都是自然的、简单的、明显的，都仅仅是普通的常识。它们建议某种处理方法，对于任何认真对待它的题目而且有一些常识的人而言是自然的。

这从侧面说明，高中数学的解题思路是自然的，数学例题教学应当是一种自然的过程。

（三）"自然数学"的特征

"自然数学"的特征主要分为以下几个方面。

1. 适应性

夸美纽斯在《大教学论》中提到教育要遵循自然秩序，教育要依据儿童天性。卢梭认为教育是人的天赋本能的一种自然生长过程。"自然数学"就是倡导适应学生特点。

2. 多样性

大自然因多元而丰富多彩，教育也因多样性而更有意义，每个学生的兴趣爱好和学习方式是不同的，不同就是个性，众多的个性就构成了多样性。另外，数学解题思路是多样的，一个问题往往有多种不同的解法，学生对各种途径的探求和选择，就是个性的表现。"自然数学"提倡概括共性，尊重个性。

3. 生成性

数学教学是生成的过程。一方面，学生情绪和心理需求会不断变化，教学中教师要关注这些变化，不能一味按照自己的想法进行。另一方面，教学互动会使预设之外的突发事件成为一种重要的教学活动。此外，解题方法对学生产生的影响会超出教师预料，学生对解题方法的理解、认识也会超出解法本身的价值。对这种不确定因素的把握和利用对教学效果至关重要。

（四）"自然数学"的类型

"自然数学"教育思想应用于例题教学中，分为迁移式、递进式、情景式三种类型。

1. 迁移式

教师引导学生探求解题思路并尽可能使用最普通的思路，让学生感到数学解题并不神秘，在思维方式上逐渐形成正向的迁移。应用迁移式可遵循以下步骤进行教学。

(1)在寻找解法时，突出定义、定理的直接运用。很多数学题都有最基本的解法，基本的解法有时更简单，更能揭示数学解题的规律。

(2)在分析解法时，时刻进行如下的评估：用到的方法是不是学生熟悉的；公式、定理的应用方式是不是常用的；解题的思路是不是符合多数人的思维习惯的；对其他类似问题的解决能不能提供思考方式上的帮助。

(3)当思维受阻时，在"向前走"的同时，更要尝试"往后退"。向前走，是指顺着已有的思路深入下去，或变换角度寻求新方法；往后退，是指沿着已有的思路一步步退向起始点，每退一步，都观察、思考是否忽略了与题目相关的最基本的知识。很多时候，思路受阻的原因是最简单的知识学生没有注意到。

(4)介绍新方法时，把重心放在展示方法的力量上，不纠缠方法得来的过程。经典的方法是人类智慧的结晶，有时很难探究其所以然，但方法一旦呈现，你会感到它的力量和价值，应用次数一多，自然会形成迁移，要相信知识的魅力和学生的接受能力。

2. 递进式

递进式是把已经掌握的典型方法、解题经验，作为解决新问题时思考的基础，把一道复杂问题分解成若干个已知的简单问题。运用递进式可遵循以下步骤设计教学。

(1)分析解法，找出节点，也就是本题中不好想到的难点，我们称节点为核心方法。

(2)核心方法在什么载体中出现过，学生感到最自然的是哪个，核心方法如果是新的，与之相近的方法是什么。把这些载体罗列出来，然后找出和本题有密切关系的载体。

(3)把要解决的题目分解成若干简单题，核心方法以学生容易接受的方式在其中出现。

(4)把分解后的题目按照由易到难的顺序排列。

3. 情境式

情境式是指教师课前不做任何准备，在课堂上把学生提出的疑难问题当作例题，现场讲解。现场直播的特点有两个：一是，思考时间少；二是，可能失败，俗称教师被挂在黑板上，但这种情况下学生反倒特别投入，思考的积极性非常高，这一刻价值也许更大。

以往例题讲解时也给学生分析如何思考，但是暴露给学生的思维过程不是"原生态"的，而是经过了加工。讲解的解题过程多是反思之后的产物，是不断改进之后近乎完美的方法，每一步都很自然，但所有步骤放在一起就未必那么自然了。这也是学生认为数学解题方法不好想的原因之一。

现场直播后发现，知道解法的思路分析和不知道解法的思路分析是完全不一样的。现场直播能够向学生展示教师最自然的思路，示范思维。例题教学中，教师不应只为已知的解法寻找合适的理由，还应为陌生的问题多展示寻求解法。

二、 "自然数学"的实践案例

基于上述对"自然数学"教育思想的论述，选取数学例题教学中"迁移式"类型为例，给出基于"自然数学"教育思想的教学实践案例。

例 已知数列 $\{a_n\}$ 和 $\{b_n\}$ 都是等差数列，其前 n 项和分别为 S_n，T_n，且对任意的 $n \in \mathbf{N}^*$，都有 $\dfrac{S_n}{T_n} = \dfrac{7n+2}{n+3}$，求 $\dfrac{a_5}{b_5}$ 的值。

解：由 $\dfrac{S_n}{T_n} = \dfrac{7n+2}{n+3}$，得 $\dfrac{S_n}{T_n} = \dfrac{na_1 + \dfrac{n(n-1)d_1}{2}}{nb_1 + \dfrac{n(n-1)d_2}{2}}$，

分子分母约去 n，得 $\dfrac{a_1 + \dfrac{n-1}{2}d_1}{b_1 + \dfrac{n-1}{2}d_2} = \dfrac{7n+2}{n+3}$，①

又 $\dfrac{a_5}{b_5} = \dfrac{a_1 + 4d_1}{b_1 + 4d_2}$，②

令①中的 $\dfrac{n-1}{2}$ 等于②中的 4，即 $\dfrac{n-1}{2}=4$，$n=9$，得 $\dfrac{a_5}{b_5}=\dfrac{S_9}{T_9}=\dfrac{65}{12}$。

解读：

（1）已知条件中只涉及等差数列的前 n 项和，那么用等差数列的前 n 项和公式 $S_n=na_1+\dfrac{n(n-1)}{2}d$ 把条件转化，转化为①式后，因其中的变量太多，即使整理也不会有什么实质性的进展，只好就此而止。

再看结论部分的 $\dfrac{a_5}{b_5}$，用等差数列的通项公式转化基本量的关系，便得到②，问题转化为在①的条件下求②的值，注意①式的左边和②式的右边，稍加观察就会发现，只需 $\dfrac{n-1}{2}=4$ 即可。

用公式将已知条件和结论转化为 a_1 和 d 后，虽一时得不到答案，但只需对得到的表达式进行观察便可找到解法，这也是一种思考方式。

（2）用基本公式转化后，已知条件从一种形式变成了另一种形式，如果没有明显的求解思路，那么根据变化后的形式，通过观察、联想，发现其中的规律，然后再化为熟悉的问题。

（3）有一种流行的解法：由于 $\{a_n\}$ 和 $\{b_n\}$ 是等差数列，根据等差数列的性质，可得：

$$\dfrac{a_5}{b_5}=\dfrac{2a_5}{2b_5}=\dfrac{a_5+a_5}{b_5+b_5}=\dfrac{a_1+a_9}{b_1+b_9}=\dfrac{\dfrac{9(a_1+a_9)}{2}}{\dfrac{9(b_1+b_9)}{2}}=\dfrac{S_9}{T_9},$$

而 $\dfrac{S_9}{T_9}=\dfrac{7\times9+2}{9+3}=\dfrac{65}{12}$，于是 $\dfrac{a_5}{b_5}=\dfrac{65}{12}$。

这种解法简捷巧妙，一气呵成，这是目前较为流行的一种解法。问题是，当读完已知条件后，怎么就能想到把 $\dfrac{a_5}{b_5}$ 写成 $\dfrac{2a_5}{2b_5}$ 呢？虽然等差数列的性质"若 $m+n=p+q$，则 $a_m+a_n=a_p+a_q$"可以作为解释的理由，但如何就想到用这个性质呢？从思维的角度看，这种解法有一定的跳跃性。

第二节　于川"人课合一"教育实践

一、"人课合一"教育思想

数学课堂应该是一个和谐的、舒适的、自然的课堂，数学教学要注重以学生为本，注重学生的发展，注重学与练、学与思、学与做的统筹兼顾，实现教师与学生、教师与教材、学生与教材的和谐统一。[①]

（一）"人课合一"教育思想概述[②]

数学教学中的"人课合一"，就是在数学教学中人与人、人与课之间形成一种自然的、和谐的关系，使数学学习一切源于自然、回归自然，"人"指的是教师与学生，"课"指的是课堂与课本。"人课合一"使知识的产生来得自然，使学生构建的知识体系来得自然，使知识的获取来得自然，促成知识的应用来得自然。从而促进教学目标、教学任务的顺利完成，使学生在学习过程中获得终身可持续发展的基本知识、基本技能、数学思想方法、科学的探究态度以及解决实际问题的创新能力。具体来讲，"人课合一"需实现以下几种关系的和谐统一。

1. 教师与学生自然融洽的关系

教师与学生的融洽关系体现在"因材施教"，不愤不启，不悱不发。教师不要强加于人，要善于进行启发式教学，善于创设问题情境，通过引导能够调动学生，使内因产生作用才能实现教育的功能。以学生为本，将学生看成是成长中的有独立人格的人，改进教学策略，探索教学

---

① 王光明，刘金英，马晓丹，等：《基于"学思知行"有机结合的数学教师评价指标》，载《数学教育学报》，2014(3)。
② 于川：《论数学教学的"人课合一"》，载《天津市教科院学报》，2010(4)。

模式，建立民主的师生关系，使学生感受到自由、宽松、愉快，学生才能自主地思考、自主地探索，才有可能创新。

2. 教师与教材的合一

遵循数学课程标准和教材是遵循学科教学规律的体现。对待教材要做到横看教材、纵看教材、瞻前顾后、把握总体。教师只有对教材有了准确的理解和把握才能提高教学效率，要认真地钻研教材，不断思考和研究教材设计的意义，章节之间的联系，如何将数学的学术形态转化为学生易于接受的教育形态。

遵循学生的认知规律，教师就要落实数学教学的自然性，自然地使学生的学习从已知过渡到未知，从旧知过渡到新知。数学问题的提出与解决是数学知识逻辑发展所自然产生的，那么就要自然地设计问题情境，自然地进入新的数学学习活动中，自然地思考与探索。数学教师的教学语言要精炼，有的放矢，引导学生全身心投入学习。教师要把复杂的问题简单化，用简单的话语表明深刻的道理。

3. 学生与教材的合一

学生通过学习最终留下的不仅仅是数学知识，更多的是知识以外的东西，即学生获得的终身可持续的基本知识、基本技能、数学思想方法、科学的探究态度以及解决实际问题的创新能力，从而提升学生的数学素质，所以教师要教给学生学习的方法。通过引领使学生学会利用教材进行学习，在学习中能抓住重点与难点，独立地思考问题，找出解决问题的办法。教师要指导学生在教材的学习中实现与教材的合一。教学的终极目标是培养学生的自学能力，学生要学会自学，其实就是学生要与教材合一。

4. 教师、学生与课堂的合一

一堂好课经常使教师与学生觉得时间过得快，这是因为课堂上实现了学生、教师与教学内容的合一，学生的学习投入进去了。课堂上教师与学生平等对话，学生积极主动提出自己的见解，教师启发、引导、释疑，学生间的合作学习、共同探究，并可将这种学习方式延伸到课堂以外(如研究性学习等)。① 它是基于构建和谐的课堂气氛、构建和谐的教学内容、培养具有创造能力的学生、发展数学的应用意识这种理念下的产物，这样的课堂一定是高效课堂，这样的教学一定是有效教学，这也是和谐的师生关系、教师与教材合一、学生与教材合一与教师课堂教学艺术完美结合的体现。

5. 数学与生活的合一

数学来源于生活，并最终应用于生活。数学与生活的合一，不仅有利于学生理解问题情境中的数学问题，而且有利于学生体验到生活中的数学是无处不在的，获得积极的情感体验，感受数学的力量，同时掌握必要的基础知识和基础技能，这对数学素质的提高起着巨大作用。

（二）基于"人课合一"的四环节教学模式

遵循教育规律实现"人课合一"就要处理好教师、学生、教材三者之间的关系，实现三者关系的和谐统一。为此，经过多年探索、总结、提升，得到了"联想导入—发现探究—归纳概括—应用提升"四环节教学模式，它是数学课堂教学中实现教师、学生、教材和谐统一关系的具体方法与手段。

1. 四环节教学模式的内容

"联想导入—发现探究—归纳概括—应用提升"四环节教学模式的实质是尽一切可能最大限度地调动学生的主动参与，因此在四个环节中学生的主体地位得到充分的彰显。其中，以下对"联想导入"和"归纳概括"进行具体介绍。

（1）联想导入。

在导入教学内容时采用联想的方法，表现在以下两个方面。

知识体系上的联想："人课合一"思想强调，使学生构建知识体系来

---

① 王光明，佘文娟，宋金锦：《基于 NVivo10 质性分析的高效数学学习心理结构模型》，载《心理与行为研究》，2014(1)。

得自然。通过教师引导学生先前知识顺序、学习过程的回忆，使其自然联想到下一步应进行的知识探究，学生感到即将学习的新知识顺理成章，知识的引入来得自然。学生便于进行知识梳理，在学习的同时自然生成知识网络，使新知识的学习没有疏远感。

知识内容上的联想："人课合一"思想强调，使知识的产生来得自然。将新知识与实际生活紧密结合，或将旧知识与新知识相联系，新知识就更容易进入记忆并且易于保存。通过呈现即将研究的内容，学生充分展开联想，对结论的所有可能性做出假设，不排除离奇甚至荒诞的结论，也许创造的灵感在此萌发。

"人课合一"思想强调，使知识的获取来得自然。有意义的发现与探究是建立在以数学思想方法为指导的基础上的发现与探究，而不是完全异想天开式的自由联想。因此，发现的过程是学生提升数学素养的过程，运用数学思想方法进行推理论证，使先前的假说一个个得到证实或否定，从而找到解决数学问题的捷径，使思维逐步接近于数学问题的解决方式。这个过程不是教师强加于学生，而是学生通过发现与探究收获的理解与领悟。

（2）归纳概括。

归纳概括的意义在于抓住本质，切中要害。在大量的结论与纷繁的发现面前，抓住主线把握实质使数学素质进一步提升。数学之所以区别于其他学科，不仅在于它的思维缜密、逻辑性强，还在于它畅游于自然语言、数学语言、数学符号、数学图形之间的相互转化。由此及彼、由表及里、去粗取精、去伪存真、抓住本质、归纳精致，最终将发现探究的结论概括、演绎、归纳，这一过程体现出学生数学素养的高低。因此，培养学生的归纳概括能力是数学教学的重要任务。

"人课合一"思想强调，促成知识的应用来得自然。提升体现在对知识的进一步理解、知识体系的进一步构建与知识的实际应用上。提升是否实现体现在学生能否将基本知识、基本技能、数学思想方法通过科学的探究转化为解决数学问题与实际问题的创新能力。

2. 四环节教学模式流程图

四环节教学模式流程图(图 6-1)。

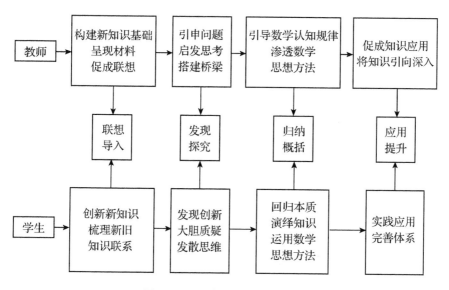

图 6-1　四环节教学模式流程图

需要指出的是，"联想导入—发现探究—归纳概括—应用提升"四环节教学模式在"人课合一"思想的指导下，针对不同的数学课型特点有不同的呈现方式，因此不同的课型使得在四环节中侧重点不同。在新授课中发现探究与归纳概括很关键，在习题课中联想导入与应用提升尤为重要，在复习课中联想导入与归纳概括就更为突出。

二、　"人课合一"的实践案例

基于"人课合一"的四环节教学模式可以用于不同课型，如概念课、复习课、习题课等。现以四环节教学模式在概念课中的运用为例，给出"人课合一"教育思想的实践案例。

(一)四环节教学模式在概念课中的运用——"椭圆及其标准方程"第一课时教学

1. 内容介绍

椭圆这一概念是对客观事物的空间形式和数量关系直接反应的产物，因此，椭圆的定义是一个发生性定义。椭圆及其定义的形成过程是认识椭圆的本质属性、挖掘椭圆的几何特征和建立椭圆方程的基石。

椭圆方程的建立是在学习"曲线与方程"之后，运用解析几何基本思想，把曲线与方程联系起来的第一个具体的曲线方程，因此，椭圆方程的建立是理解与进一步掌握解析几何基本思想、学习用代数的方法解决几何问题的一个新起点。椭圆及其标准方程是在必修 II "圆的方程"的基础上学习的，圆与椭圆以及双曲线、抛物线都是二次曲线，是一个平面从不同角度截圆锥面所形成的不同曲线，它们对应的方程都是二元二次方程 $Ax^2 + Bxy + Cy^2 + Dx + Ey + F = 0$，当系数满足不同条件时有不同结果。因此椭圆的地位恰好承上启下，学好椭圆及其标准方程对于理解已经学习的圆的方程以及进一步学习双曲线和抛物线及其方程都有很大帮助。

2. "联想导入—发现探究—归纳概括—应用提升"四环节教学模式在"椭圆的概念"教学中的运用

(1)联想导入。

教师要呈现材料，促成学生联想。通过多媒体演示一个平面从不同角度截圆锥面所得的曲线，引发学生思考分别得到的是什么曲线？哪一个是椭圆？

学生要找到椭圆，结合生活体验，列举大量实例(其中哪些是椭圆，哪些不是)。

大量实例的联想丰富了学生对于椭圆的直观感受，为新知识的学习做好准备。此时教师进一步激发学生求知欲：怎样证明你举的例子的确是椭圆？学生自然会联想用椭圆定义证明实例，因此寻找实例图形的共同特点，探求椭圆定义便顺理成章，这样对新知识的探求自然产生。

(2)探究发现。

教师要呈现材料，搭建学生发现与探究的平台。呈现材料的要点围绕"椭圆是怎样产生的?"下面是椭圆曲线形成的两个实验，在实验前，教师强调仔细观察实验，力争透过现象发现本质。

实验一：利用课本上椭圆的生成实验，取一条定长的细绳，把它的两端都固定在图版的同一处，套上铅笔，拉紧绳子，移动笔尖，这时笔尖(动点)画出的轨迹是一个圆。如果把细绳的两端拉开一段距离，分别固定在图版的两点处，套上铅笔，拉紧绳子，移动笔尖，画出的轨迹是一个椭圆。

实验二：利用几何画板采用同心圆交点轨迹方式引导学生认识椭圆。画面中呈现 F_1 与 F_2 两个定点，且 $|MF_1|=r$，$|MF_2|=10-r$，$|F_1F_2|=6$，实验分为以下几步：① 以 F_1 为圆心，3 为半径画圆，再以 F_2 为圆心，7 为半径画圆，两圆相交，得到两个交点；②留住两个交点，擦去第一组圆；③以 F_1 为圆心，4 为半径画圆，再以 F_2 为圆心，6 为半径画圆，两圆相交，得到两个交点；④ 留住两个交点，擦去第二组圆；⑤ (教师边演示边解释)以同样方法得到一系列交点；⑥ 将交点用光滑曲线连接起来，得到椭圆。

学生要通过仔细观察实验，学生得到不同的收获。有的将实验现象进行了描述，说明椭圆上的点是如何得到的；有的运用平面几何知识，挖掘了椭圆上点的特征；有的将两个实验对比，找到椭圆上点的共同性质。大家共同探讨，思维碰撞，不断否定或坚定自己的观点。而在发现的过程中，数学中数形结合的思想方法被自然运用进来。

(3)归纳概括。

教师要面对各种发现，此时教师的监控要发挥作用，通过引导学生把演示实验抽象为数学概念，实现自然语言与数学语言的转化，使学生抓住椭圆的本质属性，从而归纳出定义。对于实验二可以进行几个提示：交点 M 是怎样形成的? 它具有怎样的数学性质? 能否用数字特征来描述点 M 的轨迹特点? 通过几个有梯度的问题，使得学生的深入探究有了方向，离预设的目标越来越近。

学生在类比中发现不同结论，找到最能体现出椭圆上点的特征的精华答案，去粗取精、去伪存真，抓住本质，归纳椭圆定义，实现自然语言、数学语言、数学符号、数学图形之间的相互转化。在归纳中进一步体会到数形结合思想的重要作用，领悟到数学学科探究问题经常采用的方法，提高数学素质。

在数学概念教学中，提升的第一步表现在精致概念。由于学生生成的知识在意识中还只是一个初步印象，教师应善于抓住问题，善于引导，使学生自身不断完善知识。学生归纳的椭圆概念是："到两个定点距离之和等于定长的点的轨迹称为椭圆。"这时教师重新演示实验，并以 F_1 为圆心，3 为半径画圆，再以 F_2 为圆心，3 为半径画圆，学生立刻发现两圆相切，交点仅有一个；再以 F_1 为圆心，3 为半径画圆，以 F_2 为圆心，2 为半径画圆，发现两圆不再有公共点。

学生会发现先前的定义存在不严谨之处，很快加上"定长要大于两定点间距离"的条件，此时教师请同学继续回忆"圆的概念与球的概念的区别"，学生们又立刻加上了"平面内"的条件，至此一个椭圆的概念才彻底生成。

教师通过提供一系列的正例或反例，激起了学生的好奇心，使学生不断完善所生成的知识，达到精致知识的目的。

(4)应用提升。

在椭圆概念的教学检验中，可以通过正例与反例，使学生运用椭圆特征分离出正例之所以成为正例，反例之所以成为反例的特征，特征分离时强调，尽管例子千变万化，但它们的特征都属于椭圆的范畴。同时，还应检验学生是否具备了通过自己的例子正确使用椭圆概念的能力。例如，运用一个折纸游戏对知识加以检验。

请学生将统一发放的圆形纸片拿出来，并按如下步骤进行操作(图 6-2)。

①教师带领学生试验：将圆心记作点 F_1，然后在圆内任取一定点 F_2，在圆周上任取一个点 N_1。

②折叠圆形纸片，使点 N_1 与点 F_2 重合，将折痕与半径 F_1N_1 的交点记作 M_1。

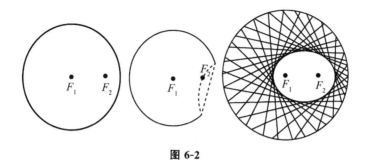

图 6-2

③教师引导：在折纸时，要一边折，一边研究思考，你得到的 M_1 点有什么特点？大家不妨连接 M_1F_2，N_1F_2 进行思考(图 6-3)。

（学生两人一组折纸，并研究教师提出的问题，教师找同学回答问题）

学生会得到 $M_1F_1 + M_1F_2 = r$（圆纸片的半径），表明 M_1 在以 F_1，F_2 为焦点的椭圆上。

教师再在纸片圆周上另找 9 个点，折出相应的点 M_2 至 M_9，观察是否在同一椭圆上，并给出理由。

（学生活动：再次折叠圆形纸片，使点 N_2 与点 F_2 重合，将折痕与半径 F_1N_2 的交点记作 M_2；依此类推，最后折叠圆形纸片，使点 N_{10}

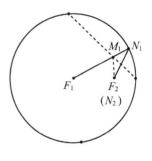

图 6-3

与点 F_2 重合，将折痕与半径 F_1N_{10} 的交点记作 M_{10}，用平滑曲线顺次连接点 M_1，M_2，M_3，$\cdots$，M_{10} 观察结果）。

3. "联想导入—发现探究—归纳概括—应用提升"四环节教学模式在概念教学中的反思

对于概念教学，很多教师的做法是直接灌输，一个概念教学甚至不用花上 5 分便完成任务。而"联想导入—发现探究—归纳概括—应用提升"四环节教学模式在概念教学上不惜笔墨，这取决于该教学法建立的思想基础——"人课合一"。"人课合一"更重视在教学目标和教学任务顺利完成的同时，使学生在学习过程中获得终身可持续发展的基本知识、基本技能、数学思想方法、科学的探究态度以及解决实际问题的创新能力。

第三节　王新兵"GH 数学教学方式"实践

一、　"GH 数学教学方式"教育思想

GH 是"高效"和"和谐"汉语拼音两个词的开头字母，代表高效和谐的数学教育方式。

21 世纪以来，我国提出贯彻落实科学发展观，建立资源节约型、环境友好型社会，建设社会主义和谐社会的战略目标。这样，数学教育就应当围绕这一目标来培养人、教育人。就数学的本质来看，它是和谐的(公理系统的无矛盾性、相容性)，又特别关注效率问题(极值问题，最优化研究等)。[①] 教育呢? 中华文化精华之一是和合思想(和谐合作，有同有异，求同存异，取长补短，恰当适中，多样统一)。因此，在数学教育中落实科学发展观，又是自然而然的事，以高效、和谐命名，就反映了这个意思。

"GH 数学教学方式"即高效和谐的数学教学方式，其主导思想是教师在数学教学的全过程中，要贯彻落实科学发展观，充分发挥数学的素质教育功能，遵循四项基本原则，瞄准四项具体目标，恰当地操作八个变量，促进学生全面和谐发展，具体如下。

第一，数学教学全过程，着重考虑如下八个环节：教学班结构优化、学生"GH 学法"培训、备课(教学设计)、上课(课堂教学实施)、辅导、作业设置及处理、学习评价、课外活动指导。

第二，贯彻落实科学发展观：在教学过程中，要按照客观规律和科学原则办事，在正确观念指导下进行，这里主要指正确的数学观、教育观、人才观、效率观和事物发展的和谐观。

---

① 王光明：《数学教学效率研究》，博士学位论文，南京师范大学，2005。

第三，数学的素质教育功能：广义来说，数学本身是一种文化，具有文化教育功能；狭义来说，可分为科学技术教育功能，文化修养培育功能和身心发展促进功能三个方面。

第四，四项基本原则：以人为本为原则；教学、学习、研究(发现)同步协调的原则；既教猜想，又教证明的原则；知识、能力、思想、情感教育相结合的原则。

第五，四项具体目标：总目标是促进学生全面和谐发展，加以分解(图 6-4)。

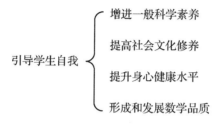

增进一般科学素养

提高社会文化修养

引导学生自我

提升身心健康水平

形成和发展数学品质

图 6-4 教学目标

第六，八个变量即教学举措：数学返璞归真教育，数学美与数学情感教育，数学史志教育，问题意识与思维批判性教育，科学思维方式教育，合情、演绎与辨证推理教学，数学语言教学，一般解题方法教学。

二、"GH 数学教学方式"的实践案例

按照"GH 数学教学方式"的要求，教师在实施课堂教学后要认真反思，不断加以改进，提高运用水平，逐步形成学习—实践—反思的良性循环。现给出"GH 数学教学方式"的教学实践案例。

课堂教学的实施即上课，就是依据"GH 数学教学方式"的理论和操作系统，按照教学设计，师生共同参与的一个教学过程。

(一)三个环节：课堂导入、课堂讨论和归纳小结

课堂导入：按照课堂设计和临场情况，简单自然地引导学生进入学习情境，尽量用"尝试性问题"导入，在出示问题后，留出足够的时间，

让学生弄清题意，回顾已知和拟定解答方案，当然可提出多种方案并采用适当的方式，尝试求解，直到大家认为已有的方法解不了或解不好时，则引导他们设想，当学生处于期盼状态时，可出示课题，于是进入课堂讨论阶段。

课堂讨论：根据实际情况，决定是否给个人或小组一定的准备时间，然后开展全班讨论，可以一个或几个主要发言(可在黑板或投影仪上展示)，大家质疑或讨论，这时教师可参与讨论，但主要是主持和导向。根据主要内容完成情况和教学时间(5～8分)，决定适时进入第三阶段。

归纳小结：根据情况，由学生或教师对讨论的内容从结论、方法、思想、遗留问题诸方面，做出小结。

下面作几点说明。

第一，课堂讨论式的教学只是一种形式，提倡它，一是由于它对绝大部分的课堂、内容是适用的，而且它符合"合作学习"的精神，二是它比较好地贯彻了以"学生为主体、教师为主导"的"二主"方针。[1] 但是，它并不是所有的课堂、内容都适用，而且对于实验教师的学生来说，运用这种全新的教学形式，需要一个过渡阶段，需要一个调整时期，需要许多创造性的工作。然而无论如何，从"GH 数学教学方式"的本质看，不管用什么形式，都要把学生作为学习的主体，教师起引导、指导、辅助的作用。都要贯彻"教学、学习、研究同步协调"的原则，都要实施创造性的、研究性的、合作式的学习。那么在教学中，就不但要十分尊重，而且要有意识地培养、激发学生的主体意识。

第二，"GH 课堂"特别是实施讨论式教学的课堂，将呈现出一种混沌行为，在我们的教学中就必须进行混沌控制。这提示我们，对教学中出现的种种看似无规的事件或现象(有些学生不喜欢数学，有些数学差生的形成，个别尖子生的出现等)，应致力于探索它背后的原因，因而课堂讨论的教学形式，也应致力于探究它的规律。相信它展示的肯定是一系列的新的规律，并寻找相应的普适模式，这实际上是对"蝴蝶效应"的一种应

---

[1]　王光明：《现代课堂教学中的师生交流》，载《教育教学论坛》，2012(26)。

用。传统的数学教育看重秩序，各个教学环节井然有序，甚至每个环节用几分钟都有规定，在"满堂灌"被普遍崇尚的年代，我们确实欣赏过这样的"好课"，然而认知不买账，哪怕是一个人的学习、思考、认识，往往都呈现为一种非常复杂的过程，几十个主体参与的课堂教学，更是呈现为混沌现象，通过初步的尝试，人们开始认识到混沌给教学带来的独特的好处，混沌更容易对外部刺激做出快速反应。郎平指导她的排球运动员、崔永元主持"实话实说"，实质上都是混沌控制，教师主导"GH 课堂"的学习、讨论，则不仅是混沌控制，而且要充分发扬指导艺术。

第三，"GH 数学教学方式"下的教学模式突显数学语言的教学，它有其"确切""严谨"的特征，应注重理解、推导、构造，要狠抓基本功的训练，突显数学的文化价值和艺术性。作为数学语言，其文字、符号、图形三种语言方式，对互译有重要意义，因为三种语言各有优势和局限性，有的需要互译，取长补短，但要注意"译的方向"，教师练习规范的徒手绘图，写一手好字，对于教学意义重大，对于数学中的命题进行必要的语法分析，有助于理解。

第四，特别应当指出的一点，就是"以人为本"的原则，要求我们在课堂教学中，要适时地，不露声色地进行理想教育、做人教育，这是不能含糊的。

（二）两个辅助教育环节

一是辅导。辅导是教学的一个重要环节，主要用来解答个别或部分学生学习中的疑难，或解题中的困惑，教师也可用来了解学生，诊治他们的"学习病"（学习方法、习惯、思维中的不当之处以及不正常的非智力因素），同时指点正确的学习方法、态度、激发学习兴趣、信心和决心。"GH 数学教学方式"作为数学教学的全程改革，必须考虑这个环节。现在采用的是"班级授课制"，其优点是它构成了一个小小的数学学习共同体，有利于互相帮助，合作交流，共同提高和发展，但数学学习、思维、创造发明，毕竟是在个人的头脑中进行的，十个手指头不一般齐，同学间有差异，不可能有适合所有人的"通用"教学法，因此，需用"个别教育"加以补充，而辅导是一种好形式，是必要的教学辅助环节，辅导也可在课内进行，但只能是简短的指点，主要还是在自习、休息时间进行。对辅导这个教学环节，有一些误解导致不恰当的举措，例如，在上"自习"的时候，教师不是巡回进行个别指点和辅导，而是又上台大讲特讲，把辅导理解为"补课"，局限于重讲教学内容，而放弃思维方式、学习方法的指点，以为辅导就是解答难题，学生也只是"问题目怎样做？"而不是问"问题"。有的学生问题缺乏内容和针对性，认为只有教师可以辅导。归纳起来，辅导环节的任务有如下几点：解疑释难；诊治学习病；激励性评价和心理辅导；了解学生，也让学生了解自己，师生情感互动；听取学生的意见和建议；开阔学生视野；向学生学习、取经，这也是"辅导"的主要内容。辅导有多种形式，主要的是教师辅导，采取师生对话式，可以是一对一或一对几，也可以是生生互相辅导，讨论式，教师对"小先生"进行必要的培训。在辅导中应着力贯彻高效和谐的数学教育方式，就题答题，不是有效的辅导。

二是作业的设置和处理。作业又是一个重要的辅助教学环节，[①] 关于作业的形式，"GH数学教学方式"认为，它可以有多种形式，而不同的形式可以达到不同的目的。除"解题"之外，还有出题、判题、选题、制模、绘制数学图形、阅读、研究、上网查询、撰写小论文等，然而"解题"确实是作业的基本形式。"作业的设置"在"GH数学教学方式"的要求下，倡导师生(学生为主、教师指导)共同设置作业，而且可选择多种形式(勿忘以解题为主)，多种途径，从而变成一种自主的学习形式。关于作业的处理，"GH数学教学方式"将传统的基本模式"学生交—老师判"转变为"面批面改"，强化"作业自处理"，使"做题"这个数学学习中不可或缺的核心环节，完全成为学生自觉的、自主的行动，学生如按波利亚"怎样解题表"办事，那么"解题"将是"一本万利"的事。一是学生完全自主，二是按科学规律办事，从而完全摆脱"作业"形式的困扰，这是改革的最高境界，当然这需要一个漫长的过程。

---

① 王光明：《数学作业方式的变革》，载《教育理论与实践》，2008(23)。

（三）学习评价

学习评价是数学教学的重要环节和手段，[①] 一般有口头评价和考试书面评价，定性评价与定量(分数)评价，自我评价和他人评价，形成性评价和终结性评价。

"GH 数学教学方式"学习评价贯彻以人为本和情感教育的原则和目标，以口头、定性、自我和形成性评价为主，"好孩子是夸出来的"，因此"GH 数学教学方式"采用正面的激励性评价，即使指出缺点错误，也是采用分析的、恨铁不成钢的态度，化批评口吻为希望口吻，晓之以理，动之以情。事实表明：激励性的正面评价，会使课堂洋溢浓郁热烈的学术气氛；批判性评价会使课堂冷冷清清，熄灭学生学习的欲望和思维的火花。前者会增进师生之情，同学间的情谊，后者则疏远师生关系，加大同学间的隔阂，教学效果是可想而知的。由于一次激励性评价而使学生转变学习态度，从而提高成绩，受惠终身的事我们耳闻目睹过，由一次斥责致使学生心灰意冷，从而一蹶不振之事，也时有所闻，值得我们深刻反思。

"GH 数学教学方式"下的教学主张将"阅完的试卷"交给学生，请他们自检自评，不仅评对错，评分之得失，而且评方法，评态度，同时以寻优为主，以析失误、论改进为辅。在学生自评的基础上，老师作出恰当的、正面热情的评价，对有希望的思路方法加以拓展，对好题加以启发，对失误加以分析，对反映的学习态度问题，加以提示。对于学困生，则提倡他们"考后 100 分"。学习评价是个十分敏感，对教与学以及学生的身心发展都有着十分重要的意义。

---

① 王光明：《课堂教学中的数学教师评价》，载《洛阳大学学报》，1996(4)。

第七章

福建实验教师（校）的
实践探索

福建实验区参与了全国教育科学"十五"规划教育部重点青年专项"数学教学效率论"的实践研究，参加了全国教育科学"十一五"规划重点课题"基础教育高效教学行为研究"的实验研究，以及"十二五"期间教育部人文社科项目"高中生高效学习的心理特征研究"。在"十一五"期间成立了子课题"信息技术与数学课堂教学有效整合"研究组。福建实验区根据以往信息技术应用于数学教学中的各种教学模式的研究，经过实践的验证与修改完善，围绕研究性学习、教师专业发展和图形计算器的应用，建构了"信息技术与数学课堂教学有效整合"的高效课堂教学模式。

第一节　江嘉秋教育实践

江嘉秋作为"十一五"规划重点课题"基础教育高效教学行为研究"福建实验区子课题"网络环境下数学课堂高效教学研究"的副组长，将子课题细分成若干个研究方向，在全省范围内进行实践研究和推广，组织了福建教育学院、福建省邵武第一中学、福州第三中学、南平市普通教育教学研究室，蒲城县第一中学、光泽第一中学、建瓯市第一中学、福建省邵武第四中学、建瓯市第二中学、武夷山第一中学、南平市高级中学、松溪第一中学、顺昌第一中学、建阳第一中学等单位，成立了围绕子课题研究的 78 个实践研究小组，顺利结项的有 49 个。他还充分利用作为福州教育学院数学教研员和福建省初等数学研究会秘书长的身份，与子课题研究组长杨学枝特级教师一起，组织和联系了福建省九个地市教研员分管各地研究工作的开展，有效地保证了实践研究落实、落细，切实做到教育理论与一线教育实践的无缝对接。研究性学习是他组织开展的、有效提高数学课堂教学效率的实践研究之一。

一、　研究性学习概念

研究性学习，指的是学生在教师的指导下，通过自主开展尝试学习、合作学习等方式，能动地开展认知活动，并在过程中发现问题、探究问题、自主地研究解决问题，实现其在"最近发展区"的自主发展、充分发展。研究性学习的核心是主动、探究。在研究性教和学中，教师研究性的教是关键，因为，没有教师研究性的教，学生研究性的学必然缺少指导和引领，这样是很难开展并深入的。因此，在研究性学习活动中，教师要精心设计，适时出现，及时调控指导，这样才能提高讨论研究的质量。

二、 研究性学习的案例研究[①]

《普通高中课程标准实验教科书·数学(选修 4-5)》(人教 A 版)"不等式选讲"第 41 页习题 3.2 第 6 题：

设 x_1，x_2，$\cdots$，$x_n \in \mathbf{R}_+$，且 $x_1 + x_2 + \cdots + x_n = 1$，求证：$\dfrac{x_1^2}{1+x_1} +$

$\dfrac{x_2^2}{1+x_2} + \cdots + \dfrac{x_n^2}{1+x_n} \geqslant \dfrac{1}{n+1}$。

本题出现在教材柯西不等式的课后习题，教材中安排这一道习题，笔者认为有两个目的：一是让学生学会用柯西不等式证明不等式，二是要求学生在证明过程中，探究和发现新的结论，体验科学的研究方法。

教师在讲授完柯西不等式这一课后，将该题布置给学生当作家庭作业，第二天在批改作业时，发现有 86％的学生没有证出此题(所教班级是省一级达标的理科班，学生素质较高)。经了解得知，大部分同学知道证明本题要用柯西不等式，但不知如何将不等式左边化为柯西不等式(左边)的形式，针对这一情况我决定调整一个课时，对本题进行研究性学习。

(一)证题

因为 x_1，x_2，$\cdots$，$x_n \in \mathbf{R}_+$，且 $x_1 + x_2 + \cdots + x_n = 1$，所以由柯西不等式得：

---

① 郭胜光：《一道课本习题的研究性学习》，载《中国数学教育》，2012(5)。

$$\left[(\sqrt{1+x_1})^2+(\sqrt{1+x_2})^2+\cdots+(\sqrt{1+x_n})^2\right]\left[\left(\frac{x_1}{\sqrt{1+x_1}}\right)^2+\right.$$

$$\left.\left(\frac{x_2}{\sqrt{1+x_2}}\right)^2+\cdots+\left(\frac{x_n}{\sqrt{1+x_m}}\right)^2\right]\geqslant\left(\sqrt{1+x_1}\,\frac{x_1}{\sqrt{1+x_1}}+\sqrt{1+x_2}\,\frac{x_2}{\sqrt{1+x_2}}\right.$$

$$\left.+\cdots+\sqrt{1+x_n}\,\frac{x_n}{\sqrt{1+x_n}}\right)^2=(x_1+x_2+\cdots+x_n)^2=1,$$

所以 $\dfrac{x_1^2}{1+x_1}+\dfrac{x_2^2}{1+x_2}+\cdots+\dfrac{x_n^2}{1+x_n}\geqslant\dfrac{1}{n+1}$。

此题证明刚讲完，学生 A 举手，站起来说："老师，这一题我听懂了，但换一题我还是不知道如何构造柯西不等式的形式。"话音刚落下，学生 B 也站起来说："老师，我和 A 同学也有同感，你能不能根据这一类不等式的特点，归纳总结出又好用又好记的公式或方法来证明这一类题目，您平时教学中不是都要求我们要多总结多归纳，以例代类，反对题海战术吗？"

学生 B 的发言刚结束，班级沸腾了，几十双眼睛盯着我，期待我给他们找到所谓的"又好用又好记"的方法或公式。我想此时学生的求知欲正旺，是引导学生进行研究性学习的最佳时机，于是顺势引导学生对刚才的证法进行探究。

（二）探究

教师：同学们认真观察我们刚才证题过程中的一步，

$$\frac{x_1^2}{1+x_1}+\frac{x_2^2}{1+x_2}+\cdots+\frac{x_n^2}{1+x_n}\geqslant\frac{(x_1+x_2+\cdots+x_n)^2}{1+x_1+1+x_2+\cdots+1+x_n},$$

若把 $1+x_i$ 看成 $y_i(i=1, 2, \cdots, n)$，可以得到什么结论？

学生 C：可以得到结论，若 $x_i\in\mathbf{R}_+$，$y_i\in\mathbf{R}_+(i=1, 2, \cdots, n)$，则

$$\frac{x_1^2}{y_1}+\frac{x_2^2}{y_2}+\cdots+\frac{x_n^2}{y_n}\geqslant\frac{(x_1+x_2+\cdots+x_n)^2}{y_1+y_2+\cdots+y_n}。$$

学生 D：C 同学得到的结论不够严谨，因为在前面证题过程中用到 $\sqrt{1+x_i}(i=1, 2, \cdots, n)$，所以 $y_i>0(i=1, 2, \cdots, n)$。另外由于不等式中有等号，必须考虑等号成立的条件，我认为正确的结论是，设 $x_i\in\mathbf{R}$，

$y_i \in \mathbf{R}_+ (i=1, 2, \cdots, n)$，则 $\dfrac{x_1^2}{y_1} + \dfrac{x_2^2}{y_2} + \cdots + \dfrac{x_n^2}{y_n} \geqslant \dfrac{(x_1+x_2+\cdots+x_n)^2}{y_1+y_2+\cdots+y_n}$，当且仅当 $\dfrac{x_1}{y_1} = \dfrac{x_2}{y_2} = \cdots = \dfrac{x_n}{y_n}$ 时，等号成立。

教师：两位同学都总结得很好，尤其是 D 同学思维很严谨，考虑问题比较全面，大家都知道数学具有高度的严谨性，凭直觉（合情推理）得出的结论必须经过严格的推理证明，才能作为定理使用，下面我们一起来证明结论。

证明：令 $a_i = \dfrac{x_i}{\sqrt{y_i}}$，$b_i = \sqrt{y_i}(i=1, 2, \cdots, n)$，由柯西不等式得，

$$\left(\dfrac{x_1^2}{y_1} + \dfrac{x_2^2}{y_2} + \cdots + \dfrac{x_n^2}{y_n}\right)(y_1+y_2+\cdots+y_n) \geqslant (x_1+x_2+\cdots+x_n)^2$$

$$\Rightarrow \dfrac{x_1^2}{y_1} + \dfrac{x_2^2}{y_2} + \cdots + \dfrac{x_n^2}{y_n} \geqslant \dfrac{(x_1+x_2+\cdots+x_n)^2}{y_1+y_2+\cdots+y_n},$$

当且仅当 $\dfrac{x_1}{y_1} = \dfrac{x_2}{y_2} = \cdots = \dfrac{x_n}{y_n}$ 时，等号成立。这个结论叫作柯西不等式的推广形式。

（三）应用

柯西不等式的推广形式在处理某些不等式证明、求最值、求值等题型中发挥重要作用，请看下面几例。

1. 证不等式

例 1 设 $a, b, c \in \mathbf{R}_+$，求证：$\dfrac{a^2}{b+c} + \dfrac{b^2}{c+a} + \dfrac{c^2}{a+b} \geqslant \dfrac{a+b+c}{2}$。（第二届"友谊杯"国际数学邀请赛试题）

证明：因为 $a, b, c \in \mathbf{R}_+ \Rightarrow b+c>0$，$a+b>0$，所以由柯西不等式的推广形式得：

$$\dfrac{a^2}{b+c} + \dfrac{b^2}{c+a} + \dfrac{c^2}{a+b} \geqslant \dfrac{(a+b+c)^2}{(a+c)+(c+a)+(a+b)} = \dfrac{a+b+c}{2}$$，当且仅当 $a=b=c$ 时等号成立。

2. 求最值

例 2 设 $x>1$，$y>1$，求 $\dfrac{x^2}{x-1}+\dfrac{y^2}{y-1}$ 的最小值。（第 26 届独联体数学竞赛试题改编）。

解： 因为 $x>1$，$y>1$，所以 $x-1>0$，$y-1>0$，所以由柯西不等式的推广形式得：

$$\frac{x^2}{x-1}+\frac{y^2}{y-1}\geqslant\frac{(x+y)^2}{x+y-2}=\frac{(x+y)^2-4+4}{x+y-2}=(x+y)+2=\frac{4}{x+y-2}=$$

$$(x+y)-2+\frac{4}{(x+y)-2}+4\geqslant 2\sqrt{[(x+y)-2]\frac{4}{(x+y)-2}}+4=8,\text{ 当且}$$

仅当 $x=y=2$ 时等号成立，所以 $\dfrac{x^2}{x-1}+\dfrac{y^2}{y-1}$ 的最小值为 8。

3. 求值

例 3 已知 x，$y\in\mathbf{R}_+$，且 $x\sqrt{1-y^2}+y\sqrt{1-x^2}=1$，求 x^2+y^2 的值。

解： 由题意知 $1-y^2\geqslant 0$，$1-x^2\geqslant 0\Rightarrow -1\leqslant y\leqslant 1$，$-1\leqslant x\leqslant 1$，当 $x=-1$ 或 $y=-1$ 时，等式不成立，而当 $x=1$ 或 $y=1$ 时，容易推出 $x^2+y^2=1$，当 $-1<x<1$ 且 $-1<y<1$ 时，$1-y^2>0$ 且 $1-x^2>0$，则由柯西不等式的推广形式得：

$$x^2+y^2=\frac{x^2(1-y^2)}{1-y^2}+\frac{y^2(1-x^2)}{1-x^2}\geqslant\frac{(x\sqrt{1-y^2}+y\sqrt{1-x^2})^2}{1-y^2+1-x^2}=$$

$$\frac{1}{2-x^2-y^2},\text{ 则}(x^2+y^2)[2-(x^2+y^2)]\geqslant 1\Rightarrow(x^2+y^2-1)^2\leqslant 0\Rightarrow x^2+y^2=1,$$

综上知 $x^2+y^2=1$。

（四）思考

课本中的习题是数学课堂教学的重要组成部分，它具有典型性和代表性，在解题过程中，发展学生思维，开发学生智力，培养学生创新精神是数学课程改革的重要目标之一。课本习题的解法(证法)具有广阔的探究空间，重视课本习题解法(证法)的研究及应用具有重要意义。因此在平时的教学过程中，要重视对教材的利用，特别是重视对课后习题的研究，将知识体系进行适当的拓展和延伸，做到举一反三，融会贯通。

目前，很多中学数学教师打着"用教材教，而不是教教材"的幌子，不重视课本的教学，尤其不重视课本习题的教学，而一味地去找各类教辅书上的习题拿到课堂上充当平衡时间的一种工具，大搞"题海战术"，把学生训练成"刺激—反应"的工具，这与新课程的理念是背道而驰的，事实上，课本习题中蕴含的东西是无穷的，只要去深入研究，引导学生去探究，会给我们带来无限的快乐，不但能培养学生的思维，而且能激发他们的学习兴趣，高考题源于课本，课本是源泉。多年的教学实践证明，重视课本习题的教学，既可以大幅度提高学生的高考数学成绩，又可以减轻学生的学习负担。

《普通高中数学课程标准(实验)》[①]指出，对于系列 4 的学习"应提倡多样化的学习方式，可以是教师讲授，也可以是在教师指导下学生的自主探究和合作交流，还应鼓励学生独立阅读、写专题总结报告等，力求使学生切身体会'做数学'是学好数学的有效途径，独立思考是'做数学'的基础。"因此，对于系列 4 的教学，我们不能只应付高考，而要选择可以让学生探究的话题，放手让学生去研究，这对理科学生进一步提高数学素养是有益的，而"系列 4 是为对数学有兴趣和希望进一步提高数学素养的学生而设置的"。

第二节　王钦敏教育实践

王钦敏老师作为子课题研究的骨干成员，近年来围绕"基础教育高效教学行为研究"，结合福建教育实践，在《数学教育学报》《数学通报》

---

① 中华人民共和国教育部：《普通高中数学课程标准(实验)》，北京，人民教育出版社，2003。

《福建教育学院学报》等期刊发表论文多篇。他围绕教师专业发展，通过深入思考，发现教师专业素养与教学效率之间存在内在逻辑关系，并就此展开了有关高中数学教师专业素养现状的调查研究。①

一、 问题的提出

教育是民族振兴、社会进步的基石。实施人才强国战略，建设人力资源强国，必须优先发展教育。② 发展教育，办好教育，首先要锻造一支有先进教育思想的高素质专业化的教师队伍，这是众多国家的战略共识。

数学教育教学工作的创造性与专业性，要求高中数学教师必须具备良好的专业素养，不仅要精通数学基础理论知识，熟悉高中数学知识内部的系统结构，而且还要明了高中数学的历史背景、学科地位与作用，具有广博的知识背景，对高中数学所蕴含的文化价值、思想方法、人文观点、辩证规律、美学内涵有自己的体会。但从高中数学教育教学现状看，由于国大人多，相对滞后的教育机制难以转型，数学教育的原义被应试严重异化，学生无法在数学学习中体会乐趣，也难以在学习过程中深入理解数学实质。进入大学后，缺乏进一步学习的内驱力，创新意识薄弱，探究能力低下。走上工作岗位后，没有终身学习数学的爱好与兴致，而且在思维上脱离数学，缺少将数学思想、方法和知识在实际工作中应用的意识。

高中数学教育教学出现的这一系列问题的根源很深，它也可能与数学教师教育教学专业素养现状存在着一定的关联。③ 为贯彻落实教育规划纲要，深化教师教育改革，加强、完善"十二五"期间开展的数学教师

---

① 王钦敏：《高中数学教师专业素养现状的调查与分析》，载《福建教育学院学报》，2012(5)。

② 闫德明，李冬辉，李丽：《河南省农村小学数学青年教师教育科研现状调查分析》，载《数学教育学报》，2011(3)。

③ 李渺，陈志云：《中学数学教师专业内在结构的现状调查及分析》，载《数学教育学报》，2004(1)。

培训工作，培养造就有思想、高素质、专业化的高中数学教师队伍，进一步推动数学教育教学水平发展，对省内高中数学教师教育教学专业素养现状及培训需求展开了调查与分析。调查从高中数学教师应具备的专业情意素养、专业观念素养、专业知识素养、专业技能素养、专业科学素养、专业思想素养六个方面进行。

二、 调查的方法及对象

调查采用的是访谈法和电子问卷法。为了使信息更具代表性，结论更具一般性，第一步，围绕本次调查的主题查阅各类文献资料，搜索有关调查案例，整理得到调查的具体项目；第二步，对福建省内部分区市、县进修校数学科教研员进行访谈，倾听他们对高中数学教师专业素养的看法与见解，调阅他们曾经对高中数学教师进行过的调查资料，征求他们对于本次调查的问卷设计的建议；第三步，对省内不同地区的12位高中数学教师进行电话访谈，了解他们的自我评价，并听取了他们对提高高中数学教师专业素养问题的意见与建议；第四步，对福州与南平地区的8所高中数学教师进行电子问卷调查，两个地区均含有省一级、二级、三级达标重点高中和普通高中各一所，其中市区和农村的各半，约定每校15份，共回收电子问卷103份，随机剔除3份之后，对问卷进行了统计与分析。

三、 电子问卷主要内容

电子问卷共有六个方面100多个问题，主要是：专业情意素养，包括对教育行业的满意度、职业道德、自我提升意识等；专业观念素养，包括数学观、数学教育观、数学教学观等；专业知识素养，包括背景知识(数学文化、教育学、心理学知识等)、数学知识等；专业技能素养，包括现代教育技术能力、教学设计、教学施行、回顾反思等；专业科学素养，包括教科研能力、数学探究能力等；专业思想素养，包括数学内涵理解、数学思想、教学智慧等。

四、调查结果分析

（一）专业情意素养

在调查中，大部分教师认为，教师行业工资偏低，部分教师因之前的工资受贫困地区当地财政收入不足影响，在实行了阳光绩效工资后有了明显的提升。另外，教师对高考体制有不同的看法，对实际中存在的不科学的教育教学评价模式颇有微词。

从整体上看，高中数学教师在职业道德方面表现良好，在日常教学过程中均能认真完成教学中的备课、教案撰写、授课、作业批改等工作，教学中能尊重学生，但在减轻学生学业负担方面缺乏有效方法。86位教师自评能较胜任高中数学教学工作，但88位教师认为压力大，据交流访谈，压力主要来自高考、学生以及学校、社会对老师的评价等方面。

自我提升意识方面，大多数教师能订阅1～2本的数学教学刊物，但能认真阅读思考的仅21位。87位教师有终身从事教育的情意倾向，58位教师将教育当成事业看待，但对自己的专业发展却缺乏规划，自我提升意识不强。32位教师能时常在备课过程中查阅除了教学用书之外的各类刊物资料，能上网搜索各种相关的电子资料。

（二）专业观念素养

选择什么样的教学方式是由教师所信奉的数学观决定的，对"数学是什么？""数学学习是什么？""数学是如何习得的？""什么是数学教育？""数学教学教什么学什么？"等问题的不同认识，支配着教师的教法选择。通过访谈我们认识到，大多数教师对这一类问题缺乏思考，甚至忽略了它们的存在。但在与数学观相关的问题回答中，有73位教师认为在教学中应讲清知识所蕴含的基本思想方法；82位教师认为应揭示数学知识的产生过程，但大都认为在实际操作中有一定困难；86位教师认为目前的数学教学应注重培养学生热爱数学的情感，但仅有2位教师认为自己的课堂教学能同时让学生更喜欢数学，让数学变得更易于理解，让数学学习更有成效。

在数学教育观方面，56位教师认为数学教学应紧密联系学生的生活实际，93位教师认为数学的科学价值很高，数学的学习对学生思维发展与人生发展有巨大影响，46位教师认为数学的人文价值很高，但仅有12位教师认为自己可以在课堂上展现数学的科学价值和人文价值。因此，大多数数学教师对数学的人文价值认识不足，数学是一种文化，是一种精神，有着丰富的科学价值和人文价值，而且都是数学教育的核心。

在数学教学观方面，在课堂教学中，有80位教师认同新课程提倡的理念，78位教师习惯或喜欢在课堂上采用传统的以教师讲授为主的教学模式。99位教师认为在实际教学中迫于应试压力只能基本上将数学能力的培养看成是解题能力的培养，但81位教师赞同数学教学不能是单纯地解题的说法。在访谈中，有教研员认为在课堂上教师应更多地给学生提供提出问题、独立思考和实践的时间与空间，促进学生全面发展。42位教师认为自己在教学中很重视师生间的交流互动，但95位教师认为在课堂上这种交流互动是以师问生答为主，23位教师认为自己给予学生自主学习的时间比较充裕，85位教师在教学中曾偶尔使用了小组合作学习，18位教师认为自己给予学生较多的参与数学探究的机会。从大量的公开课和访谈中我们可以看到，由于教学任务重，压力大，时间紧，实际教学中教师大都没有办法在课堂上实施自主、合作、探究的教学方式。

在教育教学评价方面，95位教师在教学过程中单纯以考试成绩进行教学评价，认为考试成绩仍然是校长评价教师与教师评价学生的主要方式，甚至是唯一方式，52位教师认为这种评价较为客观，51位教师认为这种评价有失偏颇。在访谈中，许多教研员对这种评价方式不合理的因素进行了很好的阐述，大多数人都把评价片面地理解为评等级、论排名，只注重对学生的评价，并将这种评价延伸为对教师的评价，而大大忽视了对教学系统的整体评价。

通过对课程标准、教材、教师、学生、教法、学法等进行的与课堂教学相融合的、能区分不同性质的教学系统整体评价，改革学校管理与教师教学方法，促使评价目的从"选拔适合教育的学生"转变为"创造适合学生的教育"，实现评价对象从学生到教学系统整体的转移，有利于发挥教育教学评价的导向、管理与调控功能。一个好的评价体系对教师队伍的整体素质发展至关重要，对教师的评价应具有多种评价主体，学校的领导、同事、学生及他人都可以是教师评价的评价主体，而评价内容应是多方面综合的，评价必须注重教师的未来发展，注重长期的目标，从评价的过程来看，强调扩大交流渠道以保证教师评价的真实性和准确性。例如，鼓励评价者和教师配对以加强评价过程中双方的相互交流，强调提高学校全体教师参与评价的意识和积极性，提倡实施同事之间的教师评价等。

(三)专业知识素养

103 位教师中，硕士学位有 6 位，本科学历有 89 位，专科学历有 8 位，但仅第一学历为本科的有 48 位。这说明经过一段较长时期的专升本培训，高中数学教师的学历达标率有明显提高，但第一学历达标率仅有所提高。在专升本培训中，参加自考的教师在数学专业知识技能方面得到长足进步，但参加其他门类专升本培训的教师在这方面就不尽如人意，甚至有的是获得与数学专业没有太多联系的学历。在高中数学教师参与的各级各类在职培训中，往往对数学教育关注得多，对数学专业知识技能关注得少，培训课程几乎没有设置数学专业课程。在回答进修硕士学位对中学数学教学专业知识素养提升有无益处的问题时，13 位教师认为有较大益处，25 位教师认为有一定益处，其余的认为益处不大或没有益处。

背景知识方面，61 位教师认为自己广泛涉猎了各类知识，具有广博的知识背景，21 位教师自评较为明了高中数学的历史背景、学科地位与作用，12 位教师认为自己对高中数学所蕴含的文化价值有较好认识，32 位教师认为自己在实际教学中会涉及与数学文化相关内容，38

位教师认为对数学中蕴含的辩证规律有一定认识，18位教师认为对数学的美学内涵有自我体会，32位教师自评具备与高中数学知识有关的高一级数学知识，以年轻教师为主，69位教师自评认为在教育学和心理学方面知识不足，不能在教学过程中进行有意识的应用。

38位教师认为自己对高中数学新课程教材进行了深入研究，非常熟悉高中数学知识结构体系。66位教师的教学素材基本来自教学用书中的资料，32位教师能在教材的基础上进行拓展与改造。82位教师自认解题能力较强，38位教师能较快地解决学生在课后临时提出的数学问题。

（四）专业技能素养

103位教师中，86位教师认为数学教学需要较高的计算机技术水平，特别是要能较熟练操作WORD、PPT和几何画板等软件，但只有21位教师能同时较熟练地操作3个软件，65位教师认为现代教育技术应用能增加课堂知识密度，提高教学质量，63位教师认为现代教育技术应用能让数学课堂更生动、具体，更有文化韵味。55位教师认为数学课件具有整齐规范的数学特点是很重要的，51位教师认为数学课件也要讲究可视性与艺术性。86位教师自评能处理好备课工作，教学设计得当，并能完整实施课堂教学各环节，但仅有16位教师认为自己能较好地理解新课程理念并贯彻于实际教学过程。68位教师认为自己能恰当设置数学课堂的教学情境，但仅有23位教师认为学生在课堂上对数学有足够的兴趣。88位教师认为自己课堂教学方法得当，适合学生学习活动开展，47位教师能够在课后经常进行回顾反思，并在反思中不断提高教学技能。

（五）专业科学素养

32位教师认为校本集备组活动具有实质性内容，有助于提高教育教学能力，但余下的教师则认为其本校的集备组、教研组活动流于形式，纯属走过场，无实质内容。79位教师认为日常教研主要是教师个人的备课行为,有 58 位教师能经常进行同伴互助的校本教研。72 位教师认为外出进行校际教研活动的交流有助于提高教学水平,58 位教师认为在自己开设公开观摩课时有非常认真的准备,78 位教师认为开设公开观摩课有助于自我教学水平的提升,有 13 位教师认为自己开设的公开观摩课在区或更大范围内具有示范作用。

69 位教师认为数学教学与科研关系密切,89 位教师认为撰写经验总结、课后反思和教科研论文有助于提升个人的教学水平,但仅有 8 位教师能坚持每个学年撰写一篇教学论文。88 位教师认为目前的教研论文泛滥成灾,观点上众说纷纭,莫衷一是,23 位教师认为自己经常阅读刊物,时有收获。

66 位教师认为进行类似于数学家的数学研究活动有利于课堂开展探究式教学活动,但 92 位教师认为大部分教师没有能力进行类似于数学家的数学研究活动,仅有 7 位教师在教学之余有进行初等数学研究的兴趣和爱好。89 位教师认为以实验、归纳、类比等合情推理方式进行的讲授有助于学生创造性思维的培养,36 位教师能在实际教学中经常使用合情推理的方式进行数学讲解,但仅有 1 位教师认为自己的教学不仅培养了学生的逻辑能力,同时也培养了学生数学直觉思维能力。

(六)专业思想素养

42 位教师认为自己对数学的本质内涵有较好的理解,102 位教师认为数学方法的教学对高中数学教学是非常重要的,但 79 位教师认为自己在教学过程中重方法轻思想,75 位教师对《普通高中数学课程标准(实验)》提出的数学思想比较明确,95 位教师对数学思想与数学方法的界定与区分不理解。88 位教师认为进行数学思想的教学可以让数学变得更易于理解,73 位教师认为通过数学思想的教学可以让学生在解题方面更有成效,但仅有 13 位教师认为自己在备课过程中能深入理解教材编写意图,准确识别核心知识与基本思想方法,并紧密围绕着核心知识和基本思想方法组织教学以达到主要教学目标。88 位教师认同教学智慧的说法，认为教学智慧是一种高层次的教学技能，95位教师认为具有丰富的教育思想与数学教学思想智慧是成为数学教育家的第一关键，99位教师认为社会需要数学教育家，但绝大部分教师不可能成为数学教育家。89位教师认为数学的应用有益于数学能力的培养，但76位教师认为大部分应用习题繁杂无趣，缺少内涵。

五、调查结论

调查结果表明，高中数学教师专业素养现状仍然存在不少问题。在教学中教育思想匮乏，为应试一味沉湎于解题教学，无暇顾及教与学的乐趣，无视其他数学能力的培养，无视数学探究的真实性，无视数学文化和数学思想的传播，无视数学直觉思维能力的培养，不能紧密围绕着核心知识和基本思想方法组织教学等。

高中数学教育的学科特点决定了它在促进社会发展和国家进步方面的重要作用，同时，高中数学教师专业素养的内涵极为丰富，其结构体系呈多维复合特征，而长年的应试教学却使这种多维复合的素养体系萎缩到点线状态。因此，如何提升高中数学教师的专业素养是目前教育体制改革和教师教育工作的一个需要深入思考的重点和难点问题。

教师教育的内容要突破以往只重应试指导、教学技能培养的片面性，重点关注高中数学教师基本教育思想观念的重塑问题，重视这些基本教育思想观念的内化与自觉运用问题，以确保课程改革思想落于实处，具体体现于高效数学教育教学之中。

第三节　福州第三中学的教育实践

福州第三中学基于"网络环境下数学课堂高效教学研究"，进一步组织了信息技术对高中数学教学影响的实践研究。以林风为组长的研究小组开展了"基于图形计算器开展数学实验"的实践与思考。[①]

《普通高中数学课程标准(实验)》指出，现代信息技术的广泛应用正在对数学课程内容、数学教学、数学学习等方面产生深刻的影响。高中数学课程应提倡实现信息技术与课程内容的有机整合(如把算法融入数学课程的各个相关部分)，整合的基本原则是有利于学生认识数学的本质。高中数学课程应提倡利用信息技术来呈现以往教学中难以呈现的课程内容，在保证笔算训练的前提下，尽可能使用科学型计算器、各种数学教育技术平台，加强数学教学与信息技术的结合，鼓励学生运用计算机、计算器等进行探索和发现。[②] 计算器经历了科学计算器、函数计算器、图形计算器、CAS 图形计算器、汉化彩屏图形计算器的发展历程，可以说，每一步的前进都对数学教育改革起到了有力的推动作用。[③] 图形计算器作为一种高科技产品，在 2010 年教育部新修订的教育行业标准(JY/T0406—2010)中，首次列入高中理科教学仪器配备标准，作为数学的学习工具和移动的数学实验室，它在高中数学教学中正逐步使用和推广，催生和促进一种新型的数学学习形式——数学实验的不断发展，使它成为数学教育改革和实践的一个新生事物。

数学发展的历史表明，数学不只是逻辑推理与证明，数学的发展需要归纳、猜想、审美、直觉、实验、探索，随着近、当代数学的发展，数学中的算法与实验愈益显示出威力，在计算机上进行计算和模拟实验已成为一种新的科学方法和技术。[④] 基于图形计算器的数学实验的本质特征就是借助图形计算器，根据教学的需要，有针对性、有目的模拟创设有利于观察、思考的数学问题情境，在典型的实验环境中或特定的实验条件下，经过某种预先的组织、设计，让学生借助一定的物质仪器或

---

① 林风：《基于图形计算器开展数学实验的实践与思考》，载《中国电化教育》，2012(2)。

② 中华人民共和国教育部：《普通高中数学课程标准(实验)》，北京，人民教育出版社，2003。

③ 杨蕊，王光明：《TI-Nspire 无线课堂系统在数学教学中的应用及思考》，载《中学数学教学参考》，2015(1)。

④ 曹一鸣：《从数学本质的多元性看数学教育的价值——对新课标"人人学有价值的数学"的解读》，载《中国教育学刊》，2005(2)。

技术手段，并在数学思想和数学理论的指导下，对实验素材进行数学化的操作，来学(理解)数学、用(解释)数学或做(建构)数学的一类数学学习活动。[①]

一、 基于图形计算器的数学实验体现了数学多元关联的多样性

数学是研究现实世界的数量关系和空间形式的科学。而许多数学问题往往过于抽象、过于深奥使得学生难以理解，由于以往教学传统手段和教学方式的限制，只能片面地、单一地、静态地呈现数学内容，数学之间的关系被割断、固化和窄化。图形计算器的作图、动画演示、仿真模拟的强大功能以及其小巧便携的特点使得每个学生可以根据自己对问题的不同理解，创设不同的数学背景，采用不同的实验方法加以解决，从而获得良好的数学认知，实现对思维和行为的自我监控。例如，当 $0 < x \leqslant 20$ 时，求方程 $\left(\dfrac{x}{2}\right) + \left(\dfrac{x}{3}\right) + \left(\dfrac{x}{5}\right) + \left(\dfrac{x}{7}\right) + \left(\dfrac{x}{9}\right) = x$ 的正整数解(2009 年全国高中数学联赛安徽省预赛改编)。传统的解题方法是利用分类讨论方法进行求解，即对 $0 < x \leqslant 1$，$1 < x \leqslant 2$，$\cdots$，$19 \leqslant x < 20$ 进行化简求解。思路明晰，但符号抽象，过程繁长，解答完毕学生其实依然对问题的实际背景处于"盲人摸象"的状态，一知半解，甚至一无所知，学习到的只是一种解题程式。学生利用图形计算器可以采用更为多样化的解决方案。

首先，转化为函数问题求解，通过构造函数，并利用零点法或数表法。其次，通过做出函数 $f_1(x) = \text{int}\left(\dfrac{x}{2}\right) + \text{int}\left(\dfrac{x}{3}\right) + \text{int}\left(\dfrac{x}{5}\right) + \text{int}\left(\dfrac{x}{7}\right) + \text{int}\left(\dfrac{x}{9}\right)(x < 0 \leqslant 2)$ 与 $f_2(x) = x$ 的图像，求出零点分别为 $x = 6$，$x = 7$，$x = 8$。再次，利用数列，通过列表找出方程 $\text{int}\left(\dfrac{x}{2}\right) + \text{int}\left(\dfrac{x}{3}\right) + \text{int}\left(\dfrac{x}{5}\right) + \text{int}\left(\dfrac{x}{7}\right) + \text{int}\left(\dfrac{x}{9}\right) - x = 0$ 的零点，得到原方程的零

---

① 常丽艳：《中学数学实验课设计范式及其主体认识分析》，载《数学教育学报》，2005(2).

点为 $x=6$，$x=7$，$x=8$。这里方程、函数、零点、交点、图像等巧妙地建立起联系，借助容易感知的形式(图、表格、数字)让问题的背景和内涵一目了然，实现对数学不同内容间的有效跨越和多元关联的深度解析，体现数学形式多样性与内涵一致性的统一。正如法国数学家拉博德(C. Laborde)所言："信息技术将成为沟通数学各个部分的桥梁。"①真正实现"一机在手，把握全局"的效果。图形计算器的多种形式呈现不仅源于数学自身的本质属性，而且也体现了图形计算器特有的数学品质和科技含量，集"数、形、表"于一屏，代数表示法、数值表示法、统计表示法、图形呈现与代数运算、静态与动态的表现形式得到全方位的展示，为数学实验提供了宽阔的平台和有力的工具。

二、 基于图形计算器的数学实验体现了"做中学"数学的实践性

数学学习的过程是建立在一定经验基础上的一个主动建构的过程，充满了观察、实验、猜想、验证、推理与交流等丰富的数学活动。动手实践、自主探索、合作交流是学习数学的重要方式，这个过程应当是富有个性、充满探索、不断发现的过程，传统的数学学习主要通过"听""说""写""画"等方式，要把大量的时间和精力花在运算和技巧的应用以及逻辑推理上，重在"纸上谈兵""按图索骥"，单一化、模式化、程式化的教学方式极大影响和限制了学习兴趣和效率。图形计算器以键盘和命令输入方式为平台，采用中英文的彩屏输入方式，为数学学习和应用量身定制，符合现代科技发展对人们工作方式的影响和作用(如电脑、手机的键盘输入)，在操作上有良好的互动性、亲和性、易操作性，使得数学学习可以通过一系列的键盘操作进行数学实验。例如：已知点 M 是正方形 $ABCD$ 的边 CD 所在直线上的一个动点，求 $\dfrac{MA}{MB}$ 的最大值。这是一个几何最值问题。建系设元、建模列式、化归求解是常见的处理方法，即设 $A(-1, 2)$，$B(1, 2)$，$M(x, 0)$，则 $u = \left(\dfrac{MA}{MB}\right)^2 = 1+$

---

① 林风：《数学教学的好帮手——图形计算器》，载《中国数学教育(高中版)》，2011(3)。

$\dfrac{4x}{x^2-2x+5}$，以下要利用导数等知识求解，而学生利用图形计算器给出了一种新颖的思路和解法，令人耳目一新，即利用数据收集、分析、拟合、计算的方法，将复杂的计算和推理让图形计算器完成，而解决问题的关键是要创建适当的问题平台，进行正确的数学转化，制定可行的解决方法，即以 D 为原点，DC 为 x 轴建立适当的平面直角坐标系，收集动点 M 的数据并转化为数组 $x$list(作为 x 自变量)，建立△ABM 面积的数组 $y$list(作为 y 变量)，作出以 $x$list 为 x 变量；以 $y$list 为 y 变量的散点图，观察数表和散点图，利用数表计算数组 $y$list 中的最大值 $\max(y\text{list})$，得到最大值为 1.618 02。

这里不仅实现了问题解决，而且让学生通过键盘输入进行数学实验，少了模式套用，多了探索与创意，体现数学实验在问题解决中的作用，同样经历了多方面、多层次、多样化的数学活动，从中体会数学问题的发生、发展、变化、深化的过程，实现《普通高中数学课程标准(实验)》所要求的"数学学习活动不应只限于接受、记忆、模仿和练习，还应倡导自主探索、动手实践、合作交流等数学学习方式"的目的。[①] 借助技术解决数学问题将成为数学学习的一个基本技能和素养。"做中学"是对数学学习方式的一种补充和拓展，在一定的程度上弥补了我国学生动手能力薄弱的缺陷。

三、 基于图形计算器的数学实验凸显了数学应用的实用性

传统教学由于工具的限制对于许多实际问题只能理想化、人为化、简单化，难以刻画丰富多彩、变化万千的生活实际，而图形计算器优良的数据统计功能，电子表格、数据计算、散点图、拟合函数、统计检验等功能，对数据的收集、分析、处理、解决，更为简便、合理、快速、科学、所见即所得，让数学成为真正意义上的应用工具，让学生学会用

---

① 中华人民共和国教育部：《普通高中数学课程标准(实验)》，北京，人民教育出版社，2003。

数学的眼光观察生活，提炼生活，将鲜活案例"数学化"，在数学实验中体会数学源于生活，数学诠释生活。

案例：学生的研究性小课题"手机销售量与销售时间的函数关系"。随着通信技术的发展和社会交流的扩大，人们对手机的需求量也与日俱增。学生收集到的某城市 2011 年手机销售情况的统计数据（表 7-1）。

表 7-1　学生收集到的某城市 2011 年手机销售情况的统计数据（单位：10 万台）

月份	1月	2月	3月	4月	5月	6月	7月	8月	9月	10月	11月	12月
销售量	0.83	0.97	0.11	0.81	2.29	2.11	1.37	2.38	3.70	3.23	2.70	3.96

以下利用图形计算器研究手机销售量与销售时间之间的函数关系。

首先根据收集的数据作出数表和散点图，从图 8-3 中可以看出散点图呈现的规律是一方面趋势上升，另一方面呈现波折形态，但是经过实验发现，图形计算器没有现成的回归模型符合实际问题，学生经过分析研究，巧妙地用一个递增的一次函数和一个正弦型曲线进行叠加处理，即先对数据进行一次函数拟合，得到拟合函数 $f_2(x) = 0.285\,002x + 0.290\,103$，然后将原数据与一次拟合函数差的数据（$bx[\ ] - cx[\ ]$）作为一组新的数据，对这组新数据进行正弦函数拟合，得到拟合函数 $f_3(x)$，再构造一个新函数 $f_4(x) = f_2(x) + f_3(x)$，对 $f_4(x)$ 进行正弦函数拟合，得到符合实际情况的函数 $f(x) = 0.786\,77\sin(1.659\,99x - 0.823\,527)$。出乎意料，又在情理之中，拟合的效果完全符合实际情况，因此可以利用这个模型和方法解决实际问题中的许多有关周期性、季节性的产品销售问题。

上述案例说明图形计算器提供的多种数学回归模型大大拓展了统计学习的范围，体现了科技进步让教材无界限、学习无界限，同时也说明数学实验的终极目标是使学生通过实验手段学会观察、分析、猜想、归纳、概括，掌握数学研究的规律，培养理性思考问题的习惯，解决学科和实际生活中的问题。图形计算器在解决问题中只是一个辅助工具，要用好、用活这个工具还要用"脑"。①

四、 基于图形计算器的数学实验拓展了数学学习的探究性

探索性是数学学习的魅力之一，也是数学实验大放异彩的看点，"实验—归纳—猜想—证明"是数学学习、发现、探索、创新的一般模式，但是以往的数学教学由于技术手段的限制，要遇到计算、作图、动画等难以跨越的"坎"，教学中总是缩头缩脚，难以让学生去想象、去变化、去探索、去发现，难以调动学生学习的积极性、主动性、创造性。而图形计算器不仅是数学的演示和计算工具，而且是一种帮助学生探索和理解数学的掌上数学实验室，是数学探究和发现的认知工具，它让学生自主地对问题进行动态跟踪、猜想归纳，发现内在的数学本质和规律。今天"问题解决"是数学教育改革的一个突破口，它不同于传统教学中的问题解答，最大的区别就在于问题的可探索性和探索的价值不同。

例如：当学生学习了正切函数的和角公式后，有个学生提出正切函数 n 倍角公式是否也有一般的规律，通过 $\tan(\alpha+\beta)=\dfrac{\tan\alpha+\tan\beta}{1-\tan\alpha\tan\beta}$，得到 $\tan 2\alpha=\dfrac{\tan\alpha}{1-\tan^2\alpha}$，$\tan 3\alpha=\dfrac{3\tan\alpha-\tan^2\alpha}{1-3\tan^2\alpha}$，…，那么 $\tan 2\alpha$，$\tan 3\alpha$，…，$\tan n\alpha$ 的系数是否有一定规律？可以想象如果只有笔算的工具是难以完成更多项的计算的，那么数学猜想就难以实现，数学探索就难以深入。学生借助图形计算器通过 tExpand(展开)命令，逐个计算 $\tan 2\alpha$，$\tan 3\alpha$，…，$\tan n\alpha$，观察、分析、概括、归纳展开式中分子、分母系数的变化规律和关系，发现 $\tan n\alpha$ 展开式的系数与我们熟悉的二项式 $(1+x)n$ 展开式中各项的系数有相似之处，只不过是交错出现在分子和分母中(第一项在分母的右侧)，而且它们的符号也是两两一组交错出现的，如果我们把符号也考虑进去，就可以把 $\tan n\alpha$ 展开式的系数组成一个漂亮的"正切三角形"。这里学生经历了实验、猜想、抽象、归纳

---

① 林风：《曲线拟合教学要有三个突破——例谈图形计算器的应用》，载《中学数学》，2011(11)。

和概括的过程，体现了数学实验是一种思想实验的本质特征，它在方法上能促进认识主体丰富感知、主动探究、开拓思维。

五、 结束语

借助图形计算器开展丰富多彩的数学实验活动，充分体现了"数学是科学，数学也是技术"的鲜明特征，体现了"中学数学现代化就是机械化"的深刻内涵和现实意义，数学实验无论从教学内容，还是从教学形式、教学方法和教学手段上讲，都是对传统数学教学的一种发展和充实，它激发我们思考在信息技术背景下数学教学应该如何与时俱进、顺势而为，从而实现理性与激情的比翼双飞，技术与推理的相得益彰。

第八章

其他实验区的教育
实践

浙江省仙居县实验区在高效教学实践过程中构建了基于脑、适于脑和发展脑的"3B 教育";新疆昌吉州实验区在实践教学过程中构建了注重数学思想、进行情感教育、实施合作教学的"TEC 教学模式"。这些实践研究在提升教学效率的同时，促进了教师专业发展，并形成了具有区域特色的先进教学理念。浙江及昌吉实验区开展教学实践的详细情况如下。

第一节　浙江"3B 教育"实践

浙江省仙居县教研室于 2005 年开始参与了全国教育科学"十五"规划教育部重点课题(青年专项)——"数学教学效率论""基础教育高效教学行为研究"课题研究活动，承担了高效教学的实践研究，在仙居县第二中学、新生中学、仙居县实验中学开展了初中高效课堂教学实践研究。子课题负责人为浙江仙居县教研室特级教师吴增生，在研究过程中，实验区初步形成了基于脑、适于脑和发展脑的"3B 教育"理念下的数学高效率课堂教学理论体系与实践做法，并在仙居县和台州市推广。"3B 教育"的具体内容如下。①

所谓高效教学，指的是通过教师组织引导，所有学生都产生高效率学习行为的课堂生态系统。高效率学习的核心是在单位学习时间里取得学习的高收益(尽可能好的学习效果)。由于数学学习是基于概念原理的计算推理和模型建构解释过程，是个体的思维创造过程，而这些活动的生物学基础是大脑神经系统的协同活动。学习效果的物质存在方式是大脑信息加工方式的形成和改变。因此，数学教育应该是比其他学科的教育更关注"3B 教育"。下面分别对基于脑、适于脑和发展脑的教育进行详细阐述。

---

① 吴增生：《3B 教育理念下的数学高效课堂教学策略初探》，载《数学教育学报》，2011(1)。

一、 基于脑的教育依据——大脑神经系统发育的阶段性和差异性

所谓基于脑，指的是教育活动以学生大脑认知神经发展水平为依据，基于个体已有的知识和经验，把教学的起点确定在学生已有知识经验水平上，从认知心理学和脑科学角度分析学生可能达到的认知水平，把教学目标确定于学生的最近发展区。人类大脑不同层次和不同区域的神经细胞群的发育具有差异性。人类大脑皮层的发育遵从"由内到外"的模式，树突的延长、树突分支和髓鞘的形成都是如此（Conel，1939—1967）。从大脑皮层的层次角度，是从最内层的第6层到最外层的第1层发育的；从区域的角度，不同的区域之间的发育次序是不同的，特别是大脑前额叶是最晚发育的，其发育的进程伴随着个体的整个青春期[①]，另外，"青春期"阶段还伴随着边缘系统的成熟，边缘系统神经髓鞘的最终形成与神经突触的成熟。[②] "青春期"阶段也是神经递质系统发育完善的关键性阶段，谷氨酸系统、多巴胺系统等神经递质系统也在这一阶段发展成熟。[③] 这就说明，在青春期进行数学理性思维的教育、完善大脑与理性思维以及控制执行功能相关的皮层区域不仅是可能的，也是必要的，这为中学阶段的数学推理证明教学提供了脑科学依据。

同时，由于前额叶与控制决策等高级认知活动高相关，因此，在中学阶段开始让学生经历理性的计划控制和决策认知活动是可行的，必要的，具有协同发展大脑认知和情绪控制能力的高价值，这是进行研究性学习活动的依据。不仅如此，还可以提示研究者在进行课题学习、研究性学习活动时，应着重让学生经历计划、决策和调控的过程，进行计划决策和调控等高级认知操作，而不能把课题学习、研究性学习活动中的

---

① ［美］马克·约翰逊：《发展认知神经科学》，徐芬，等，译，北京，北京师范大学出版社，2007。

② Miriam Schneider，Michael Koch，"Deficient Social and Play Behavior in Juvenile and Adult Rats after Neonatal Cortical Lesion：Effects of Chronic Pubertal Cannabinoid Treatment，" Neuro Psychophar Macology，2005(30)，pp. 944-957.

③ 金曦，王玮文，刘美，等：《精神分裂症社会隔离动物模型的研究进展》，载《中华行为医学与脑科学杂志》，2009(6)。

认知层次降级为知识的简单运用——把问题肢解为一系列没有计划决策认知价值的小问题。①

再如，青春期阶段学生推理方式是从直观的和情绪的推理走向理性的逻辑推理的发展过程，这就提示数学推理学习活动应该经历从直观的事实推理向抽象的规则推理的过渡过程；从较简单的推理(较少的推理步骤、较简单直接的项目特征)到较复杂的推理(较多的推理步骤、较复杂隐晦项目特征)的发展过程；从容忍推理严谨性疏漏到严谨推理的发展过程；从自然语言推理到自然语言与数学符号共用再到用数学形式化推理的发展过程。

二、 适于脑的教育依据——大脑信息加工的方式

所谓适于脑的数学教育活动应该适合于个体的大脑信息加工方式和大脑的活动规律，因此，大脑信息加工方式和神经活动规律是高效率教学策略产生的土壤。

（一）要让大脑喜欢学习

大脑是为了生存而准备的。人类在长期的为了生存而适应环境的过程中使大脑获得进化。所谓生存，有三个方面的意义，一是种群的延续与发展；二是个体生命的延续和基因的优化与延续；三是个体有尊严和愉悦地生存。这就导致了人类不同类型需要的产生。如为了个体生存而产生的生理和安全的需要，为了种群生存而产生的爱与从属的需要，为了个体愉悦生存而产生的自尊的需要和认识理解的需要，为了个体愉悦和竞争优势而产生的审美的需要和自我实现的需要。基于生存的需要，人类大脑对于危险和失去的感觉远比愉悦和得到要敏感和强烈，对负面情绪的感觉比正面情绪的感觉更敏感和强烈。长期的负面情绪所造成的压力积累会对人的大脑构成比较严重的损害：一是多巴胺减损，长时间

---

① 吴增生：《初中数学课题学习教学的困惑与对策》，载《中国数学教育（初中版）》，2009(10)。

接触压力激素，会损耗多巴胺的含量，而增加患抑郁症的风险；二是去甲肾上腺素减损，来自中缝核的激素减少，蓝斑分泌的去甲肾上腺素也减少，注意力随之下降；三是血清素减损，压力使来自中缝核的神经传递介质血清素分泌减少，中缝核凭藉(编辑注：为"凭借")血清素与蓝斑和皮质相沟通；四是海马萎缩，压力会造成海马体内的细胞死亡，这种减损能导致记忆出现问题。[①] 另外，个体在压力下会耗费很多的意识资源压制来自大脑的自然需要，某方面的压力往往会在另一方面以其他形式发泄出来，形成心理压力的变异爆发，往往暴露出难以捉摸的叛逆行为。

基于上述脑科学的研究结论，对数学教育的启示是：避免学生长期在压力下学习，这种学习对临时性的知识技能形成可能会有效，在有些时候是需要的(如逃避险境的技能、为避免迷路而记忆路牌或求救电话号码等)，但作为需要培养学生具有长期的专注和爱好的数学学习，应避免学生形成数学学习压力的积累，多采用能激发学生兴趣，产生愉悦情绪的学习动机激发与维持策略。考试能产生适当的焦虑水平，这有助于提高应试水平，但是，在教学实践中，过于频繁没有针对性的全面考试，不仅难以实现其合理的评价功能，产生"频繁揭锅盖导致夹生饭"现象，而且会产生过分的、频繁而长期的压力，导致注意的习惯化，反而降低其价值，甚至导致学生产生心理问题。

（二）让大脑专注于学习任务

虽然人脑加工的信息有 95% 是无意识地(自动)进行的，而且信息的自动加工可以达到语义水平(如语义启动)，但是系统的学习活动是在有意识的状态下进行的。虽然无意识的自动加工对学习有潜移默化的影响，但在大多数情况下，只有把无意识自动加工转化成意识状态下的控制加工，信息才能被理解和组织，形成个体对信息意义的理解。让学习内容的相关信息进入意识加工，抑制无关信息进入意识(这就是选择性注意)，是提高信息加工效率的根本保证，也是学习的出发点。大脑前

---

① Robert Sapolsky：驯服大脑压力，王伟，译，http：//gb. cri. cn/3321/2004/06/03/782@182809. htm，2018-06-28。

额叶、丘脑网状核和海马是与选择性注意高相关的神经群，大脑前额叶在选择性注意中起到控制和调节作用，一方面，大脑前额叶向丘脑网状核发出指令，对于无关信息进行抑制，只使相关信息进入皮层进行认知加工；另一方面，通过前额叶——海马体回路觉察不测事件和信息变异，产生朝向反应，使之优先进入皮层进行认知加工，然后对已经进入的有关加工加以增强，最后保持注意，直至认知加工任务完成。[①] 大脑的神经活动具有时间的周期性，注意集中水平也具有周期性，对同一认知任务的注意水平的时空模式是"低—高—低"。研究表明，在高内容背景下，用 5％ 的时间进行预先呈现，40％ 的时间用于信息获得，45％ 的时间用于精细加工，5％ 的时间用于活动间休息；在低内容背景下，相应的时间分配分别为 10％、30％、50％、10％ 是比较适合于脑的认知加工活动，青少年注意集中的时间为 10～15 分，成人 25 分左右[②]，因此，数学课堂中需要通过不同的学习活动转换实现"集中注意—分散注意"的转换，提高学习的认知加工效率。

个体在进行选择性注意时，与个体生存紧密相关的信息能优先进入大脑皮层进行加工，能使个体产生快感的信息具有优先加工的地位，信息变化能引起个体的觉察，容易进入大脑皮层进行加工。所有这些为以下的提高注意选择性的策略提供了认知神经学依据：明确的认知任务；加深对任务价值的理解；感知任务与自身的关系；创设变化的情境，感知信息的变异；用审美和游戏组织信息，提高个体的愉悦感；通过不同的学习活动转换实现"集中注意—分散注意"的选择性注意状态转换，提高学习的认知加工效率；用一致的线索统一学习任务，使学习的认知任务形成具有层次性和系统性的整体，让大脑自然合理地根据学习任务的变化实现选择性注意的转移。

在教学实践中，教师比较重视学习情境的创设，但往往忽视设置合理的认知任务引导学生对情境进行合理的注意选择，造成因情境中的非数学材料干扰数学学习的情形。例如，教师展示了海上日出的视频后问

[①] 魏景汉，阎克乐：《认知神经科学基础》，北京，人民教育出版社，2008。

[②] ［美］E. 詹森：《基于脑的学习》，梁平，译，上海，华东师范大学出版社，2007。

学生，从这个情境中你发现了什么？

学生回答，我发现太阳慢慢地从海平面升起。教师继续问，这里有什么呢？学生会回答，有太阳、大海、沙滩……显然，学生并没有把注意聚焦在本课的核心研究对象——平面中的圆和直线。如果教师在学生欣赏完情境视频后，明确学习任务"从这一景象中能找到熟悉的几何图形吗？这些几何图形有怎样的位置关系？"学生则能进行合理的注意选择。

再如，垂线相关的学习内容是：垂线的概念、垂线的唯一性、垂线的最短性等，如果用简易单摆做一下演示，考察其与水平线之间的位置关系，则垂直与一般相交概念之间的关系、垂线的唯一性、垂线段的最短性就一目了然，既可以为提高学习的注意选择性提供变化的信息，又可以为学生提供直观系统的感知材料，也能自然合理地产生画垂线、量垂线段、探索垂线段最短性，抽象点到直线距离的概念等认知活动的需要，为学生的记忆和提取提供了有效的认知线索（图 8-1）。

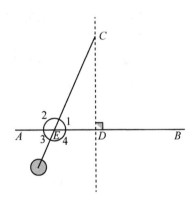

图 8-1　简单单摆

（三）让大脑进行多通道的充分感知

脑同时在意识的许多水平上运作，同时非线性地加工大量的信息。在数学感知中，绝大多数是视觉感知，视觉感知有两条通路，即加工物体位置的枕顶(背侧)通路和加工物体形状、大小、颜色、朝向等信息的枕颞(腹侧)通路(如图8-2)，这两条通路通过特定的脑神经相连接。在对物体的感知中，个体首先通过枕顶通路对物体的位置及其变化进行感知，接着对物体的特征进行加工。两条通路分工协作，前者是对物体的空间位置的整体加工，是平行加工；后者是对物体的特征和细节进行加工，是系列加工。腹侧枕颞通路能对所出现的一致的特征束进行反应而不管物体的位置，腹侧通路的这一功能为再认知记忆客体特征的恒常性，感知数学中空间图形在各种变换下的不变性提供了神经基础。[①]

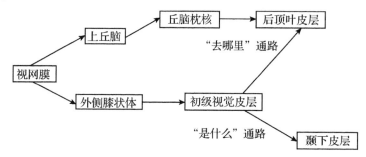

图8-2　枕顶(背侧)通路和枕颞(腹侧)通路示意图

上述关于感知的脑机制研究成果对数学教学的启示是：根据视角优先、多通道协调整合的原则，设计可视化的背景丰富变化的情境引导学生进行多角度、多层次的充分感知，充分利用图形图像来理解和表征数学对象，提高数学感知的认知价值，通过典型简约的模型样例，引导学生从数和形两方面感知数学对象，整合数学感知中的语音、数量加工通道(与顶内沟 IPS 区域有关)和视觉通道，提高数学感知的效率。在数学感知活动中，注意引导学生感知对象变化下的不变性和变化规律。如在初中数学的反比例函数的教学中，可以用面积固定的矩形邻边变化来初步感知反比例函数所刻画的典型变量关系，然后通过函数图像来进一步加深对反比例函数概念的理解(图8-3、8-4)，让学生"看到"变量的变化过程、依存关系和变化规律。

---

① ［美］马克·约翰逊：《发展认知神经科学》，徐芬，等，译，北京，北京师范大学出版社，2007。

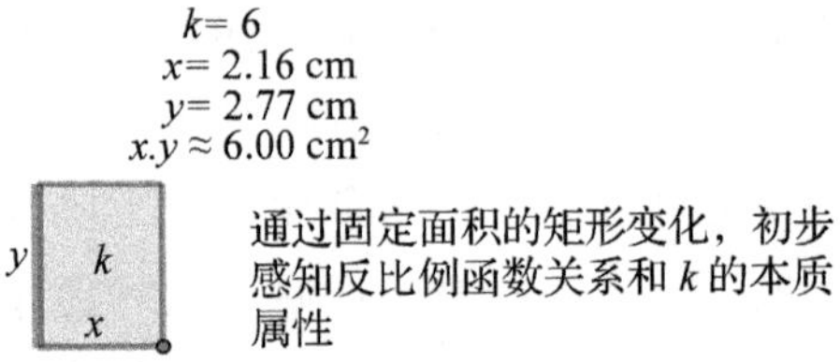

$k = 6$
$x = 2.16 \text{ cm}$
$y = 2.77 \text{ cm}$
$x.y \approx 6.00 \text{ cm}^2$

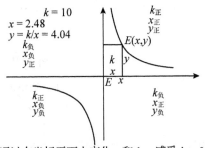

通过固定面积的矩形变化，初步感知反比例函数关系和 k 的本质属性

图 8-3　初步感知反比例函数所刻画的典型变量关系

$k = 10$
$x = 2.48$
$y = k/x = 4.04$

通过在坐标平面内变化 x 和 k，感受 $k > 0$ 和 $k < 0$ 时矩形顶点 B 的轨迹的变化，感知反比例函数图像的本质是面积固定的矩形顶点在坐标平面内的轨迹

图 8-4　通过图像深刻理解反比例函数

在高中数学中，导数是一个比较抽象的概念，如果在教学中能把曲线的割线到切线的逼近过程用动画展示（图 8-5），则能有效地促进学生对导数概念和切线概念的理解。

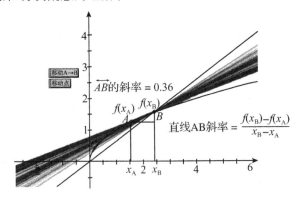

$\vec{AB}$ 的斜率 = 0.36

直线AB斜率 $= \dfrac{f(x_B) - f(x_A)}{x_B - x_A}$

图 8-5　逼近过程动画演示

（四）让大脑进行有序的感知

虽然大脑感知过程具有多通道的属性，但感知的过程是有序进行的。视觉感知最基本的功能之一是视觉分割（Perceptual Segregation），即分辨哪些信息属于一个整体进而把这些信息组成一个独立的目标。根据视知觉的格式塔原理，具有对象背景反差、邻近性、相似性、连续性、闭合性（结构完整性）和对称性的结构具有感知的优先性，在组织信息的过程中，视觉信息最有可能按照邻接律、相似律、连续律、封闭律和同域律结合成整体。①

特瑞斯曼（A. M. Treisman）的特征整合理论认为，视觉加工过程分为两个阶段。一是特征登记阶段，帮助人们对周围环境进行指向性的搜索。视觉系统从光刺激模式中抽取特征，是一种平行的、自动化的加工过程。视觉早期阶段只能检测独立的特征，包括颜色、尺寸、方向、反差、倾斜性、曲率和线段端点等，还可能包括运动和距离的远近差别。这些特征处于自由漂浮状态（Free-floating State）（不受所属客体的约束，其位置在主观上是不确定的）。知觉系统对各个维度的特征进行独立的编码，这些个别特征的心理表征称为特征地图（Feature Map）。二是特征整合阶段（物体知觉阶段）。知觉系统把彼此分开的特征（特征表征）正确联系起来，形成能够对某一物体的表征。此阶段，要求对特征进行定位，即确定特征的边界位置在哪里，这些特征的位置称为位置地图（Map of Locations）。这一系列加工过程发生在视觉处理的后期阶段，是一种非自动化的、序列的处理。

陈霖的拓扑知觉理论认为，拓扑性质的早期知觉中，人们是通过拓扑变换中的不变性质的早期辨别来分离知觉对象和背景的。他认为，知觉物体就是把物体从背景中分离出来，而这种分离的依据就是拓扑变换下的不变性质；从拓扑不变性质到射影不变性质到仿射不变性质最后到欧几里得变换下的不变性质，这是添加限制条件的过程也是物体的几何

---

① Stephen E. Palmer, "Modern Theories of Gestalt Perception," Mind & Language, 1990, 5(4), pp. 289-323.

性质从稳定到不稳定的变化过程。①

综上所述，数学感知是有序进行的。数学感知过程具有"两个阶段""三个过程"特征，即感觉登记与知觉形成两个阶段，感觉登记、特征扫描和特征整合三个过程。第一过程，在感觉登记阶段，首先视觉从光模式刺激中获取对象的拓扑特征(整体轮廓)，同时，对象中与个体经验密切联系的特征也以自动加工的形式平行存在。第二过程，个体进行注意选择，有意识地按照一定的次序(先熟悉再陌生、从整体到部分、从拓扑特征到度量特征)对对象的特征进行扫描并按照一定的层次结合成模块。第三过程，个体有意识地把不同层次的特征模块整合成对象的稳定形象。在第一过程，以视觉加工为主，加工的方式是平行的自动加工，第二过程和第三过程则需要语言符号的参与，属于系列加工。这一数学感知过程可以用图 8-6 表示。②

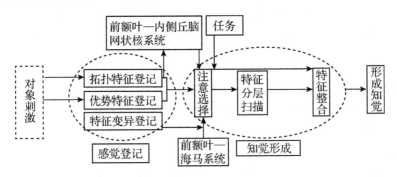

图 8-6　数学感知过程示意图

上述结论对数学教育的启示是：数学感知活动是分阶段的，是整体到部分再到整体的过程，是拓扑到度量的过程，感知的重点是各种变换下的不变性和变化规律，把具有相同特征的对象重组成一个整体并从背景中分离出来，知觉形成的过程既有平行加工，又有系列加工，数学感知的充分性衡量指标是能否从对象中分离出具有稳定特征的整体。

---

① 朱滢：《陈霖的拓扑性质知觉理论》，载《心理科学》，2005(5)。
② 吴增生，王光明：《数学感知初探》，载《中国数学教育(初中)》，2010(9)。

（五）数学表征

数学表征——理解数学信息，建构信息意义的中介。学习的核心任务在于建构信息的意义而非信息本身[1]，大脑对信息表征的神经活动方式是神经元群的协同放电，而从外在的刺激信息转化为大脑神经活动的中介则是对对象的模式化表征，因为，大脑对信息的加工过程是建构性的，而非复制性的。模式存在方式有：数学模型，如各种几何图形、函数图像、程序、表格、等式等；表征数学命题系统的语义模式；表征程序性知识中的产生式。个体大脑建构的信息意义是综合地运用各种表征方式以知识网络上加注过程情境的方式(即认知地图)的形式存在的。由于大脑总是以经济的方式加工信息，因此，大脑总有用已有的方式表征新对象的倾向，也就是说，同化学习是最经济的学习方式。如果难以用已有的方式表征对象，则大脑会产生更多神经元群参与的更广泛的协同激活，产生新的模式来表征新对象并取得与原知识网络的协调，这就是建构性的顺应学习，这种学习虽然不经济，但能促进大脑神经新颖连接的形成，形成有价值的知识网络的扩展，具有发展大脑认知能力的高价值。

数学表征活动伴随着个体的整个学习进程，表征的数学专业化和精细化、表征的多样性和各种表征方式之间的流畅转换是进行抽象和概括的基础，也是数学思维发展的基础。例如，当看到同一棵树上两片树叶、同一底片洗出的两张照片、放大或缩小复印的图片时，得到的是两个对象的形状相同的感觉——这是非数学的直观感觉，然后，用数学的方法表征多边形的形状相同这一特征，得到"对应边成比例、对应内角相等"的特征描述，抽象出相似多边形的概念，再进一步研究三角形相似的性质和判定(相似特征的精细化数学表征)。如果想把相似关系推广到平面上的一般图形，则需要用向量函数的概念 $f(x) = kx$, $x \in \mathbf{R} \times \mathbf{R}$，进一步，通过用函数迭代表示自相似关系，则就进入了分形几何领域。

---

[1] ［美］沃尔特·J. 弗利曼：《神经动力学：对介观脑动力的探索》，顾凡及，梁培基，等，译，杭州，浙江大学出版社，2004。

在数学认知活动过程中，根据学习任务，对数学对象、特征和关系进行有向(指向学习任务)多元(用不同的方法)表示数学对象、特征和关系，对高效率完成认知任务，促进数学思维的发展，无疑具有积极的促进作用。

（六）让大脑经历自然合理的数学思维

大脑信息加工的方式是模式加工，因此，数学思维的对象是各种模型或模式。抽象和概括是数学思维的核心，推理是思维的基本形式。大脑神经元之间相互连接构成具有多层(6层)结构的相互联系的神经网络，锥体细胞的树突可以从各层中接收信息，经过整合，确定输出，另一方面，各层皮层细胞之间有大量的神经纤维相连接。大脑神经细胞连接的这种多层拓扑网络结构是进行概括和抽象的基础。

那么，大脑是怎样进行抽象和概括的呢？

从特殊到一般的弱抽象过程：需要感知到多个具有共同特征的模型，这些模型可能是可以直接感知到的，也可能需要在原有的模型类别中寻找；需要比较这些模型，寻找其共同特征，在寻找共同特征的同时，往往需要进行模型特征的新的表征才能发现；需要确定规则，在规则下把这些具有共同特征的模型组合成新模型；需要通过正例和反例明确新模型的边界。例如，在数列概念抽象活动中，需要经历如下的活动：从实数集 **R** 中感知可列子集或有限子集，如正整数集、正奇数集等；比较这些不同子集之间的相似性，并通过建立正整数集子集与这些子集之间的对应关系来描述这些子集的离散性——建立下标和数项之间的关系；把这种关系用语言(下定义)、符号(把 a_n 用含 n 的式子表示)和图形(用散点函数图像表示)等不同方法表示；举反例确定概念外延的边界。

在概括抽象的过程中，假如感知的对象来自集合 X，首先需要把 X 进行分割，得到若干子集 X_i，$i=1$，2，3，…，然后通过这些子集之间适当的集合运算(有限交和任意并)组成新集簇——这就是一个拓扑过程。从特殊到一般的抽象和概括时的关键活动是：感知多个对象；比较对象共同特征；共同特征的合理描述和符号化；确定抽象概括的边界。

从一般到特殊的抽象和概括则需要经过以下过程：对象分类；特征辨别；对象特殊化下的特征分化与表征；系统化和符号化等过程，其认知神经学机制是在较大范围的神经连接网络中分化出局部神经网络，形成局部神经网络的功能特异化。

从特殊到特殊的类比性广义抽象概括是建立靶对象空间和源对象空间的映射的过程：$X \longrightarrow Y$, $x \in X$, $y \in Y$, $x \longrightarrow y$，且保持 x 的结构 J_x 和 y 的结构 J_y 的某种对应关系：$J_x \xrightarrow{f} J_y$。其核心的活动是结构特征的相似性比照和对象结构特征的一致表征，其神经机制是建立两个局部网络的联系和同步激活。

推理是数学思维的基本形式，中学数学推理主要包括类比推理、归纳推理和演绎推理。对于数学推理的脑机制研究，目前还是初步的，但其中的一些研究成果对数学教育的启示却是令人振奋的。

2000 年，戈尔(Goel)等人的一项脑成像研究中直接比较了参与两类三段论推理的脑区，[①] 一类是包含具体名称的范畴三段论推理，另一类是不包含具体名称的抽象的三段论推理。研究结果表明：无论是具体的三段论推理还是抽象的三段论推理，都会激活双侧的基底节、右侧的小脑、双侧的纺锤状回以及左侧前额叶在内的脑神经网络。而相对于抽象的三段论推理而言，具体的三段论推理会激活包括左侧颞中/上回以及左侧额下回在内的语言加工区域；相对于具体的三段论推理而言，抽象的三段论推理会激活包括双侧枕叶、双侧顶上小叶、双侧顶下小叶、双侧额中回以及双侧中央前回在内的视觉—空间信息加工区域。该研究支持推理的双重机制理论(Dual Mechanism Theory)，人们既可以基于形式逻辑结构进行推理，也可以基于以往的经验进行情景—特异的启发式(Situation-Specific Heuristic)的推理。只有在没有适合的背景知识可供参照的条件下，人们才会基于形式逻辑结构进行推理。这些研究成果，一方面说明，学生学习推理证明，在具体的情境下结合具体的知识和任务进行是

---

① Vinod Goel，Christian Buchel，Chris Frith，et al，"Dissociation of Mechanisms Underlying Syllogistic Reasoning,"*NeuroImage*，2000(5)，pp. 504-514.

最有效的学习方式，这种情境应该能够融合大脑基于语义的规则和空间加工方式的训练。另一方面也说明，推理与语言符号密切相关，让学生经历推理的听、说、读、写活动能有效促进推理证明的学习。

程序性知识的最基本的脑活动模式是在"如果……，那么……"下的产生式系统。数学推理是程序性知识，数学方法、数学思想和数学解决问题的策略也是程序性知识，只不过这些程序性知识的抽象层次各不相同。程序性知识既是陈述性知识获得的过程心理操作程序，又是产生新的程序性知识的"产生式"的源泉，程序性知识、陈述性知识和策略性知识的相互关系，如图 8-7 所示。因此，理解数学陈述性知识是进行程序性知识积累的基础，而以产生式活动程序理解和运用陈述性知识是知识应用的技能化和数学思想方法形成与发展的主要途径。

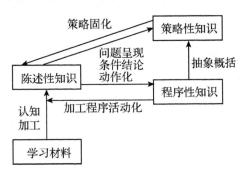

图 8-7　陈述性知识和程序性知识及策略性知识间的关系

三、 发展脑的教育依据——大脑皮层的可塑性

所谓发展脑，指的是数学教育要最大可能地促进人脑的协调发展。大脑发育与认知发展是相互影响、相互促进的。一方面，大脑神经系统的发展为个体认知和情感发展提供了生物学基础；另一方面，大脑神经系统是在与内外环境的相互作用中发展完善的，其中学习活动是个体与外部环境的主要作用方式。伦敦大学脑与认知发展中心的马克·约翰逊(Mark H. Johnson)在总结和评价人类功能性脑发育的"成熟论"观点和"技能学习观点"的基础上，提出了融合这两种观点的新的理论模型：交互式特异化理论(IS, Johnson, 2001—2002)。他认

为，大脑是在与内外环境不同层次上的相互作用中发展的，这其中包括基因水平、分子水平和细胞水平的内环境之间的相互作用，机体与外环境之间的相互作用(包括物种—典型环境的原始作用和个体—特殊环境的相互作用，即学习)，与内环境的相互作用能影响脑的整体宏观发展，而学习则能改变脑神经局部区域和认知功能的发展，影响着大脑区域的分化和大脑皮层功能的特异化。迄今为止，大量的认知神经学实验证实了皮层具有可塑性。[①] 经过认知神经学的研究，初步发现了数学量化操作的关键脑区——顶内沟(IPS)。杜克大学的一个研究小组利用功能性磁共振成像技术(FMRI)调查在成年人和学龄前儿童的脑顶内沟区是如何对非符号型数值做出反应的，结果发现人类大脑内控制非符号型数字认知的环路在个体发育初期已经在相应位置形成。但是，顶内沟活性在成年人中是左右对称的，而四岁儿童却分布于大脑右半球。这说明，数量认知与操作的神经功能是随着数学学习而改变的。

学习改变突触连接方式和强度，新情境下的学习能产生神经的新颖连接，而练习能强化连接的强度。大脑神经连接需要有一定的强度，这是信息加工的基础，而真正能促进大脑神经新连接的形成的学习是探究性学习，是数学的感知、表征、抽象概括和推理等认知活动，是建立未知对象与已有知识经验联系的学习活动。因此，在数学教学中，需要从学生的已有知识经验出发，在探索新知中进行适当的数学认知操作，形成新的神经连接，扩展和优化大脑神经网络及其信息加工方式，然后通过知识的变式运用来强化连接，固化这种皮层的可塑性改变。这就要求在数学课堂教学中，根据学习内容特点及其潜在的教育价值，兼顾探究活动和练习活动，让学生在学习中发展脑的认知功能，既能开发知识形成过程中数学思维发展的高价值，又能在数学知识的运用中实现从一般原理到特殊情境下知识应用的概括，巩固知识和发展脑的认知加工功能。例如，在初中数学"同位角相等，两直线平行"的教学中，首先从平

① Miriam Schneider，Michael Koch，"Deficient Social and Play Behavior in Juvenile and Adult Rats after Neonatal Cortical Lesion：Effects of Chronic Pubertal Cannabinoid Treatment，" *Neuropsychopharmacology*，2005(30)，pp. 944-957.

行定义出发，发现用定义判断两直线是否平行时难以操作，然后，让学生回顾生活中判断两直线平行的经验，如量距离、作垂线、平推法等，然后引导学生从这些经验中发现，要在有限的区域内判断两条直线在无限远的地方是否有交点，最关键的是找"第三条直线"，构成"三线八角"，并通过观察和测量发现"同位角相等，两直线平行"，并结合几何画板动画进行验证，在此基础上，应用公理进行推理计算的训练，并设置前面探究时间大约为 20 分，验证和推理 5 分，变式应用练习 15 分，回顾总结 5 分。这样，能在探究原理和应用巩固活动之间取得良好的平衡。使数学课堂既能体现知识获得过程的高认知价值，又能及时巩固知识，发展数学应用能力。

脑的功能性发展，既是数学教育的起点，也是数学教育的归宿。尽管迄今为止，人类对脑机能及其发展的神经学研究刚刚起步，还远不能揭示大脑的运行机制和发展规律，但许多研究成果对教育的启发是深刻的，数学教育如果能从脑科学研究成果中获得启发，提取教育策略，或者以认知心理学为中介，从认知心理学和脑科学中吸取精神营养，形成策略，并进行实践检验和实证研究，对高效率教学策略的创新，无疑是有益的，这应该是今后一个时期高效率教学研究的一个重要方向。

第二节　昌吉州"TEC 教学"教育实践

新疆昌吉州实验区自参加课题以来，极大地推动了当地的教学改革。2006 年 5 月，昌吉州承办了"全国高效率数学教学经验"课题研讨会。昌吉州结合其实际情况，进行了"TEC 教学"教育实践，该教育实践主要负责人为新疆昌吉州教研中心特级教师吴勤文。"TEC 教学"的具体内容及实践过程如下。[1]

---

[1]　吴勤文，杨世明：《对"TEC 教学"基础的反思》，载《数学教育学报》，2007(1)。

一、 "TEC 教学"的具体内容

（一）"TEC 教学"的含义

在数学教学过程中，教师遵循以人为本、数学化与再创造、必要性与有效性三项原则，注重渗透数学思想，进行情感教育，实施合作教学，从而促进学生全面发展的教学方式，简称"TEC 教学"，其中 T、E、C 分别为三个英文单词 Thought(思想)、Emotion(情感)、Cooperation(合作)的第一个字母。

（二）"TEC 教学"的过程

"TEC 教学"对数学教学的改革，不是枝节的改革，而是全程改革，整个教学过程包括如下环节。

1. 班集体整合

组建"TEC 教学"学习小组及学生"TEC 教学"课题组，进行学法培训，促进"小先生"涌现，树立良好班风、学风，增进学生集体荣誉感。

2. 教学设计与上课

教学设计分为宏观、微观、情境 3 个层次，上课依情况运用讲授、讲练结合、课堂讨论、小组研究等方式，进行混沌控制。

3. 辅导与作业处理

教师通过"TEC 教学"学习组与课题组充分了解学生疑难，进行以个别辅导为主的辅导，师生结合安排作业和处理作业。

4. 学习评价

学习评价分为激励性评价和形成性评价两种形式。

5. 课外活动指导

作为课堂学习的必要补充，学生自主进行，教师指导。

（三）"TEC 教学"的原则

这些原则将用以指导和规范整个教学过程。

1. "以人为本"原则

取代"以纲为纲、以本为本"原则，这是全新的数学观和教学观的体现。

2. 数学化与再创造原则

不教、不学现成的结论，依托的是弗赖登塔尔（H. Freudenthal）的数学教育思想，数学返璞归真教育和建构主义的学习观等。

3. 必要性、有效性原则

在教学过程中，各种教学方式、举措，都应是必要的和有效的，不得摆花架子。

此外，教学过程还要求贯彻"MM 方式"的"既教证明，又教猜想"和"教学、学习、研究(发现)同步协调"两条原则。

（四）"TEC 教学"的操作变量

操作变量即教学措施，具体内容如下。

1. 渗透数学思想

返璞归真教育、美育教育、数学发现法教育、数学家人品教育、数学史志教育，以及演绎、合情推理及一般解题方法教学，都蕴含数学思想方法。另外，对数学的整体认识，数学的价值和数学精神，也可在渗透数学思想的过程中逐步形成。

2. 进行情感教育

学习数学的过程和不断的小小"成功"、克服艰难险阻的小小"胜利"，都带有愉悦和兴趣，而对数学的兴趣和情感，更多地是来自数学美和高品位的艺术欣赏价值。另一方面，教师对学生的关爱也会极大促进学生情感的发展。事实上，学生对教师的情感和对数学的情感是可以互相转化的。

3. 实施合作教学

按数学共同体学说和社会建构主义，数学知识既是个体的，又是社会的；既有个人独立钻研思考(主要途径)，又需与人合作(辅助渠道)；同时，学习数学有利于合作意识的培养。

（五）"TEC 教学"的目标

"TEC 教学"的目标是从数学角度促进学生的全面发展，对它加以分解就是：引导学生自我增进一般科学素养，引导学生自我提高社会文化修养，引导学生自我提升身心健康水平，引导学生形成和发展数学品质。如图 8-8 所示。

目标 ——从数学角度 促进学生全面发展

- 引导学生自我增进一般科学素养
- 引导学生自我提高社会文化修养
- 引导学生自我提升身心健康水平
- 引导学生形成和发展数学品质

图 8-8　TEC 教学目标

在"TEC 教学"的表述中，将目标、原则、操作等综合考虑，旨在促进学生认知领域和情感领域的和谐发展。

（六）"TEC 教学"的主要方式

1. "情境式"引入课题

生活中，我们都有这样的体会，在饥饿状态下吃东西特别香，也有可能更多地转化为机体的能量，学习也是如此，当学生求知欲望很迫切时，感官系统处于一种亢奋状态，必然会产生迫切学习的愿望。因此，教师应创设情境引入课题，使学生变得"心求通，口欲言"。"情境式"引入课题的方法很多，贵在一个"疑"字，学生有疑之后就要"求通欲言"了。

从问题出发，让学生在某些感悟和认知的冲突中，在学生自身的体验和思考中，去主动地发现、构建新知识，尽快进入学习的高潮。

2."讨论式"解决问题

改变教师讲学生听的问题的解决方法，是以生生、师生讨论的方式实现信息的多向交流，彼此启发，共同寻找解决问题的思路。

讨论的前提是提出有思考价值的问题，促使思维充分展开，同时要切实发挥教师的主导作用，做好组织、引导、评价工作，动中有节，乱中有序，保证讨论高质量、高效益地进行。

3."开放式"变换问题

开放题是相对于封闭题而言，其特征是题目的条件不充分，或者结论不确定。到了 20 世纪 90 年代，开放题才逐渐进入课堂，因而具有鲜明的时代特征。对于学生而言，数学学习能够进行一定的创造性数学活动，而学生这种再创造的能力往往是在解决数学问题的过程中逐渐培养起来的。

4."小组式"相互促进

小组合作学习采用"异质分组"的方式，即将不同学习能力、学习态度、学习兴趣、性别、个性的学生分配在同一组，组成 4 人或 6 人学习小组，鼓励同学间彼此协助，互相支持，使自己和他人都达到最佳的学习效果。

二、"TEC 教学"的实践过程

"TEC 教学"是从哪里来的？它建筑在什么样的基础之上？"TEC 教学"建筑在数学教学实践的基础之上，来源于教育实践。具体实践过程如下。

（一）调查与反思

1990 年，昌吉州广泛开展了"初中数学自学辅导教学实验"，目标是充分调动学生的积极性和主动性，着重培养学生的自学能力。实验对教师产生了极大的冲击，促进了他们观念的转变，认识到在传统"五环教学法"之外，还有更新更好的方法。然而，这种根据美国哈佛大学心理学教授斯金纳的"程序教学原理"设计的教学，主要是知识的教学，没有体现数学学科的特点，很难发挥数学学科独特的育人功能，由自学辅导实验促使我们对国内二十多年来数学教学方法改革进行深刻的反思。另一方面，为了了解数学教学的现状，我们在 1999 年下半年进行了大范围调查，对课堂教学进行观察和思考，情况如下。

第一，教学重结论、重知识传授、轻知识的形成过程，更谈不上数学思想的渗透。

第二，以"教"为中心，多数照本宣科满堂灌，尽管"教学大纲"上写了"学生是学习主体，教师为主导"，但根本看不到学生主动性的发挥。

第三，"三年课，两年完，一年训练"成为"常规"，师生在"考分"的重压下，苦不堪言，极大地损害了学生的身心健康，从初一到高三(有的基本辐射到小学)概莫能外。

第四，教学缺乏人情味，学生缺乏兴趣，教师按"预订进度"上课，并不考虑学生是否会学，智能是否发展。

第五，教师知识贫乏、陈旧，不学习，不研究，因而数学观、教学观往往是不正确的，教师的头脑成为一潭死水，久之成为腐臭之水，这是十分严重的。

对教学现状进行反思，尽管我们普遍开展了自学辅导实验，但这种情况显然不是"实验"带来的，而是实验"无力回天"，因此，有必要设计一种新的实验，使数学教学真正走上"素质教育"的正轨。

（二）初期实验

根据以上调研情况，提出构建"贯穿数学思想、数学情感教育的合作教学模式"的设想，制订了实验方案，2000 年 4 月开始实施，到 2002 年 11 月，共有 57 名教师在 110 个教学班进行实验。这一阶段，进行了不同规模的教师理论培训，召开全州规模的大型报告会与经验交流会 7 次，47 位教师上了研讨课，各县市、实验校的"TEC 教学"课题组开展了系列的学习和教研活动，2002 年 11 月结题，通过了自治区阶段性课题鉴定。

（三）推广实验

通过自治区课题鉴定以后，实验开始走向全新疆，参加第二阶段实验的有包括昌吉州、巴州、塔城、喀什、阿勒泰和兵团农二师、农六师的 65 所学校的四百多名教师，约 800 个实验班。在这个实验阶段中，先后进行了两次遍历实验点的听课教研活动，实验教师和非实验教师热情都很高涨，简直成了对"TEC 教学"两个阶段实验的大总结、大反思，对"TEC 教学"的大审视，许多意见非常尖锐。例如，对于"情境设计"，大家认为应与数学密切相关；对于课堂上的"活动"，必须进行反思和数学化，课堂必须要有"数学味"，坚持既教猜想，又教证明，忽视猜想，活动固然不对，忽视数学证明更不可取。

在课堂教学中，必须改变赶进度(如对问题讨论草率收场)、照本(或教案)宣科等以本为本的现象，而应当以学生身心发展需要为本，适当补充必要内容，修复被无端拆断的路和桥，"创造性"应用课本，对零乱、破碎的知识加以整合，鼓励学生对"课本"加以质疑，总而言之，应当以人为本。

各种教学举措，包括对多媒体的应用，都要坚持有必要才用，而且要用出实效，而避免为用而用、作秀等不良倾向，对情境创设、小组讨论等，也应坚持必要性和有效性。

对于快乐学习和刻苦学习，大家认为，应提倡艰苦奋斗的光荣传统，提倡先苦后甜，苦中有甜；对于个人钻研和合作学习，大家认为，个人钻研是主渠道，是合作的基础，而合作是数学学习的辅助形式。

对于"学生为主体，教师为主导"的二主方针，大家认为，它同抓"双基教学"(基础知识、基本技能的教学)一样，是我国数十年数学教学优秀经验的凝结，是传统数学教学的精华。从"教师中心论"走向"儿童中心论"，是从一个极端走向了另一个极端，肯定是错误的，放松"双基教学"，一味地反复训练(如"题海战术")是不会成功的。

对数学教学来说，活动和知识，过程和结果同等重要，单纯强调一点是片面的。

对数学教师来说，观念(数学观：对数学和初等数学，对数学的功能，对数学的逻辑结构的看法等)是非常重要的。不断更新自己的知识也是非常重要的，因而要勤读书刊，参与数学和教学研究，积累研究的经历，"吃透教材"这是必不可少的，只有"吃透教材"，才能选择恰当的教法。大家认为，只有学习数学哲学，树立正确的数学观，才能抵制各种错误(往往很时髦)理念的侵蚀和干扰，学习和研究能使我们自己的"半亩方塘"不断汲纳"源头活水"，整天"教育"学生要学习，自己却不学，有悖于"身教胜于言教"之道，使言教效果大打折扣。

总而言之，"TEC 教学"的原则、目标、操作变量、状态变量，是实验教师(以及很多非实验教师)经验和心血的凝集，是多少回合反思、切磋、争论、补充修改完善的结果，是有着深厚的实践基础的。

三、 "TEC 教学"案例

对点到直线的距离公式的推导，教师提出问题：怎样求点 $P(x, y)$ 到直线 $L: Ax+By+C=0$ 的距离。作出垂直线段 PQ(图 8-9)提问学生："线段 PQ 可以看作什么？不同的看法，可以得到不同的求法。"

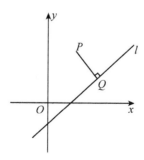

图 8-9 点到直线的距离

让学生分组讨论，集思广益，看看学生能否提出一些想法，不必急急忙忙进入具体的推导过程，教师最好不要介入学生讨论，只做一个旁观者。当然，学生大概能提出 4 种思路，教师应当了然于胸。

思路 1：把线段 PQ 看作两点的距离，可以用求交点的方法求解。

思路 2：把线段 PQ 看作某三角形的直角边长，可以用构造直角三角形的方法求解。

思路 3：把线段 PQ 看作 P 到 L 上任意一点距离的最小值，可通过建立函数来求解。

思路 4：把线段 PQ 看作 $\odot P$ 的半径，但学生不一定能想到用判别式求解，因为学生还没学圆的方程，但可以鼓励学生阅读教材的有关内容试试看。

在教学中，我们应当鼓励学生，提出一些与众不同的想法，不要一开始就把学生的思维纳入自己的框框中，与自己不同的想法马上予以"扼杀"，教师要做的是怎样让学生智慧的火花迸发出来，满腔热情地投入学习中。

思路明确后让学生按组选其中一种思路以合作学习的方式进行推导，在具体运算过程中遇到难以逾越的障碍时，教师可以点拨，助他们一臂之力。

如果选择思路 1，将涉及复杂的运算，这时教师要鼓励学生耐心、细致，勇敢地把运算进行到底，对培养学生的毅力、自信心很有帮助。接着让学生反思，这种方法是否太麻烦了，可否简化。观察公式：

$$|PQ| = \sqrt{(x_0 - x_Q)^2 + (y_0 - y_Q)^2}。$$

公式中出现的是 $x_0 - x_Q$，$y_0 - y_Q$，可以不必解关于 x，y 的方程组，而是解关于 $x_0 - x_Q$，$y_0 - y_Q$ 的方程组，运算量大大减小。通过对比，学生体会到善于观察、联想，敏锐地捕捉信息并合理地利用对优化解题过程的意义。

如果选择思路 2，辅助线有不同的作法，导出公式后检查推导过程是否严密，提醒学生注意对 A、B 的讨论。

如果选择思路 3，建立关于 x 或 y 的函数，显然比较复杂，建立关于 $x_0 - x_Q$，$y_0 - y_Q$ 的函数就简单多了，利用二次函数的性质算出最小值。

至于思路 4，可让学生通过自学进行尝试，打破按部就班的学习方式，以问题为指针，需要什么就学什么。

对大多数学生来说，课堂上完成一种证法，其余证法作为作业课后完成，并写出学习本节课的心得体会。（作业可过几天再交）

这节课教师把主动权交给了学生，以组织、指导、欣赏者的身份出现，和学生同台"演出"，学生一定会感到兴致盎然。

"TEC 教学"模式体现了开放式教学的要求，是一种开放式的教学模式，同时，它的指导思想和新的数学课程标准的理念一致，对新的数学课程改革实验将是有力的支撑。"TEC 教学"实验自 2000 年 4 月开展以来，目前全州近百名实验教师积极性很高，他们边学习、边实践，进行全方位的探索，使"TEC 教学"模式不仅仅是停留在形式上，而是在不断丰富和完善。

第三节　江苏"开放式教学"教育实践

教学过程效率不高，学生数学课业负担重是数学教育面临的重要问题。教育理论研究表明，学情是教学行为决策的重要依据，针对如何"以学定教"，实施高效教学，促进学生发展的问题，江苏实验区提出了"开放式教学"[①]的教学策略，并对此进行了行动研究。

一、　"开放式教学"的行动研究

高效教学是指师生能花最少的时间和精力，获得最大化的收益。高效教学行为应唤醒、推动、保护、激扬学生高效地学习。[②] 研究从开放教学目标、教学内容、教学方法、教学媒体等方面实施开放式教学的行动研究。

---

① 杜庆宏：《开展高效数学教学的行动研究》，载《数学教育学报》，2010(5)。
② 王光明：《数学教学效率论——走向高效率的数学教学（理论篇）》，天津，新蕾出版社，2006。

（一）教学目标的开放

教学目标不再仅仅限于知识与解题能力方面，也不是桎梏于形式上的三维目标。我们既制订适合全体学生的群体目标，又制订适合不同学生的个体培养目标，指导学生制定个人发展规划。既有每一章每一节科学的、明确的、完整的教学目标，又有为学生后来发展的长远目标。教学目标的开放是指理性与人文目标、群体与个体目标、课内与课外目标、近期与长远目标等多种教学目标的兼顾。

（二）教学内容的开放

教学内容的设置必须面向全体学生，具有层次性与可选择性，根据教材设置一些难度适中，具有可研究的开放题是实施教学内容开放的有效手段。这样，不仅能使每个学生可以从事自己力所能及的探索，还能让学生体验数学研究中的一些方法，加深对数学本质的理解。

在数学归纳法一节中，有这样的基本等式：$1+3+5+\cdots+(2n-1)=n^2$。它可以理解为自然数 $n(n\in\mathbf{N}^*)$ 的平方可以写成 n 个连续奇数的和。教师可以提出以下问题。

问题1：自然数 $n(n\in\mathbf{N}^*)$ 的立方能否写成 n 个连续奇数的和？具体讲 1^3，2^3，3^3，4^3，$\cdots$，n^3 能否写成 n 个连续奇数的和？学生通过仔细观察验算可以列出等式 $1^3=1$，$2^3=3+5$，$3^3=7+9+11$，$4^3=13+15+17+19$。从以上4个等式能否猜想一般结论：任意自然数 n 的立方可以写成连续 n 个奇数的和吗？如何证明？关键找第一个数和最后一个数。

设第一个数为 x，从该数开始 n 个连续奇数的和 $S_n=nx+\dfrac{n(n-1)}{2}\times 2=n(x+n-1)$，应该有 $n(x+n-1)=n^3$，即 $x=n^2-n+1$，最后一个数为 n^2+n-1，即 $n^3=(n^2-n+1)+(n^2-n+3)+\cdots+(n^2+n-1)=\displaystyle\sum_{k=1}^{n}[n^2-n+(2n-1)]$。（证明略）

问题2：n^2，n^3 都能写成 $n(n\in\mathbf{N}^*)$ 个连续奇数的和，那么 n^4，

n^5，…，n^m（$m \in \mathbf{N}$，且 $m > 1$）又怎么样呢？一般地，n^m（$m \in \mathbf{N}$，且 $m > 1$）能否写成 n 个连续奇数的和呢？答案是肯定的，学生可以仿照上述思考方法，得出结论并加以证明。

问题 1、2 的提出，特别是命题的发现过程，体现了由特殊到一般、由简单到复杂、由感性到理性的认识发展过程，运用了联想、类比、一般化的方法。这样，有利于培养学生的创新能力。

教学内容的开放不仅局限于设计一些开放题，还要善于把不同学段的教学内容融入课堂教学中，把生活实际运用数学的范例引入课堂，开放了教学内容但又坚持做到教学内容的八方联系、浑然一体，体现数学教学的整体性、系统性和逻辑性。

（三）教学方法的开放

数学教学必须能够启发诱导学生独立思考，激发他们对数学的兴趣，帮助他们做他们想做的事。我们重视对研究法、发现法、范例法、讨论法等教学方法的研究和使用，并在教学活动中重视多种教学方法最优化的组合。在我们的数学课堂教学中，学生要想说、能说、敢说、会说。想说指学生有说话的欲望；能说指学生有说话的机会；敢说指学生心理有安全感；会说是指学生有表达的能力。教师要把话语权还给学生，解题后让学生说："还能求什么？""如果这条件不具备，结果又如何？""这个条件改一改还有这结果吗？""如果将条件结论对换得到的命题如何？"等。让学生"说数学"成为教学常态，"说数学"的过程既是引导学生深入理解数学，也是引导他们体会数学思想方法的过程。

（四）教学策略的开放

提高教学效率，不存在万能的教学策略。要想提高数学教学效率[①]，就必须针对不同的教学内容灵活选择不同的教学策略，做到教学策略的开放，灵活运用不同的教学策略。数学概念学习的学习策略包括

---

① 王光明：《数学教育要培养效率意识》，载《中学数学教学参考（高中版）》，2006(5)。

4 个方面的内容：建立概念域与概念系，理解原式与变式，运用正例与反例，利用多种数学语言。

1. 建立概念域和概念系

数学教学中经常出现这种情形，学生在学习了一个概念之后，具体应用这个概念时往往会犯不同类型的错误，或者是没有把握概念的内涵，无法辨认概念的反例，或者是不能理解概念的变式，究其原因是学生的学习是机械学习，他们在概念学习中没有形成概念域或概念系，不能多角度、多背景地深入理解概念。因此，个体形成概念域、概念系是数学概念学习的一个本质特征，也是数学概念教学的基本策略。

喻平利用图式概念对概念域做了描述，即"概念 C 的所有等价定义的图式，叫作概念 C 的概念域"。具体地说，概念域的含义是指某个概念的一些等价定义(知识)在个体头脑中形成的知识网络，是个体数学认知结构的组成部分。下面再对概念系进行描述："如果一组概念 C_1，C_2，$\cdots$，C_n 存在关系，$C_1 R_1 C_2 R_2 \cdots C_n R_n$（＊），其中 $R_n (n=1，2，3，\cdots)$ 表示强抽象、弱抽象、广义抽象这 3 种数学关系中的一种，那么称（＊）为一条概念链，记为 $\{C_1，C_2，\cdots，C_n\}$。如果两条概念链的交集非空，则称这两条链相交。如果 m 条概念链中每一条都至少与其余的链都相交，则称这条链的图式为概念系。"简单地说，概念系就是在个体头脑中形成的概念网络，这条网络中的概念间存在一些关系。在概念教学中，通过建立概念域和概念系，可以使学习者建立概念间的联系，形成完善的认知结构，因而对概念的理解也就更深刻，学习效率更高。

2. 理解原型与变式

在概念教学的过程中，一个数学概念的原型对概念本身具有最高程度的代表性，有助于学习者对概念的理解和记忆，但是把握一个数学概念必须对其内涵有深入的理解，必须全方位审视，形成概念域。如果过分注重数学概念的原型，势必容易以偏概全，影响数学学习的效率。例如，提到正弦函数，学生头脑中往往想到的是 $y = \sin x$，而不易想到 $y = A\sin(\omega x + \varphi)$。在证明命题时，也常因图形或条件的特殊化，取命题的特殊情形去证明，而忽略了对一般情形的谈论。

因此，在概念教学中，要充分利用原型和变式来深入地理解概念。先以原型建立概念的标准与典型的表象，再辅以变式从各个侧面，充分认识这个原型的本质特征，最终使学生在大脑中以保持概念的本质属性的原型作为表象。同时，通过各种变式的干扰，也可以使学生对所建立的概念表象有更为清晰的认识，加深对概念的理解和把握。通过综合理解概念的原型与变式，达到完善认知结构、提高学习效率的目的。

3. 运用正例与反例

在数学概念教学过程中，应明晰概念的正例与反例。正例，又称为肯定例证，主要是反映概念本质属性的，是概念所在类别中的成员。在数学概念学习中，正例主要体现为原型和变式两种类型，其本质是，所给的例子"是这个概念"，包含概念的所有本质属性。反例是否定例证的一种，总的来说，不属于概念类别的其他例子都是概念的否定例证，即不具有概念本质属性或者只有概念部分本质属性的实例。

正例与反例对数学概念学习的影响，主要是由正例与反例所反映的概念的特征差异所造成的。正例包含着概念的本质属性，具有典型性（包括相关特征和无关特征），变式在本质属性（相关特征）方面具有一致性，而在无关特征方面具有变异性、变化性。反例在本质属性方面具有变异性、变化性，而在无关特征方面有时却保持一致性。因此，在概念学习中，通过恰当运用正例与反例，可以加深学生对概念的本质属性的理解，加强对概念的本质的认识，从而提高数学学习的效率。

4. 利用多种数学语言

语言是思维的载体，思维需要用语言或文字来表达。数学语言是数学化了的自然语言，是数学特有的形式化符号体系，具有简练、准确、清楚和形式多样的特点。数学语言包括符号语言、文字语言和图形语言。由于数学语言在发展数学思维方面的作用，在数学概念学习中必须综合利用多种数学语言，重视自然语言的数学化、数学语言的符号化和图形化，在各种数学语言之间相互沟通、互译和磨合，多层次地理解数学概念。

例如，在几何概念的学习中，表示概念的符号，除了语言文字之外，还可采用一种与概念相"匹配"的图形语言，即直观图形。直观图形与其表达的概念多次同时重复出现，就能建立起对应关系，即概念与表达概念的直观图形将紧密地结合在一起，直观图形将作为概念的代表物储存在记忆中。当遇到与某一几何概念相匹配的直观图形时，就能直接领会与之相应的概念的本质特征。当需要从记忆系统中提取某个可利用的几何概念时，常常先再现与之相应的直观图形，然后再进一步唤起对符号意义的回忆。因此，在数学概念的教学中，利用多种数学语言来理解概念，既能加深对概念的理解，又能提高数学教学效率。

二、 "开放式教学"的实施效果

行动研究表明，"开放式教学"对提升数学教学效率，减轻学生数学课业负担有积极作用。

（一）认知方面

他们善于给出数学知识的不同表征，具有对数学知识与问题进行变式与变形的能力，能够洞察相关数学知识之间的联系，建立了大量的问题解决的模式及其解题思路与解题方法，并熟知其应用的条件，在学习活动中积累了大量书本以外的重要结论，对解题时需要特别注意的环节了如指掌，拥有对解题过程起支配作用的解题策略。[①] 他们不仅具有结构性较强的数学认知结构，而且能将生活经验、物理、化学、生物、地理、历史甚至文学艺术融入数学学习中，形成一个有层次、有条理又不割裂的知识网络结构。"静态"看像一座存放有序，类别分明的图书馆，"动态"看数学认知过程将相关知识融入认知结构就像海纳百川一样。在原有的认知结构中为新内容寻找固着点，许多表面看似无关却有内在联系的知识就被他们储存在一起，在应用时能够在其不同的心理表征之间进行转换，体现出较强的灵活性。

---

① 王光明：《关于学生数学认知理解的调查和思考》，载《当代教育科学》，2005(23)。

（二）非认知方面

许多学生认为他们拥有积极的数学学习情感，浓厚的数学学习兴趣，积极的数学学习成败归因方式，独立思考的数学学习习惯，行之有效的数学学习方法。

（三）元认知方面

许多学生认为他们比较善于监控自己的数学解题过程，在数学学习中，具有计划、监控、反思、调节的意识与习惯。该习惯已经迁移到其他学科和生活中，使学生受益匪浅。

三、"开放式教学"行动研究的反思

行动研究表明，高效教学行为应该具有的特征是：要在八方联系、融会贯通中开展数学教学活动；要注重数学概念的教学以及学生对数学概念的理解；高效率教师要注重数学思想方法的渗透和总结；要注重精选例题进行挖掘，并能恰当进行变式教学；在学生学习数学出现问题时，能够及时从学习方法方面进行反馈；不仅仅以分数评价学生，善于提高学生数学学习的积极性。

数学教学的高效性是教学内外因素相互作用的结果，包括教学目标、教学内容、教学方法、教学手段、教学评价等相关因素，只有使各个要素有机整合、相互作用，从不同的角度发挥其功能，才能形成高效教学的合力，发挥其整体优势，真正实现"让老师因此而少教，让学生因此而多学"的理想境界。

第四节　广东"说数学"教育实践

在数学教学过程中，教师要重视学生数学交流能力的培养。数学交流指数学学习与教学中使用数学语言、数学方法进行各类数学活动的动态过程。广东实验区教师在教学实践过程中提炼出"说数学"的教育思想，并进行了积极的教学实践。

一、 "说数学"的教育思想

《普通高中数学课程标准(实验)》明确指出，要重视学生数学交流能力的培养。数学交流的形式可以分为口头交流和书面交流两种，"说数学"是口头交流的重要形式之一。

（一）"说数学"概述

"说数学"是指个体用口头交流的方式表达对数学问题的具体认识和理解、解决数学问题的思路和方法以及数学学习的情感和体会的数学学习活动。它包括"说知识""说过程""说异见"和"说体会"。在"说数学"实践中，教师要引导学生回答问题，不仅要求他们给出最后的解答结果，还要让他们说出结果是如何得到的。[①] 在新授课上，老师要注重引导学生自主总结当节课的主要内容、重点、难点和主要数学思想方法；在习题课上，教师要创设机会，让学生大胆发表自己对数学问题的不同见解，并对学生的"说"进行及时的激励性评价。评价的主要内容有所说数学知识是否正确，数学语言运用是否准确和熟练，学生口头语言表达能力是否精准的情况等。[②]

（二）"说数学"操作原则[③]

1. 科学性原则

科学性原则是指教师对学生"说数学"的评价要符合数学学科知识的客观要求。学生的"说知识""说过程"和"说异见"是否正确，需要老师给

①　钟进均：《基于语言学视角的"说数学"探究》，载《数学通报》，2013(3)。
②　钟进均：《高中"说数学"的操作原则探究》，载《云南教育(中学教师)》，2013(5)。
③　钟进均：《高中"说数学"的操作原则探究》，载《云南教育(中学教师)》，2013(5)。

予评判。这些评判必须准确，符合数学学科知识的客观要求。可以说，科学性原则是"说数学"最重要和最基本的原则。如果"说数学"缺乏科学性，那么会严重阻碍学生的数学学习和身心发展。

2. 无序性原则

"说数学"包括"说知识""说过程""说异见"和"说体会"四个环节。这四个环节具有无序性，即没有固定的先后顺序。学生可以先"说过程"，再"说知识"，也可以先"说体会"，再"说"其他环节，但一般情况下，"说异见"不排在最前面，因为只有在某个学生"说"了自己的看法之后，其他学生才能"说"出自己的不同意见或看法。

3. 非完整性原则

"非完整性"是指，"说知识""说过程""说异见"和"说体会"四个环节具有"非完整性"，即每个学生的"说"不一定完全包含这四个环节。一个完整的"说数学"可由几个学生依次完成，也可由一个学生完成全部环节。学生的"说"并不需要每次都把四个环节全部完成，而是由老师根据教学的实际需要和"说者"的能力水平引导学生"说"出部分环节即可。

4. 启发性原则

"说数学"是一项以学生为主体、教师为主导的数学交流活动。启发性原则是指当"说者"在"说数学"过程中出现困难时，教师应给予及时的启发诱导，调动"说者"的积极性，引导其思考和探索，促进"说者"顺利完成"说数学"活动。

5. 激励性原则

激励性原则是指教师对学生"说数学"的情况给予及时和有助于刺激"说者"数学学习动机的评价。"说数学"是一项比较复杂的数学学习活动，需要"说者"能克服自身数学语言的障碍，有较强的口头表达能力，有敢于质疑的勇气等。相对传统数学教学来说，"说数学"是一项较少受到重视的学习活动，所以要想使较多学生喜欢、重视和学会"说数学"，就必须使学生具有持久的"说数学"的动力。

6.循序渐进原则

"循序渐进"的意思是"学习或工作按照一定的步骤逐渐深入或提高"。在刚开始实施"说数学"时，教师对学生"说"的要求不宜太高。第一，要想方设法调动学生"说"的积极性，让学生敢开口"说"。第二，让学生逐渐将自己的想法通过口头尽量顺畅地表达出来。第三，培养学生面对众多同学能大胆、准确且有条理地将自己的想法口头表达出来的能力。第四，培养学生能借用各种媒介(如黑板、电脑软件、电子白板等)配合自己的口头语言将自己的想法(或成果)顺畅地表达出来，并力求使听者较易理解自己所表达内容的能力。显然，这几个层次的"说"的能力要求是逐步提高的。

7.适时性原则

适时性原则是指教师要根据数学教学的实际，有选择性地安排"说数学"活动。"教无定法，教学有法"，我们应该根据教学的实际情况适时地安排"说数学"活动。比如，在单元复习课上，教师可安排学生"说"本单元的主要知识点、数学思想方法，甚至还可以让学生"说"本单元的知识结构和学完之后的感想及体会。如此安排学生"说数学"比教师包办、直接讲授单元知识的效果要好。

二、"说数学"的实践案例

"说数学"可以应用在多种类型的数学课堂教学中，现以高一《直线与方程》复习课为例，介绍"说数学"的教学实践。①

(一)"说数学"教学案例

在高一《直线与方程》复习课上，教师 T 一上课就让学生们回顾这一章的主要知识，然后请成绩处于中下水平的女生 W 说出她对这一章知识结构的认识。好生 W 回答："直线方程有点斜式、斜截式、截距

---

① 钟进均：《基于语言学视角的"说数学"探究》，载《数学通报》，2013(3)。

式、两点式、一般式。"她未能主动说出这五种形式的方程分别是什么，但在教师 T 的启发引导下，她能逐一说出这五个方程。接着女生 W 主动说出了点到直线的距离计算公式。教师 T 将这些逐一板书在黑板上，并及时表扬了女生 W："W 能说出很多本章的主要知识，有进步！"

在这一章"知识回顾"环节结束时，教师 T 马上口头给出了以下问题（问题 1）：已知一个锐角三角形的三个顶点坐标，如何求该三角形的面积？

此时，学生在稿纸上作草图，标出三个顶点坐标，个别同桌之间在低声讨论（也许他们意识到教师 T 会请他们上讲台去说该问题的解决思路，而特别主动去互相讨论，因为教师 T 在平时教学中常让学生去"说"）。教师 T 邀请了男生 L 到讲台上，面向全体同学说出自己的解法。男生 L 在黑板用三角板很认真地作出了平面直角坐标系（图 8-10），作出 $\triangle ABC$，并标出 $A(x_1, y_1)$，$B(0, 0)$，$C(x_2, 0)$，接着作出 BC 边上的高 AH，写出 $H(x_1, 0)$。

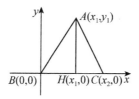

图 8-10　三角形的高

作图完毕后，他说："要求 $\triangle ABC$ 面积，就要知道一条边长和这边上的高。由 $B(0, 0)$，$C(x_2, 0)$，得 $|BC| = \sqrt{(x_2-0)^2+(0-0)^2} = |x_2|$。$BC$ 边上的高就是 AH，就是点 A 到直线 BC 的距离，用点到直线的距离公式 $\dfrac{|Ax_0+By_0+C|}{\sqrt{A^2+B^2}}$，$\triangle ABC$ 的面 $S = \dfrac{1}{2}|BC| \cdot |AH|$。"
男生 L 在黑板上作图熟练，语言表述顺畅、清晰，能用适当的板书去辅助自己的"说"，非常自信。没有学生主动提出"异见"。为了把问题引向深入，达到复习主干知识的目的，教师 T 向男生 L 提问："你认为，要用点 A 到直线 BC 的距离，这是正确的。但是在题目的条件中，没有

直线 BC 的方程，该怎么办？"他马上指出："B、C 两点的坐标知道了，用点斜式或两点式就很容易求得，实际上，BC 的方程就是 $y=0$。"至此，男生 L 将求已知三顶点坐标的三角形的面积计算问题的思路"说"清楚了。为了考验、提高男生 L 的"说"的能力，教师 T 面向全班继续提问："如果 $\triangle ABC$ 是直角三角形，那么三角形的面积如何计算？用到什么知识？"男生 L 马上说："用两点间距离公式能求得 AC 和 BC 的长度，$\triangle ABC$ 面积就是 AC 和 BC 的长度的乘积的一半。"之后，男生 L 非常高兴地回到座位上，脸上充满了成功的喜悦。

教师 T 对 L 同学在讲台上的表现给予了高度评价："L 同学的'说'让老师感到非常惊讶，很佩服他，L 同学的思维很清晰。请大家看看黑板上的图形，L 同学把 $\triangle ABC$ 的一个顶点 B 放在坐标原点处，使得 C 在 x 轴上。这样建立坐标系非常好，使得问题解决更加简单，计算更加简便，在今后的学习中还会经常遇到，值得注意。另外，L 同学在讲台上的语言有条理，姿态大方，逻辑推理正确，思路很清晰，有较强的应变能力"。这个问题的探究和"说"结束了。此时，全班学生的注意力非常集中，情绪高涨。

为了继续复习本章的基础知识和基本技能，本来教师 T 在课前准备让学生课堂上做完课本上的几道练习题，然后就讲评的，看到学生在上述问题中的精彩表现，顿时即兴对全班同学口头给出了另一个问题（问题 2）：已知一个梯形的四个顶点的坐标，如何证明该梯形是否为等腰梯形？

学生们安静地探究此问题。大约 2 分后，男生 Y 举手说："老师，我去说说这道题。"教师 T 鼓励他上台说出自己的解答过程。男生 Y 在黑板上作出了图形（图 8-11），然后说："这个问题很简单，由这个图可以知道，$|DC|=2$，$|DM|=|CN|=4$，$DC \parallel AB$，所以四边形 $ABCD$ 是等腰梯形。"此时，台下学生热烈讨论，女生 X 大声说："这样肯定不行，这不是证明！""那你有什么想法？"T 问。她直接走到黑板前，徒手画了一个草图，如图 8-12 所示，接着说："这种情况太特殊了。我这个图形就不能那样算了啊，为什么底边一定会在 x 轴上呢？"台下学生

觉得女生 X 的想法有道理："是啊。"教师 T 问："X 同学，那你认为应如何解决这个问题？"她把图 8-11 中的顶点给出了坐标（图 8-12），然后说："我用这些坐标可以求出 k_{DC}，k_{AB}，如果 $k_{DC}=k_{AB}$，那么 DC、AB 就是梯形的底边。然后用两点间的距离计算公式求出 AD，BC 的长。如果 $AD=BC$，那么 AD，BC 就是这个梯形的两条腰。"这时，台下学生很安静，没有什么"异见"了。

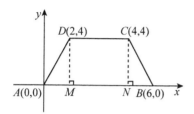

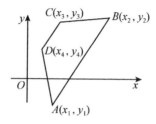

图 8-11　等腰梯形（一）　　　**图 8-12　等腰梯形（二）**

接着，教师 T 给出了第三个问题（问题 3）：已知一个三角形的三个顶点的坐标，如何求该三角形的外接圆的圆心坐标和半径大小？教师 T 请学生 C 到讲台上介绍自己的想法。他在黑板上画出△ABC，并标出了三个顶点的坐标。突然，学生 C 转过头来问大家："外接圆的圆心是三角形的三条高的交点吗？我不记得了。"台下有学生说："中线的交点。"也有人说："是中垂线的交点。"学生 C 看着教师 T 说："我认为，这圆心是中垂线的交点。"教师 T 故意不作反应。他继续作图，用三角板大致地作出了 AB，AC 的中垂线，交点为 O，然后连接 OA，OB，OC（图 8-13）。C 面向台下同学，用三角板指着图形，说："△ABC 的外接圆的圆心就是这个三角形三条边的中垂线的交点。我取 AC，AB 的中点，分别为 M，N，作出了 AB，AC 的中垂线，交点为 O。因为 A，B，C 三个点的坐标都已经知道，所以利用中点坐标公式可以求出 M，N 的坐标。因为 $OM \perp AC$，$AN \perp AB$，所以 $k_{AC} \cdot k_{OM}=-1$，$k_{AB} \cdot k_{ON}=-1$。k_{AC}，k_{AB} 都很容易求得到，M，N 的坐标又已经知道了，接着用点斜式就能求得 OM，ON 的方程了。把这两个方程联立就能解得 O 的坐标，这就是所求的圆心。这个外接圆的半径就是 $r=OA=OC=OB$，用两点间的距离公式很快就能得到了。"教师 T 及时对学生 C 的"说"进行评价："C 说得很清楚，很流畅，能作图来辅助自己的解说，很好。他刚上台的时候，对三角形的外心的概念不是很清晰。大家要区分好三角形的外心、内心和重心（三心）的区别。整体上看，C 同学的表现很不错，谢谢 C 同学！"

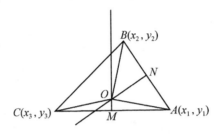

图 8-13　三角形的外心

此时，离下课时间还有 5 分，教师 T 安排学生回顾本节课所讨论的三个问题的解决过程，反思解决这些问题需要的主要知识有哪些，一节"直线的方程"复习课就如此结束了。

在本节课中，"说数学"暴露了学生的数学思维，促进了学生数学思维能力的提升。同时，在学生的具体"说数学"的过程中，师生即时性提出了很多具有启发性、反驳性的小问题，这些问题促进学生快速地进行数学语言识别、理解、转换、组织和表达等，促进学生克服数学语言障碍。此外，通过"说"，教师和学生都能很及时、快速、有效地了解到"说者"的数学学习情况。教师能在诊断学生的学习问题时，注意他们诸如语言表达、语言与思维转换的问题，以便有针对性地帮助学生解决学生数学学习中的思维与语言的两个侧面的问题。因此，"说数学"能够让数学学习效果反馈得更加及时、快速和有效。最后，"说数学"带动了学生语言运用能力、逻辑推理能力、肢体运作能力和内省能力等多方面的，促进了学生能力的多元发展。

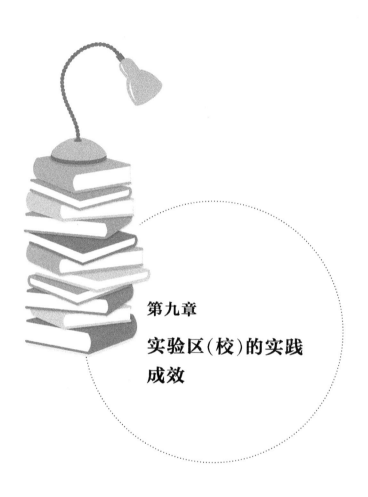

第九章

实验区（校）的实践
成效

开展数学教学效率课题研究，促进了一批数学教师的专业发展，由此带动实验区(校)的整体发展，形成实验区(校)收获成果与高效教学实践创新之间的良性循环。实验区(校)的教师通过开展钻研与实践探索，数学教研水平得到提升，教学效率得到提高。一方面，实验区(校)教师的专业成长带动了实验区(校)的数学教研氛围，并通过示范、交流、讲座、带徒弟等方式，提升所在区(校)的教学效率。另一方面，教师越来越认同通过开展数学教学效率研究提升专业成长的重要作用，形成课题研究、教研深化、教学高效、专业成长的良性循环。实验区(校)教师的专业发展、实验区(校)的整体发展都得到显著提高。

第一节　实验区(校)教师的专业发展

一、　代表性教师的个人发展情况

十多年来，参与高效教学课题研究的骨干教师，自身专业素养有了明显提高，其中，2位教师成为天津市未来教育家奠基工程首批学员，4位教师被评为省级教学名师培养对象，2位教师成为教授级高级教师，2位教师分别在浙江台州市和四川龙泉驿区由教育主管部门成立了名师工作室，7位教师成为省级(直辖市)学科带头人，9位教师被评为特级教师，100多所学校中的600余名教师从中受益。被评为特级教师的部分骨干教师见表9-1。对于梁栋、于川两位在教学效率课题研究中成长迅速的代表性人物，本书将对他们的个人发展情况进行重点介绍。

表 9-1 被评为特级教师的部分骨干教师

实验区	骨干教师	单位	教师职称及荣誉称号	教师职称授予时间
天津	梁栋	天津杨村第一中学	正高级教师	2017 年 3 月
	于川	天津新华中学	特级教师	2007 年 9 月
	王新兵	天津第四中学	正高级教师	2017 年 3 月
四川	王富英	龙泉驿区教研室	特级教师	2006 年 9 月
江苏	杜庆宏	扬中高级中学	教授级高级教师	2011 年 11 月
浙江	吴增生	仙居教研室	正高级教师 教育部国培计划专家	2010 年 9 月
福建	王钦敏	福清第三中学	特级教师 教育部国培计划专家	2010 年 9 月
	林风	福州第三中学	正高级教师	2013 年 10 月
新疆	吴勤文	昌吉州教研中心	特级教师	2005 年 3 月

（一）教师专业发展情况

1. "数学自然式教学"——梁栋

梁栋，男，天津市杨村第一中学副校长，正高级教师，天津市中小学"未来教育家奠基工程"首批学员，天津市数学学科带头人。1984 年毕业于天津师范大学数学系，先后荣获第八届苏步青数学教育奖二等奖，天津市优秀教师、天津市五一劳动奖章、武清区杰出人才等荣誉称号。主持或参与国家级、市级课题 5 项，在《数学通报》《中学数学》等期刊发表论文 30 余篇。

梁栋老师将"不让每一个学生失去学习的尊严"作为自己的教学准则，把"让学生在数学中得到快乐，让数学使学生更加富有智慧"作为自己的教学追求，把"课堂中要体现知识的力量、精神的力量"作为自己的教学灵魂。他提出的"自然数学"的教学原则，在一定程度上解决了学生听老师讲课明白，自己做题却一筹莫展的问题。多年的教学实践中，他始终坚信，要提高课堂教学效率，就必须不断丰富自己的教学内涵，而这个内涵就是教师对数学的理解，对学生的爱。为了解决学生数学学习中"听老师讲课明白，自己独立解题却感到无从入手"的普遍现象，提出了"数学自然式教学"的思想，在个人专著《自然数学》一书中系统介绍了"数学自然式教学"的教学思想和操作方法，其中的"现场直播"教学方式就是具体的体现。

在"数学自然式教学"的实践中，梁栋老师开发了"迁移式教学""递进式教学"和"情境式教学"。"迁移式教学"是指在教学中，教师的任务是引导学生探求解题思路，尽可能让最普通的思路获得成功，让学生感到数学解题并不神秘，在思维方式上逐渐形成正向的迁移。事实上，越是普通的思路，越是平凡的方法，就越有价值，越有生命力。"递进式教学"是指以学生已有的解题经验和思维习惯为基础，把复杂的问题分解成若干解决过的问题，由易到难，由浅入深，梯次呈现，充分揭示数学思维的规律和特点，使学生感到数学是讲理的、简单的、有规律的、有意思的。"情境式教学"是指教师课前不做任何准备，在课堂上把学生提出的疑难问题当作例题，现场讲解，让学生看到教师最自然的解题思路，让学生体验教师探索问题的思维轨迹，学会如何思考。情境的特点是课堂上的内容对教师而言是未知的，而学生是经过努力仍没能解决的、有代表性的问题，情境式也叫现场直播。在梁栋老师看来，"教育体制里最本质的东西，不是制约而是解放，每个学生都有与生俱来的创造力，而师生的创造力才是教育改革的持续生命力"。因此，他提倡在教学时要多问"是什么""为什么"。他认为，一名教师能给学生的最有意义的东西就是一连串的启发性的问题和建议，一旦学生懂得了这种帮助，他就能对自己提出同样的建议。

参与课题研究后个人专业发展近况如下。

总结出"高中数学自然式教学模式"，2012年12月天津市教育委员会和中国教育报联合举办梁栋教学思想研讨、交流、展示活动。

2014年4月，天津市未来教育家第三期学员实践导师。

完成两项市级课题研究："自然数学的实践研究"（2012年完成），"考试频次、试题质量对学生数学学习的影响的研究"（2016年完成）。

完成一系列学术成果，包括专著两部以及论文若干篇。专著《自然数学》（2012），《高中数学解题三要素》（2016）。其中，《高中数学解题三要素》是自然数学的深入研究成果，三要素不是一般意义上的解题方法，而是一种系统应用解题的方法，它既有可遵循的规律，又有应用规律的方法，它最大的特点是容易理解和掌握，并能迅速在解题中应用，短时间内就能感到解题成功的快感，体验之后会感到数学解题并不那么难。掌握了三要素就等于学会了一种非常实用的思考方式。具有代表性的论文包括《顺应学生思维习惯》（中国教育报，2012），《不同的构思 迥异的效果》（数学通报，2013），《数学概念二次教学的实践和思考——以一道例题的教学为例》（数学教育学报，2015），《"一元一次方程"一课的点评》（中国数学教育，2016）。

2. "人课合一"——于川

于川，女，天津市新华中学教学督导室主任，天津市特级教师，第十届苏步青数学教育二等奖，天津市未来教育家奠基工程首批学员，市优秀教师。教育家三期学员及265工程指导专家。

2009年，于川老师作为天津市优秀教师代表，在全国首届基础教育"未来教育家论坛"上为全国各地的参会代表，作了数学高效教学公开课"椭圆及其标准方程"，并作教材分析。2010年至2013年间应邀到广州、山东、江苏、重庆、河南做教学理念专题讲座并做公开课。2011年至今，每年为天津市河西区新入职教师培训一次。2012年被聘为天津市中小学"265农村骨干教师培养工程"基地实践研修领衔指导教师。2013年被聘为天津市"未来教育家奠基工程"三期学员指导专家，2015年被聘为天津市"千人计划"学员的论文、教学设计、说课、做课评审专家。主持市级课题研究 6 项,两项参与课题获首届国家基础教育成果二等奖。

"人课合一"理念的提出与践行,让于川老师的专家型教师之路走得愈加宽广与成功。于川老师总结"人课合一"就是在数学教学中人与人、人与课之间形成的自然和谐的关系,使学生的数学学习源于自然,回归自然。于川老师不断完善自我、提升自我,以丰厚的文化底蕴支撑起教师的人性,以高超的教育智慧支撑起教师的灵性,以宏阔的课程视野支撑起教师的活性,以远大的职业境界支撑起教师的诗兴,体现了一名优秀数学教师的价值。

参与课题研究后个人专业发展近况如下。

课题研究。主持全国教育科学"十五"规划重点课题"培养中小学生创新精神和实践能力的实验研究"的子课题"不同学科培养学生创新精神和实践能力的研究",天津市教育科学"十五"规划课题 PE008"数学学科培养学生创新精神和实践能力的研究",中国教育学会"十一五"规划课题成果 0602628B《新课程理念下数学学科培养学生创新精神和实践能力的研究》,天津市教育科学学会"十二五"科研规划课题 JKW12526《基于"人课合一"理念的高中数学四环节教学模式的研究》。作为课题《开展数学教学效率课题研究促进中学教师专业发展》《"探究—建构"教学模式的研究与实践》核心组成员合作完成课题研究,二者皆获基础教育国家级教学成果二等奖。

论文专著。专著:《"人课合一"理念下的数学教学》(天津教育出版社出版)于 2012 年 7 月出版。论文:《立体几何教学策略文献的梳理与评述》(中学数学杂志,2011 年第 3 期)、《让学生经历"数学化"的数学教学策略》(数学通报,2011 年第 5 期)、《高中数学"联想—发现—归纳—提升"四段式教学模式及其运用》(天津市教科院学报,2011 年第 5 期)、《利用向量知识求空间中的角教学设计》(中学数学教学参考,2010年 6 月上旬刊)、《论数学教学的"人课合一"》(天津市教科院学报,2010年第 4 期)、《以夯实基础与提升能力为目的 提升高三复习课实效性》(天津教研,2014 年第 6 期)、《基于考生水平表现标准评价的实践应用》(考试研究，2015 年第 2 期)、《有效提问是实现数学高效课堂的催化剂》(天津教育，2014 年第 15～16 期)、《"人课合一"理念下的高中数学四段式教学模式》(天津教育，2013 年第 10 期)。

教师培训。2013 年 11 月 21 日，策划组织了"新华中学数学高效教学模式专题观摩与研讨"，教育部"国培计划(2013)"培训团队研修项目——天津师范大学数学班(高校教师班和培训机构班)，全国各地共计 96 位学员参加观摩和研讨，中科院林群院士、原全国初等数学研究会理事长杨世明先生和北京师范大学《数学通报》编辑部郑亚利先生参会。天津日报、天津电视台都市频道、天津教育报等多家媒体分别做了报道。2015 年 11 月在天津师范大学为教育部"国培计划"(2015)培训团队研修项目——天津师范大学数学班(高校教师班和培训机构班)做"人课合一理念下的数学教学"讲座。

二、 优秀教师科研成果节选

在高效率数学教学研究的践行中，大量教师在教学过程中提高了自己的科研能力，实践与理论相结合，将自己的教学经验与思考转化为科研成果。其中，梁栋老师的《自然——数学教学的一种境界》，于川老师的《论数学教学的"人课合一"》，于新华、王新兵、杨之老师共同完成的《对"数学教学效率"研究的几点思考》，王富英、朱远平老师的《中小学教研要素与有效教研分析》等文章，都具有一定的学术价值。

（一）《自然——数学教学的一种境界》节选[①]

作为数学教学的一种境界，"自然"体现在数学学习的各个方面，具体包括数学的解题思路、教师的教学过程、学生的学习过程都是自然的，教与学应当是充满乐趣、充满智慧的自然之旅。

1. 数学的解题思路是自然的

数学解题是数学概念、思想方法于思维作用下的运用。寻求解题途

---

① 梁栋：《自然——数学教学的一种境界》，载《天津教育》，2012(6)。

径的思考过程有其自然的一面，教师应注重在例题教学和技巧讲解的过程中体现这种"自然"。

(1)新课中的例题教学：勤练成就自然。

新授课的例题解法，例题难度一般较小，多是新学知识的简单应用。对学生而言，此类例题易于理解，相当于"描红"。因此，在此类例题教学过程中，可以适当增加"描红"的时间和次数，使学生对基本方法的应用达到条件反射的程度。

(2)习题课中的例题教学：基础呈现自然。

习题课是强化训练学生对知识、方法的运用能力的解题活动，题目具有一定的综合性，但解题方法相对单一，且多数是刚刚讲过的，学生容易确定解题的方向，难点是如何在复杂环境下应用知识和方法。

掌握复杂环境下应用知识的方法是学生解题能力形成的主要阶段，也是良好思维方式形成的关键时刻。因此，教学中要突出定义、定理的直接运用，注重展示解法的过程。教师要多听听学生的想法，如有可能，尽量顺着学生的思路继续解下去。此外，对于公式的应用而言，一般是用到的公式越基础，解法的自然程度越高。因为，越是基础性的公式，学生越容易想到，教师的任务是尽可能让这种思路最终获得成功，从而让学生感到数学解题并不神秘，平凡的方法有价值，也有生命力。

(3)综合复习课的例题教学：大众化彰显自然。

综合复习课包含试卷讲评课，这类课的例题常常涉及知识间的横向联系，对思维的深度要求比较高，解题的途径多而相对复杂，对学生来说是个挑战。

在教学过程中，如何找到一种学生乐于接受的思路就成为引导学生学习解题的关键。在分析解法时，教师要时刻进行如下的评估：用到的方法是不是学生熟悉的？应用的公式、定理是不是常用的？解题的思路是不是符合多数人的思维习惯？如果得到了肯定的结论，就说明解法具备了大众化的基本要素。此外，还要看这种想法是不是具有普遍性，对其他题目的解决能不能提供思考方式上的帮助，如果答案还是肯定的，那么就是大众化的方法了。

(4)解题技巧也自然。

在没有明确解题思路或思路受阻时，为了能够解决复杂的问题，或者使解题过程简单一些，就会涉及解题技巧。笔者认为，技巧也是自然的。技巧既然是一种解题方法，就应当有它自然的一面，提取技巧中自然的元素，技巧将具有高于普通方法的价值。展现技巧中自然的成分，不仅能丰富学生的解题方法，而且能使学生感受到数学的魅力。

2. 教师教学的过程是自然的

很多数学问题的解法常常让人感到出乎意料，难以想象，但如果仔细分析，就会发现解题的各个步骤都有熟悉的典型方法的影子，把这些相关的问题及解法梯次呈现，原本想不到的解法就自然而然地呈现出来了。

(1)递进式原则让解题过程更自然。

数学问题之间是有联系的，这种联系一般表现在两个方面。一是问题本身在形式上、内容上有密切的关系。如有些题目通过变形就能转化为另外的问题，有些题目的结论则是另外一些题目结论的一般化或特殊化。二是在思维方式上有一定的相似之处，通过类比就会找到新问题的解法。

经常有这样的情形，一道数学题摆在面前，学生绞尽脑汁都无法解决。而看着别人提供的解答，每一步又都能看得懂，并且发现自己没能想到的关键之处也并非是新的方法，只是当时没有意识到。那么，为什么当时没有意识到呢？是因为学生很少有过类似的解题经历，熟悉的方法在陌生的环境下难以发挥作用。换句话说，一旦原本易于发现的联系被各种繁乱的形式所掩盖，已知条件转化的多样性就会导致"失之毫厘、谬以千里"，想要迅速抓住问题的本质会非常困难。

递进式原则能够在一定程度上化解这个难题，并且利于学生认知结构的快速构建，使其养成良好的思维方式。所谓递进式原则，是指利用已经掌握的典型方法、解题经验，作为解决新问题时思考的基础，把一道复杂问题分解成若干个已知的简单问题，层层递进，最后水到渠成，破解难题。

（2）递进式原则让教学设计更自然。

递进式原则遵循这样一个基本思想：题目的难易程度不仅要看题目本身需要的方法和思维含量，还要看其中用到的数学方法的呈现方式和呈现时机，呈现的方式不同、时机不同，效果是有天壤之别的。对于综合性比较强的题目，教师可遵循以下步骤来设计教学。

第一步，教师要清楚题目的解法是什么，解法中哪些是学生自己能想到的，哪些是不容易想到的，不容易想到的称为核心方法。第二步，核心方法在什么载体中出现过，在出现过的载体中学生感到最自然的是哪个，把这些载体罗列出来，然后找出和本题有密切关系的载体，也可以回忆核心方法在学生第一次接触时是解决的哪道题，当时为什么用这种方法，第一次的印象往往是深刻的，学生会感到亲切。第三步，筛选出来的载体能否转化为本题的某一部分或全部，如果不能，还需要什么题目来过渡，然后再确定这些过渡性题目，当这些题目与要解的题目之间渐近关系比较明显时，准备工作结束。第四步，把这些相关的题目按照由易到难的顺序排列，如果题与题之间感觉顺畅，那么教学设计完成，否则在跳跃性较大的题目之间再加入衔接的题目。

（二）《论数学教学的"人课合一"》节选[①]

实现数学教学中的"人课合一"，涉及教师、学生和教材这三个基本要素，需要建立教师与学生、教师与教材、学生与教材之间的和谐关系。

1. 教师与学生自然融洽的关系

实现师生自然融洽的关系需要教师的情感投入、了解学生和制订方案。在数学教学中，教师要以饱满的热情投入教学中，和学生建立深厚的情感联系，使学生信任教师，从而喜欢数学。教师应主动地尊重学生，关注每一位学生，多与他们交谈，拉近与他们的距离，激励他们鼓起勇气，树立信心，使学生体会到教师的关心和信任以及教师的期望，

---

① 于川：《论数学教学的"人课合一"》，载《天津市教科院学报》，2010(4)。

从而赢得学生的尊重，建立和谐的师生关系。

教师的责任感和喜悦感来源于逐步了解自己的学生，只有了解学生才能了解他们的需求，在教学中就会有的放矢，进而有针对性地开展教学。教师要制定有效的帮助方案，使学生真心接受教育。

2. 教师与教材的合一

(1)认真学习和研究课程标准，领会教材编写意图。

数学教材的编写是以课程标准作为依据的，体现出标准的理念，所以教师要深刻领会课程标准，准确把握教材。①理解教材纵向联系，把握总体。在数学教学中，教师需要从总体上了解教材，理解不同知识之间的联系，章节之间、单元之间的联系。教师在教学中要突出重点，保证知识的系统性和连贯性。②理解教材横向联系，瞻前顾后。教材的横向联系强调编织知识网络，如在数列教学时强调函数思想，数列是定义在正整数集上的函数，于是在数列求和教学中就可以利用求函数值域的许多方法，在平面向量下可以将解析几何、复数相关知识有机地结合起来。把握好知识的脉搏在教学中就会游刃有余，对知识的处理也会恰到好处。

(2)教学中语言要精练，有的放矢。

数学教师的教学语言要精练，有的放矢。教师要把复杂的问题简单化，用简单的话语表明深刻的道理。

(3)充分利用教材，培养学生良好的数学思想方法。

数学知识和思想方法是数学大厦的两大支柱。数学知识是数学思想方法的载体，数学思想方法是数学知识的灵魂，它指导数学问题的解决并蕴涵于运用数学方法处理和解决数学问题的过程之中。教师要在教学中深刻挖掘出教材中的数学思想方法，并把它自然地渗透给学生，使学生在接受的同时试着自觉地尝试，懂得向正确的方向前进。

3. 学生与教材的合一

教学的终极目标是培养学生的自学能力，我们利用"自学—指导"的课堂教学方式，在数学课堂上教会学生自学，实现学生与教材的合一。这种教学模式是以课堂为主渠道，注重在教师的指导下，学生自觉地自学教材，教师进行有针对性的指导，它包括自学、质疑、指导、训练四个环节。

在学生的自学中，既体现了教师的指导者作用，也充分发挥了学生学习的主体性，做到了以学生为本。质疑与自学紧密结合，意在培养提出问题、发现问题的能力。指导阶段在于解决共性问题，精讲点拨，提高学生自我完善的能力。训练阶段教师引导学生多思、多解、多变。教师在训练中精选题目，由单一到综合、由浅入深，发现问题及时补正。在训练中学生巩固知识，发现规律，学会创造。以上模式培养了学生的自学能力、探究知识能力和自我完善的能力，实现了学生与教材的合一。

4. 教师、学生与课堂的合一

(1)构建和谐的课堂气氛是构建和谐课堂的前提。

新课程关注学生的情感、态度与价值观的发展，和谐的课堂气氛可以使学生把知识学习、能力培养与情感体验有机地结合起来，提高自身的整体素质。教师要努力构建和谐的课堂氛围，保证每节课上学生有一次开心的笑。因为教师诙谐幽默的语言可以使学生心情愉快，兴致大增，容易调动学生的兴奋点。保证每节课上表扬学生至少一次。教师应积极发现学生的闪光点，及时将它表达出来，为学生增加勇气与信心，从而转化为学习的动力。保证每节课上让学生自由地讨论一次。教师在课堂上提出问题，组织学生讨论，培养学生的创造思维，增强学生的自觉性、主动性。

(2)构建和谐的教学内容是构建和谐课堂的关键。

新教材要求教学要引导学生在学习中掌握学习方法，具备进一步学习的能力。教学要以培养联想力为起点，引导学生逐步进入创造思维的空间。在教学中，要通过引导学生进行联想缩短解决问题的时间，获得数学发现的机会，锻炼数学思维。教学还要以培养发散思维为重点，带领学生在创造性思维中畅游。加强发散思维能力的训练是培养学生创造思维的重要环节。笔者在数学教学中鼓励学生独立思考，提高发散性思维的数量与质量，引导学生多思、多解、多变。多思、多解、多变是发散性思维的流畅性、变通性、独特性在课堂教学中的具体实施。因此在数学教学中，对学生进行多思、多解、多变的解题辅导，是培养学生创造性思维的阶梯。

(3)培养具有创造性能力的学生、发展数学应用意识是构建和谐课堂的目标。

和谐课堂的目标创造性能力是所有学生都具备的，教师要培养他们的这种能力，使之能发挥表现是真正的目标。笔者在教学中注重精讲、指导、帮助，为学生创设问题情境，启发引入。充分相信学生、尊重学生、教学生学会学习与发展，发展其自主意识、自主能力和自主行为，使其具有创造性精神、创造性思维品质和创造性个性。

要培养创造型学生，教师要在教学中鼓励学生大胆创新，使其勇于怀疑和富于冒险。发展数学的应用意识，体会数学的价值，让学生看到身边的数学，将数学应用到实际生活中去，使学生从中体会到数学学习的乐趣。

(三)《对"数学教学效率"研究的几点思考》节选[①]

从一定意义上讲，"数学教学效率论"的研究，除了提高数学教育界的"效率意识"和给各种教学法、教学举措、学校和个人的数学教学一个科学的评价标准外，研究、寻找和发现高效的数学教学方式方法，就是它最重要的任务了。

1. 关于探索的途径

由于数学教学的方式、方法，总是具有一定的连续性、继承性，我们应当在分析、反思传统的教学基础上，寻求和设计新的方式方法，特别对我国自20世纪80年代以来，进行过的大量数学教学实验，给予深入的分析总结，汲取其宝贵的经验。对于那些业已销声匿迹的教改方案，也不应忽视。对于顽强地成活下来的，如"MM数学教育方式"和

[①] 于新华，王新兵，杨之：《对"数学教学效率"研究的几点思考》，载《数学教育学报》，2006(1)。

"TEC 教学"等，更应该下大力气去学习和研究。事实上，它的理论基础，它的方案设计，它的实验过程，它控制无关变量的举措，它的组织和实施，它严格的评价体系等，在中国数学教育实验中，都是从未有过的，使它成为一项真正的科学实验。特别是它的实验结果形成的"MM教育方式"本身，已形成一个数学教育的完整的理论—操作系统，具有众多良好的特征，正在被越来越多的师生所接受。对于我们"数学教学效率论"的研究，无疑是最宝贵的财富和最珍贵的启示。

2. 高效率数学教学方式应具备的特征

作为"数学教学效率论"探索的最根本的理论问题，其结论本应在研究的结果中产生。但是，由于在大量的数学教学实验中，已经使我们深刻地认识到，高效率数学教学必须具备如下特征(已从反面证明了，它们是必要条件，即若不具备这些特征或其中之一，必不是高效的)。特征之一，作为数学教学的方式方法，必须充分考虑数学的特点，必须具有数学的特征，那种"置数学的特点于不顾"的方式方法，必不是高效的。特征之二，在数学哲学与数学方法论的指导之下，能充分运用相关的研究成果，代表先进的数学观。特征之三，具有很强的效率意识，在关键之处遵循高效的数学教学的原则，以人为本，兼顾普通生与尖子生的培养。特征之四，以中华文化为其背景，继承和发扬"东亚数学教育"的优势。特征之五，与现代教育技术、信息技术相适应，显示出现代与未来数学教育的特征。

（四）《中小学教研要素与有效教研分析》节选[1]

问题是指那些对于解答者来说还无直接的解决办法，从而对解答者构成认知上的挑战的一种局面。[2] 教研问题是指中小学教师在教学中遇到的、具有共性和普遍性的、需要通过研究解决的问题，它既是教研活动的研究对象又是教研活动的核心。我们认为，教研中的问题具有三种

---

[1] 王富英，朱远平：《中小学教研要素与有效教研分析》，载《中国教育学刊》，2012(11)。
[2] 刘学质：《问题解决在美国和日本》，载《数学教学》，1993(2)。

形态，即原生形态、学术形态和研究形态。

1. 原生形态

原生形态的问题是指没有经过研究者加工、提炼和明晰的问题，是教师教学中自然产生和存在着的问题。教师往往在教学中能直观地感觉到问题存在，但到底是什么问题以及是什么原因造成的，一时还不知道，这种问题就是一种处于原生形态的问题。例如，教师多次纠正学生习题中的错误后，学生再次做题时仍然出错，教师每次讲评习题时都责怪学生不认真听讲，但学生反映每次都认真听讲了，而且当时也懂了，但再次做题时不知不觉又犯错，因而学生对教师的批评与责怪也感到冤枉。教师便隐隐约约地感到可能还是自己教学中存在什么问题，但又不知到底是什么问题。这里的问题就属于原生形态的问题。原生形态的问题具有内蕴性、模糊性和不确定性，还无法进行研究，不能称之为"有效的教研问题"。

2. 学术形态

学术形态的问题是指教研人员将原生形态的问题经过分析、比较后逐渐清晰化，并以研究课题的形式提出来供学术研究用。因此，学术形态的问题必须明确、清晰、简洁，以便于研究人员开展研究。学术形态的问题具有外显性、明确性和简洁性。

问题由原生形态转化成学术形态为教研人员进行问题研究提供了基础。但是这个转化过程要由研究者对原生形态的问题进行分析与综合、抽象与概括后才能使问题清晰化。例如，前文提到教师感觉到自己教学中存在问题但对问题的认识不够清晰，笔者根据它多次重复出现的现象进行认真分析，明确提出要研究的问题为"错误重复现象产生的原因和消除对策的研究"。[①] 因此，学术形态的问题可以使研究者明确研究对象。

---

① 王富英，王光明，魏荣芳：《"错误重复现象"产生的原因及消除对策》，载《数学通报》，2011(7)。

3. 研究形态

问题的研究形态是指通过主研人员(指教研员或教研组长等)的加工改造,把问题具体化,使参研者明确解决问题的途径和方法并积极思考的问题形态。问题的学术形态虽然已经使有待研究的问题明朗,但研究的具体内容和方法是什么,如何进行研究,有哪些要求和建议等还不清楚,教研人员还无法在基层教研机构开展教研活动。这就需要主研人员对学术形态的问题进行提炼,给参加教研活动的教师提出明确具体的研究内容和要求。因此,研究形态的问题具有预设性、研究性、情境性、操作性等特点。

研究的问题是教师教学生活中需要解决的问题,是与教师的生命活动紧密联系的问题。教学问题被转化为研究形态后,参研人员更加明确了研究的具体内容、要求和研究途径。因此,在教研活动中,问题不再被参研人员看作"身外之物"和"另一个世界"的与己无关的东西,而是一种可探寻、可分析、可切磋的东西,是实践和创造的对象。由于问题的解决承载着参研教师主动发展的希望,参研教师在问题研究的过程中能展示自己独特的生命状态和生命活力,研究问题便被赋予参研教师的生命价值。这种能够高度焕发参研教师生命活力的问题形态就是问题的研究形态。

问题的研究形态使研究的问题成为鲜活的状态,与教师的生命、生活息息相关,从而使它呈现出生命态,而这种具有内在生命态的研究问题最能激活并唤起参研人员内在需要、兴趣、信心,提升他们主动探求的欲望及能力。

第二节　实验区(校)的整体发展

一、　天津实验区

杨村一中以梁栋老师为教学、科研带头人。随着梁栋老师个人专业发展的不断提升(2007 年被评为天津市特级教师，2008 年获第八届苏步青数学教育奖，同年被评为天津未来教育家奠基工程首批学员，2017 年 3 月被评为天津市首批正高级教师)，带动了杨村一中中青年数学教师的专业发展，使得杨村一中成为数学教学效率不断提升的名校。2012 年梁栋出版了《自然数学》专著，2012 年 12 月 4 日，天津市教委、《中国教育报》联合举办了梁栋教学思想推介会，会议中宋乃庆与王光明两位教授共同推介了自然数学的思想与实践做法。2012 年 12 月 23 日，《中国教育报》整版报道了梁栋的"自然式数学"的理念与实践做法，以及蔡宝来与王光明教授对该思想的点评。效率教学研究为杨村一中教师队伍的建设发展起到了引领作用，教师队伍的发展又为杨村一中教育教学提供了保障，教学成绩不断跨越历史新高。每年高考上线一本率保持83％以上，二本率达到 99％以上，其中 2011 届考入清华、北大共 16 人，还有 5 人考入香港地区大学。在学生取得成功的同时，杨村一中成为教育部"国培计划"的实践基地，学校、教师获得了极大的社会赞誉，教师的职业成就感和工作幸福感实现明显攀升。

于川老师作为新华中学教学督导室主任，积极投入到学校教学改革中。以"促学"为核心的"知问—导学—反思"教学联动模式，在三个环节中高度体现"促学"，促进学生学习，培养学生掌握良好的学习方法，养成良好的学习习惯，形成良好的思维方式，进而提升学科素养，从内因上促进学生的学习，三个环节的跟进在外力上起到推动作用。新华中学自 2012 年运用此模式，取得了丰硕的成果，虽然学生大量减少了在校时间，但由于对学生学习能力的养成教育的重视提升了学生自主学习能力，在近几年的高考中取得了辉煌的成绩，并每一年都有更高的提升，这种高效教学模式得到了学校教师、学生家长以及学生的高度认可。该模式的目的是提高教师的教学效率，实现"减时不减效，减时增效"，从而实现高效教学。通过参与课题和实践探索，大批新华中学老师的专业水平得到了长足进步和快速发展。其中，于川老师于 2007 年被评为天津市特级教师，2008 年评为天津未来教育家奠基工程首批学员。于川老师作为课题实验骨干教师以及新华中学教科室主任，促进了新华中学数学组的教研水平发展，新华中学的数学教学效率得以大幅度提高，成为天津市减负提质的名校。2012 年 5 月 28 日，天津市教委组织了于川教学思想与实践推介会，于川老师在天津大礼堂为天津市内各区县教育局代表、中小学优秀教师代表、265 工程学员做了《"人课合一"理念下的数学教学》专题报告，此报告成为新华中学"知问—导学—反思"教学联动模式的重要实践成果。目前，新华中学已成为教育部"国培"计划的实践基地。

王新兵老师是天津四中数学教科研的领导者之一，天津四中对王新兵老师的发展给予了全面支持与帮助。自参与教学效率课题实验研究以来，王新兵老师创建了"GH 教学"的数学教学模式，专业成长迅速，2012 被评为天津市特级教师，2017 年 3 月被评为天津市首批正高级教师，并承担了教育部"国培计划"和"中学数学有效教学"专题培训工作。2012 年 12 月 13 日《天津教育报》、新华网曾以"特级教师、天津第四中学教师王新兵"对王新兵的数学教学思想与做法进行了报道。与此同时，王新兵在个人专业发展的基础上，也带动了天津第四中学青年数学骨干教师的成长，他指导的青年教师杨赫梁老师获全国说课比赛一等奖，指导的刘力老师获天津市第八届青年教师创优课一等奖，并有多位教师在学术期刊上发表教学理论或实践论文。天津四中以科研为先导，教学质量大幅攀升，已成为教育部"国培计划"的实践基地。

二、 福建实验区

福建课题组成员始终以课堂为主阵地，实践高效的课堂教学模式，多年的课题研究实践活动，促进了教师专业发展。例如，课题组核心成员王钦敏成为教育部"国培"专家，被评为特级教师，福州第三中学林风被评为正高级教师，陈中峰、江泽、黄炳锋三位实验教师获得省中小学教学名师称号，江嘉秋、丘远青、柳榕、陈智猛、童其林、王神华六位教师参加了省中小学学科教学带头人培养对象培训。他们成为福建省中学数学师资队伍中的中坚力量，促进着福建省实验区各实验校的数学课堂教学效率的提升。

三、 浙江实验区

自从开展初中高效率课堂教学实践研究以来，浙江仙居县第二中学、新生中学、仙居县实验中学均取得了良好的成果，初步形成了"3B教育"理念下的数学高效率课堂教学理论体系，以及对应的实践做法。课题实验研究促进了教师的专业成长，课题主要承担者吴增生成为数学特级教师、浙江省首批正高级教师、浙江省基础教育课程改革指导专家、教育部第三批"国培"计划专家，是人民教育出版社义务教育教材的编写人员，还主编了人民教育出版社八年级下册教师用书。台州市为吴增生建立了名师工作室，推动着台州市中青年数学教师的专业发展。吴增生不仅带出了仙居县的一批数学骨干教师，而且通过子课题的研究，使仙居县以及台州市课题教学现状有了明显改观，数学教学效率明显提高。

四、 四川实验区

2003年12月开始，四川成都龙泉驿区实验区以开展数学课堂教学效率实践探索为切入点，促进数学教师专业发展，子课题负责人王富英2006年被评为特级教师。在课题研究中，龙泉驿区数学教师的专业成长得到长足发展。到2013年，全区名优特教师达927人，县区级骨干达教师474人。同时，通过"DJP教学"，极大提高了该实验区数学课堂教学效率，实践做法并推广到其他地区，高效率数学教学在当地成为较有影响力的科研成果之一。

第十章

**教研成果、媒体评价
以及研究展望**

"十五"期间，课题组围绕数学教学效率的理念，以及如何提高数学教学效率等问题做了研究，"十一五"期间研究了教师的课堂教学行为。在相关研究的基础上，进行了教育部人文社会科学研究一般项目"高效数学学习的心理特征"的研究，提出了高中数学素养的操作性定义。在课题研究期间，各实验区的研讨活动、相关研究成果被国内各类媒体广泛报道。课题组将进一步围绕高效率学习的高中学生学习规律，构建高中生高效学习的心理特征模型，获得高效率学习的学生心理特征的认识，开展教师核心素养和能力建设研究。

第一节　教研成果

"十二五"期间，课题研究视角由关注教学效率转变为关注学生学习效率，开展了"高效数学学习的心理特征"研究，建立了高效数学学习心理结构模型，分析了影响高效数学学习的因素及其特征，将效率研究推向深入。

一、　高效数学学习的心理特征[①]

在教学实践与研究中如何提高教师的数学教学效率是亟待解决的问题，提高教师的数学教学效率也就具有重要意义。而研究"高效数学学习"的心理特征，为学生如何运用较少的精力投入去获得较多的学习收获提出了具体的方针，同时也为数学教师如何进行高效率的教学提供了依据。

（一）文献概述与概念界定

我国一些有识之士已经开展了高效率学习的心理学相关研究。刘善

[①]　王光明，刁颖：《高效数学学习的心理特征研究》，载《数学教育学报》，2009(5)。

循主持的全国教育科学"九五"规划重点课题——"中小学学生学习方法与心理发展的应用实验研究",[①] 该研究指出高效率学习应该是一种科学的学习,它不仅重视学习的速度和质量,而且也强调发展智力,培养非智力因素,提高学生的整体素质。

沈德立主持的教育部人文社会科学重点基地重大项目——"高效率学习与信息加工",[②] 根据现代信息加工心理学的特点,结合高效率学习的特征,认为高效率学习的心理结构主要包括选择性注意、元认知、学习策略、非智力因素、内隐认知等要素。

尽管我国一些著名学者对高效率的一般学习理论的探索取得了重要的进展,并从不同侧面为我们提供了丰富的启示。但从研究现状来看,对于高效率数学学习的心理特征研究还很薄弱。

高效率数学学习是指学生在学习数学的过程中,保持积极的学习态度,采取适宜的学习方法,具有良好的学习习惯,并且以较小的投入取得较好的数学学习效果。高效率数学学习与低效率数学学习是相对概念。完成相同的学习任务,学生用的时间较少且效果好,则学习效率高;而相同的时间里,学生完成的学习任务多且学习效果较好,则学习效率高。这里所述的高效率数学学习与智力无关,只要具有正常智力水平的学生通过努力都可以实现高效率数学学习。

(二)研究思路与方法

首先依据教师的经验,采取符合本文界定的高效率数学学习的学生样本,研究他们的心理特征,然后再调查一线教师代表关于高效率数学学习特征的认识,结合这两项研究,给出高效数学学习特征的假说,然后征求专家意见,修订假说。

1. 学生调查

我们选取天津市南开大学附属中学、天津市第二南开中学、天津市

---

① 刘善循:《高效率学习与心理素质训练——如何使您更聪明》,北京,商务印书馆,2000。

② 沈德立:《高效率学习的心理学研究》,北京,教育科学出版社,2006。

海河中学以及北京师范大学天津附属中学高一、高二的部分学生。之所以选择这 4 所学校，是因为其均属于天津市市级重点中学，学生的智力水平、学习程度、心理承受能力相近，而且天津市的大多数学生都在市级重点中学进行学习，为今后大范围提高学生的数学学习效率奠定了基础。根据高效数学学习的应然表现和任课教师的经验，予以推荐，选择那些最符合"高效率数学学习"界定的学生。

调查共发放学生问卷 200 份，收回有效问卷 184 份，没有认真作答的无效问卷 16 份，有效回收率为 92％。因为 4 所学校均属于市级重点中学，教学水平以及学生的智力水平相当，学校间的差异不大。

通过问卷调查我们初步了解了高效率数学学习的学生的学习心理特征。根据数学学习的几个环节——学习计划、预习、听课、复习、总结及处理问题，对数据进行整理分析。

(1)学习计划。

它能够反应学生的学习动机以及学习的条理性，65.76％的高效率数学学习的学生制订自己的学习计划，基本上能够按照自己的计划进行学习，其中 20.11％的学生可以很好地执行自己的学习计划，也有 30.98％的学生制定学习计划，可是执行效果不好。这些数据表明，高效率数学学习的学生都有制订学习计划的习惯，使其数学学习很有条理性，能够将预习与复习、巩固与提高、学习与休息有机地结合起来，能够很好地支配自己的学习时间，并不会觉得时间不够。

(2)预习。

预习是上课前对即将要学的数学内容进行阅读，了解其梗概，做到心中有数，以便于掌握听课的主动权。73.19％的高效率数学学习的学生坚持预习，预习主要就是阅读教材，一方面可以帮助学生了解即学内容的梗概，回忆之前的和即学内容有关联的数学知识，另一方面可以提出问题，带着问题进行学习。而也有 10.87％的高效率数学学习的学生从不进行预习，他们认为课上直接听老师讲，效果更好。从上述数据可以知道，绝大多数高效率数学学习的学生坚持进行课前预习。因为预习是学生独立学习的尝试，对学习内容是否正确理解，能否把握其重点、关键，洞察到隐含的思想方法等，都能及时在听课中得到检验或矫正。如果学习时间紧张，预习可以以粗读为主，从整体上弄懂教材所讲的内容，时间控制在 10 分左右，要留些问题等到课堂上听老师讲解，否则上课会失去学习兴趣。

(3)听课。

听课是学生学习数学的主要形式。在教师的指导、启发下学习，在较短的时间内获得大量系统的数学知识，否则事倍功半，难以提高学习效率。97.28％的学生上课集中听讲的时间达到 30 分以上，96.2％的参加调查的学生上课不会东张西望，没有小动作，有 92.93％的学生在数学课上能够跟着老师的讲解点头和小语。这样做的好处是：一方面暗示自己这部分数学知识已经理解了或者哪些知识有问题；另一方面可以跟老师很好地交流，有利于配合老师的教学。97.83％的高效率数学学习的学生都有记录笔记的习惯，记录笔记并非简单地复制老师的板书到笔记本上，其本身也是一个学习的过程，可以强化记忆。

高效率数学学习的学生会有选择性地进行笔记记录，特别是对重点、难点，以及课外习题的记录，他们不会被动地跟着老师记录板书的全部内容。记录笔记有助于课后的复习，但是上课最关键的环节还在听讲。当老师讲解某一问题时，44.57％的高效率数学学习的学生以听为主，对重点进行记录，51.63％的学生会边听边记，这样做不会遗漏老师上课所讲的内容，也可以加深对重点内容的理解。高效率数学学习的学生学习态度积极、勤奋，有很强的学习主动性，78.8％的学生积极参加课堂讨论，充当参与者，有的同学表现得更为积极，不仅积极发言，还将同学的意见汇总，并进行比较和分析，表现了很强的逻辑思维能力和表达能力。这些数据表明，高效率数学学习的学生特别重视课堂上对知识的吸收率。首先，他们自觉排除分散注意力的因素，最大限度地集中自己的注意力，表现出很强的自控能力，这是学习成功的关键。其次，他们把听、想、做、记较好地结合起来，听老师的讲解，听同学的个人意见；想解题思路，想犯错误的原因；做课堂练习，巩固和检验所学的知识；记录基本知识点、课外补充题。再次，他们会利用机会大胆发言，通过点头、小语和老师积极互动。课堂发言并非是唇枪舌剑，而是思维的碰撞。讲对了，是对我们学懂知识的一次检验；讲错了，经老师、同学指点改正，印象更加深刻，对听课和课后复习有督促作用。总之，课堂集中注意力学习是高效率数学学习的关键所在。

（4）复习。

学习数学，预习和上课集中注意力思考主要是解决一个"懂"的问题，要真正达到"会用"，还必须通过课后复习才能实现。完成作业其实也是一个复习的过程。88.04％的高效率数学学习的学生每天学习数学的时间在一个小时左右，其中73.37％的学生完成数学作业仅仅需要30～40分，72.28％的高效率数学学习的学生会对自己的数学作业进行限时训练，而63.59％的学生在做作业之前会复习当天所学的数学知识，这样做能够及时、有效地弥补听课中的不足，可以加深对数学知识的理解，也可以提高做作业的效率。

完成作业并不是数学课外学习的全部，73.37％的学生会针对自己的学习情况适当地做课外习题，他们认为这样做可以开阔自己的思路，弥补自己的不足，并且总的来说效果不错。总结也是复习的一个重要组成部分，主要包括对数学知识点的总结和对数学习题、错题的总结。66.3％的高效率数学学习的学生坚持自己总结章节知识点，把概念、性质、公式、命题、定理等串联起来，列成提纲、或作表格、或以图示，使知识成为完整的体系，通过复习对学过的数学知识能有一个全面系统的认识。其中23.37％的高效率数学学习的学生坚持自己总结，无论内容的多少，无论老师是否留此项作业，表现出了积极的学习态度和持之以恒的学习毅力。

与知识点总结相比，高效率数学学习的学生更重视对习题的总结，75％的学生会将习题归类，探究其中的规律，30.98％的学生善于把各式各样的习题题型或按题性归类，厘清解题思路，总结出重要习题的各种解法。就像好的学习方法一样，适合自己的才是最好的。解出题并不是做题的唯一目的，从各种解法中找出自己最熟悉、最擅长的，以便提高解题效果和解题效率。同时，针对自己不熟悉的解法要积极的尝试，

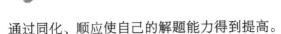

通过同化、顺应使自己的解题能力得到提高。

上述数据说明，高效率数学学习的学生重视数学作业和学习总结。数学作业质量的高低往往可以衡量一个学生的数学学习水平的高低。他们通过做数学作业，可以巩固和加深对知识的理解，并且学会运用，从而形成技能、技巧。同时，很多高效率数学学习的学生对数学作业进行限时训练，表现出他们较强的效率感，有在单位时间内获得最大收益的意识。高效率数学学习的学生特别重视数学总结，因为数学是一门规律性、系统性极强的学科，掌握了规律，知识就会运用自如，难题也能迎刃而解，但是他们对基本知识的重视程度不如对习题的重视程度。

(5)处理问题。

在整个数学的学习过程中，都离不开问题的提出与解决，常出现的问题有预习中的问题、课上讨论的问题、作业中的问题以及课外习题中的问题。发现问题比解决问题更能体现学生的思维能力。遇到问题，85.33％的高效率数学学习的学生采取积极的解决办法，他们先独立思考，积极和同学开展讨论，然后再请教老师，而对于与老师有不同想法的习题，他们敢于大胆质疑。数学课上，68.48％高效率数学学习的学生会自主探究例题，他们认为自己解题很有意思，还可以跟老师的解题方法进行比较。25.54％的学生会自己想，但是主要还是听老师的讲解。数学课外，79.35％的高效率数学学习的学生遇到问题都会独立思考，尝试从不同角度解决问题，尝试使用不同方法解决问题，有不达目的不罢休的韧劲。对于解决完的问题，他们不是一味地追求正确的答案，更重要的是找出自身知识的缺陷，71.74％的高效率数学学习的学生会分析自己误解题的原因，对自己的学习进行合理的调整，避免同样的错误再次出现。这些数据说明，高效率数学学习的学生善于独立思考，敢于提出问题，很多高效率数学学习的学生还尝试一题多解，不断开阔自己的解题思路，使自己得到发展。同时，这也体现出较强的自我监控能力，他们对自己的学习能够适时地进行反思，敢于正视自己的缺点和错误，并且积极地改正。

通过高效率数学学习心理的学生问卷调查，我们初步了解了学生高效率数学学习的特征。本问卷调查共包括 28 个题目，97.83% 的高效率数学学习的学生在课上记录笔记，在所有高效率数学学习行为中居于首位，而仅有 31.52% 的高效率数学学习的学生能够将新旧数学知识很好地联系起来。在所有的问题中没有一个问题的统计结果是 100%，这主要包括以下原因：学生可能对自己的学习只能意会，而不能言传，默默之中也许正是这样去做的，但自己却不能加以正确表达；我们所选样本仍有局限性，教师经验意义下的高效率学生，可能仍桎梏于数学学习成绩，其数学学习实然未必是高效的；每个学生都是独立体，他们各自的学习动机、学习态度、学习意志、元认知能力及生活环境等都不尽相同，因此表现出学习心理相近而不完全相同也在情理之中。

2. 教师调查

通过对中学一线数学教师进行调查，并结合学生高效率数学学习特征的学生调查，进一步总结高效率数学学习的心理特征。本调查采用非随机抽样调查方式，调查对象为天津市实验中学、天津市第四中学、天津市第二南开中学、南开大学附属中学、天津市微山路中学等10 所中学的 60 名数学教师。

通过问卷调查我们主要了解教师在校内观察到的高效率数学学习的学生的学习行为，对于学习计划的制订、预习以及复习都不是直观的结果，有的是教师根据教学经验预测的，有的则是教师通过和学生交流了解到的。因此，对于教师的调查问卷我们主要分析其课上所观察到的高效率数学学习的行为，以及高效率数学学习的学生处理问题的方式、方法。

(1)学习计划。

学习计划通常可以分为学期计划、月计划、周计划以及日计划，因为学习的内容不断变化，也考虑到学生的自我监控能力，调查中所说的学习计划即周计划。57.89% 的教师认为高效率数学学习的学生制订自己的学习计划，并且能够按照自己的学习计划进行学习。教师认为学习计划可以让学生有序地安排作息时间，规范自己的学习生活，合理地利用时间就不会觉得时间不够用，学习效率也会提高。同时，学习计划也可以反映学生的学习动机，高效率数学学习的学生明确知道学习是自己的事情，可以积极、主动地进行学习，不会把学习当作是教师或家长强加给自己的任务。

(2)预习。

68.42％的教师认为高效率数学学习的学生坚持预习。高效率数学学习的学生在课前了解即学内容的概况，并且试图找出前后知识的联系。另外，对于不明白、不理解的知识点进行标记，带着问题进行学习，这样可以提高学生的学习兴趣，而且对于自己感兴趣的内容也可以进行深入学习。教师认为高效率数学学习的学生进行课前的预习有利于培养学生独立思考、独立学习的能力。但是预习也要适度，教师认为对于学习能力极强的学生也可以不预习，如果课前预习就掌握了全部的数学知识，进行了应用知识的训练，势必会影响课上的吸收率。因此，教师认为预习就是通读教材，从整体上了解教材所讲的内容，时间在10分以内，要留些问题等到课堂上听老师讲解，否则课上的学习效率就会降低。

(3)听课。

在数学课上，教师观察学生的学习行为是最直观、最真实的。100％的教师看到高效率数学学习的学生上课集中听讲的时间在30～40分，其中68.42％的教师观察到学生听讲的时间在30分左右。85.96％的教师反应高效率数学学习的学生在数学课上跟着老师的讲解点头和小语，对于教师来讲这是很好的交流方式，反映了学生对知识的理解程度和掌握程度，以便教师开展后面的教学活动。96.49％的老师看到高效率数学学习的学生课上都有记录笔记的习惯，但是大部分学生都是将老师的板书抄到笔记本上，只有26.32％的高效率数学学习的学生会有选择性地进行笔记记录，特别是对重点、难点，以及课外习题的记录，他们不仅不是被动地跟着老师记录板书的全部内容，而且对于教师的话语也会有所摘记。61.4％的老师看到高效率数学学习的学生在教师讲解时，以听为主，对重点进行记录。虽然好记性不如烂笔头，但是课堂上必须要以听为主，否则在课下花费更多的时间也无法明白课上的一个小问题。高效率数学学习的学生学习态度积极、勤奋，有很强的学习主动性，84.21％的教师认为高效率数学学习的学生积极参加课堂讨论，作为参与者，有的同学表现得更为积极，不仅积极发言，还将同学的意见汇总，并进行比较和分析，表现了很强的逻辑思维能力和表达能力，这对教师来讲也是一种鼓励，能够很好地和学生进行互动，否则会感觉到在唱"独角戏"。教师在课堂上直接观察到高效率数学学习的学生特别重视课堂上对知识的吸收率。第一，他们自觉排除分散注意力的因素，最大限度地集中自己的注意力，保证听课的质量。第二，他们积极思考、大胆发言、和老师进行互动，有利于他们对知识的理解和吸收，也有利于教师教学任务的完成。

(4)复习。

复习是教师经常强调的一个环节，但是很多学生都会忽视这一环节，实际上复习要比预习重要得多。完成作业就是一个复习的过程，89.47％的教师认为高效率数学学习的学生每天最多需要40分来完成数学作业，64.91％的教师同意高效率数学学习的学生会对自己的数学作业进行限时训练，而80.7％的教师认为高效率数学学习的学生每天都会进行复习，只有35.09％的老师认为学生是在做作业之前复习当天所学的数学知识，大部分的学生都是完成作业后再进行复习。

高效率数学学习的学生不仅学习效率高，学习的主动性很强，还具有良好的意志品质，87.72％的教师认为学生会针对自己的学习情况适当地做课外习题，这样做可以帮助学生开阔解题思路，弥补知识的不足，并且总的来说效果不错。总结也是复习的一个重要组成部分，主要包括对数学知识点的总结和对数学习题、错题的总结。56.14％的教师认为高效率数学学习的学生坚持自己总结章节知识点以及对习题进行归类，首先是把概念、性质、公式、命题、定理等串联起来，列成提纲、或制作表格、或以图示，使知识成为完整的体系，通过复习对所学过的数学知识能有一个全面系统的认识，然后把各式各样的习题按题型或按题性归类，厘清解题思路，总结出重要习题的各种解法。教师认为高效率数学学习的学生通过完成数学作业，巩固和加深了对知识的理解，并且学会运用。同时，很多高效率数学学习的学生对数学作业进行限时训练，表现出他们较强的效率感，以及很强的自我管理能力。高效率数学学习的学生重视数学总结，因为数学是思维的体操，逻辑性强、系统性强，只有掌握了规律，才能灵活地运用知识，高效率数学学习的学生是其他学生学习的榜样。

(5)处理问题。

新课程改革以来，探究性学习已经成为主要的学习方式，开展数学探究性学习更是离不开问题的提出与解决。对于数学学习中的问题，84.21%的教师了解到高效率数学学习的学生会采取积极的解决办法，他们先独立思考，和同学开展讨论，然后再请教老师，而对于与老师有不同想法的知识点，他们不会被动地接受，而是敢于大胆地质疑。数学课上，50.88%的教师看到高效率数学学习的学生会自主探究例题，而且还会跟老师的解题方法进行比较，不是单纯地为了解题而解题。数学课外，61.4%的教师了解到高效率数学学习的学生遇到问题会独立思考，尝试从不同角度、使用不同的方法解决问题，有不达目的不罢休的韧劲。对于解决完的问题，他们不是一味地追求正确的答案，而是积极找出自身知识的漏洞。68.42%的教师认为高效率数学学习的学生在遇到问题、解决问题后，会分析原因，对自己的学习进行合理的调整，避免同样的问题再次出现。教师认为高效率数学学习的学生善于独立思考，敢于提出问题，善于解决问题，有较强的自我监控能力和自我调节能力，并且他们敢于正视自己的缺点和错误，对自己的学习能够适时地进行反思和调整。

通过高效率数学学习的教师问卷调查，我们从另一个角度了解了高效率数学学习的应然特征。100%的教师认为高效率数学学习的学生课上会全神贯注地听讲，独立完成数学作业，并且每天花费一个小时左右的时间在数学学习上，而仅有19.3%的教师认为高效率数学学习的学生能够将新、旧数学知识很好地联系起来。教师作为旁观者，在课堂上观察高效率数学学习的学生的学习行为，虽然比较客观，但是作为教师不可能将自己的精力完全放在某几个甚至某一个学生身上，所以观察的结果还不够细致，而且有所偏差。另外，本次问卷调查主要是在教师教研时进行的，包括了市直属重点中学、市重点中学、区重点中学以及私立中学的教师，调查涉及的教师范围比较广，他们未必对数学学习效率均有深刻认识和体会。

3. 征询专家意见

由于我们选取的学生样本，是依据我们的界定，根据教师的经验选择的，可能有的教师仍是依据数学学习成绩来选择样本的，样本选择可能会有误差，而教师调查，教师可能数学教学效率就不高，对数学学习效率认识未必深刻。因而依据这两项调查给出的高效率数学学习的学生的心理特征假说，肯定会有局限性，为此，我们又征求了专家的意见。

调查对象为教育领域的专家及在培养中学生进行高效率数学学习方面有着丰富教学经验的中学数学教师，选取北京师范大学曹一鸣教授，陕西师范大学黄秦安教授，华南师范大学何小亚教授，天津海河中学于大中特级教师，天津市河西区教研室洪双义特级教师，"数学教学效率论"江西子课题组的舒昌勇特级教师等专家进行调查。

调查结果表明，各位专家及教师对我们所述的大多数特征没有异议，但也在一些特征上指出了一些问题。

我们提出高效率数学学习的学生坚持做好数学课前的预习。有一位专家认为不一定，有些接受能力强的学生不预习的学习效果更好，课上直接学习新的数学知识会更有意思。对于某些天资聪明，智力水平较高的学生来说，他们接受新知识的能力强，不进行预习的学习效果更好。但是绝大多数的学生的智力水平一般，接受新知识需要一个过程和时间，如果不预习会增加教师上课课题引入的时间。其他专家赞成这条是高效率数学学习的学生的学习心理特征，所以，我们认为这条是学生高效率数学学习特征。

我们提出高效率数学学习的学生注意和老师的互动。有一位专家认为大多数是这样，但也有少数天才学生上课不听老师讲，自己思考，自己学习。但是从教学实践中，我们了解到学生和老师的互动，一方面学生可以暗示自己对知识的掌握程度，另外也可以提示老师自己对知识的理解程度。基于此，我们认为这条应该被列为学生高效率数学学习心理特征。

我们提出高效率数学学习的学生能够随听随记。有一位专家认为这不一定，记笔记有可能会影响听讲的效果。但是好记性不如烂笔头，适当地记录笔记有助于强化记忆，有助于今后复习的查看。所以，我们仍将此条列为学生高效率数学学习心理特征。

我们提出高效率数学学习的学生积极性、主动性很高。他们积极总结数学课上的重、难点，积极参与数学探究活动，积极参加数学竞赛，训练自己一题多解的能力。有两位专家认为这不一定，主要原因有学生很少有机会自行总结数学课的重、难点，不是所有的学生都会或者想去参加数学竞赛。另外，高效率数学学习的学生对于一题多解也是视情况而定，相反有的普通生更喜欢一题多解。因此，我们认为这条不能被列为学生高效率数学学习心理特征。

我们提出高效率数学学习的学生时间观念强，有向时间要效益的意识。有一位专家认为大部分高效率数学学习的学生是这样的，但有少部分的学生虽然容易在一些问题上耽误学习时间，但是也能做到高效率数学学习。尤其是遇到问题的时候，适当地走动或者听听音乐可以放松心情，活跃思维，从而提高数学学习效率。基于此，我们将其改为高效率数学学习的学生有向时间要效益的意识，在完成数学作业的过程中，不做与学习无关的事情。

我们提出高效率数学学习的学生了解自己的生物钟，每天在固定的时间学习数学。有一位专家认为不一定，一位专家认为不清楚。对于生物钟，学生了解得比较少，对于自己的生物钟也不是很清楚，而且由于每天的学习任务不确定，所以基本上不会在固定的时间学习数学。所以，这条不被列为学生高效率数学学习心理特征。

另外，专家和老师认为高效率数学学习的学生在学习的时候注意力集中最为重要，其次是良好的学习计划，劳逸结合，较强的时间观念，循序渐进地复习在日常的数学学习也起着重要的作用。

（三）研究结论

在参考了各位专家、教师的建议的基础上，我们对学生高效率数学学习心理特征进行修正，我们构建了学生高效率数学学习特征。

1. 动机方面

具有良好的数学学习计划，并自觉地安排自己的学习；数学课上，积极思考，在小组讨论中充当"参与者"；对数学学习有信心，主动做课外数学习题，刻苦钻研课内、外的数学知识。

2. 态度方面

坚持进行课前的预习，了解即学的数学知识，有超前意识；数学课上，认真记录笔记，遇到不明白的问题大胆质疑；学习数学新知，主动探究、积极和老师互动，经常在教师的讲解前思考；先复习所学的数学知识再独立完成作业，不是为了做作业而做作业；敢于正视自己的认知错误，对待错题仔细分析原因。

3. 意志方面

数学课上，不东张西望，不做小动作，全神贯注地听讲；在数学学习中遇到难题，坚持独立思考，勇于战胜难题；课外，能够主动进行数学学习，并且精神集中，不易受到外界干扰；有效率意识，对不同的数学任务限定自己在规定的时间内完成。

4. 元认知方面

注重劳逸结合，课间充分休息，头脑疲劳、精神紧张时及时调整自己的状态；阶段学习后，能反思、总结数学的基本知识点；对所学的数学例题、习题、错题进行总结、分类，及时厘清解题思路和方法；对待自己不明白的问题，弄清楚之后会反思自己不能解决问题的原因。

二、 高效率数学学习高中生的元认知特征及其教学意义[①]

面对升学压力，许多学生往往通过延长学习时间来提高学习成绩，结果却不得其法，反而造成学习负担过重。提高学生的学习效率，已成

---

① 王光明，佘文娟，廖晶，等：《高效率数学学习高中生的元认知特征及其教学意义》，载《教育科学研究》，2017(4)。

为减轻过重学习负担的必要手段。高中阶段，学生的身心、智力和思维发展已经趋于稳定，这也使得对高中生高效率数学学习的研究更关注其心理特征。[①]

元认知是弗拉维尔（Flavell J. H.）基于认知心理学以及元记忆方面的研究成果提出的概念，[②] 它作为学生认知过程的核心，体现着学生的监控和反省能力，在学习技能的获得和应用中具有重要的作用和意义。[③] 近年来，学界在元认知对学生数学学习过程的重要作用、学生的自我监控能力和元认知对学生数学问题解决效率的影响等方面进行了研究。而在对元认知与数学学习效率之间的关系研究中，多数是以学生问题解决能力的差异作为切入点，探究其与数学元认知的关系。已有研究均证实了数学元认知对学生数学学习成绩或学业成就具有较为显著的影响，但关于高效率数学学习学生的元认知特征研究还不多见。本研究旨在了解高效率数学学习的高中生所具有的元认知特征，研究的问题包括：高效率数学学习与学习效率低下、学习效率普通的高中生相比较，数学元认知有什么异同点？高效率数学学习高中生的数学元认知对其数学学习成绩的影响路径是怎样的？对于高效率数学学习的高中生而言，数学元认知是以何种程度影响数学学习成绩？上述三个问题的研究结果对数学教学的意义是什么？

（一）研究方法

1. 研究对象

本研究采用目标抽样中的标准抽样方法，[④] 选取全国 5 个不同的

① 王光明，佘文娟，宋金锦：《基于 NVivo10 质性分析的高效数学学习心理结构模型》，载《心理与行为研究》，2014（1）。

② Flavell J. H. "Metacognition and cognitive monitoring," American Psychologist，1979（34），pp. 906-911.

③ Joyce M. Alexander，William V. Fabricius，Victoria Manion Fleming，et al，"The development of metacognitive causal explanations," Learning and Individual Differences，2003（3），pp. 227-238.

④ Creswell，J. W.，Qualitative Inquiry and Research Design：Choosing among Five Approaches(3rd Edition)，Thousand Oaks，CA：Sage Publication，2012.

省、市、自治区（分别为北京市、天津市、江苏省、福建省以及广西壮族自治区）的 10 所学校的学生，将其分为高效率数学学习学生、低效率数学学习学生以及介于二者之间的数学学习效率普通的学生，将三类学生分别命名为"高效组""普通组"与"低效组"。通过三组学生的对比分析，探究高效率数学学习的高中生具备的数学元认知特征。三类学生的操作定义同《高中生高效率数学学习的智力特征研究》。[1] 由于本研究编制的问卷中部分题目涉及高中数学知识，为避免因全国不同地区的教材内容设计或课程安排的差异而导致的数据失真问题，本研究将样本的选取确定为高二或高三年级学生，总样本容量为 532 人。经过匿名测试，回收问卷 508 份，通过可信度问卷筛选后，获得有效问卷 471 份，问卷有效率为 92.72%。

2. 研究工具

研究工具采用自编的《高中生数学元认知水平调查问卷》，该问卷是在董奇将元认知划分为元认知知识、体验、监控三个维度的基础上，[2] 结合章建跃已经编制形成的问卷维度的划分，[3] 构建了基本结构框架，在进一步征求了美国范德堡大学保罗·科布（Paul Cobb）教授等专家的意见后，经过三次全国范围的测试，形成了最终的问卷。该问卷共包含 55 题，分为三个维度：数学元认知知识（包括关于个体的知识，关于任务的知识，关于策略的知识三个子维度）、数学元认知体验（包括认知体验、情感体验两个子维度）以及数学元认知监控（包括定向与计划、组织与管理、监控与调节、反馈与检验、反思与评价五个子维度）。该问卷整体的内部信度为 0.952，分半信度为 0.931，重测信度为 0.946，具有很好的内部一致性和测量稳定性。

---

[1] 王光明，张晓敏，王兆云：《高中生高效率数学学习的智力特征研究》，载《教育科学研究》，2016(3)。

[2] 董奇：《论元认知》，载《北京师范大学学报（社会科学版）》，1989(1)。

[3] 章建跃：《中学生数学学科自我监控能力》，上海，华东师范大学出版社，2003。

3. 数据处理与分析

研究采用 SPSS18.0 以及 AMOS17.0 软件对数据进行分析，将学生成绩进行标准化处理，并采用以下两种方法：单因素方差分析法来比较三组不同数学学习效率的学生在数学元认知及其包含维度上的均值是否存在显著性差异；逐步回归分析法与潜在变量路径分析法来建构和修正数学元认知与数学学习成绩间的影响路径。

（二）研究结果

1. 不同数学学习效率组别高中生数学元认知水平比较分析

选取样本包括高效组($n=150$)、普通组($n=183$)以及低效组($n=138$)三个组别，为研究不同效率组别的高中生在数学元认知水平上是否存在显著性差异，进行单因素方差分析(表 10-1)。

由表 10-1 中数据可知：数学元认知及三个维度的检验 p 值均远远小于 0.01，说明不同效率组别的学生在数学元认知水平上存在极其显著的差异，进而进行多重比较。

表 10-1　不同效率组别数学元认知及其包含维度的单因素方差分析

	数学元认知	数学元认知知识	数学元认知体验	数学元认知监控
方差 统计量(p 值)	2.18(0.115)	1.67(0.189)	2.82(0.061)	3.23(0.040)
F(p 值)	42.63(0.000)	49.74(0.000)	44.78(0.000)	27.88(0.000)
η^2	0.154	0.175	0.161	0.106

由表 10-2 中数据可知：数学元认知整体水平、数学元认知知识以及体验维度上，任意两组学生之间均存在极其显著的差异（$p<0.01$），数学元认知监控维度，高效组与普通组学生之间存在显著性差异（$0.01<p<0.05$），高效组与低效组，普通组与低效组之间均存在极其显著的差异（$p<0.01$）。

表 10-2　不同效率组别数学元认知及其包含维度的多重比较

(I)组别	(J)组别	均值差 I−J(p 值)			
		数学元认知	数学元认知知识	数学元认知体验	数学元认知监控
高效	普通	10.35**(0.000)	3.90**(0.000)	1.82**(0.000)	4.63*(0.018)
高效	低效	26.51**(0.000)	8.85**(0.000)	4.77**(0.000)	12.89**(0.000)
普通	低效	16.17**(0.000)	4.96**(0.000)	2.95**(0.000)	8.26**(0.000)

注：*$0.01 < p < 0.05$；**$p < 0.01$

进而对十个子维度的单因素方差分析以及多重比较，统计结果显示，不同效率组别的学生在十个子维度上的分数均值存在极其显著性差异（$p < 0.01$），继续进行多重比较，统计结果见表 10-3。

表 10-3　数学元认知包含子维度的多重比较

维度	均值差 I−J(p 值)		
	高效(I)　普通(J)	高效(I)　低效(J)	普通(I)　低效(J)
个体	1.47**(0.000)	3.02**(0.000)	1.55**(0.000)
任务	1.03**(0.000)	2.60**(0.000)	1.57**(0.000)
策略	1.40**(0.000)	3.23**(0.000)	1.84**(0.000)
认知	0.83*(0.023)	2.44**(0.000)	1.61**(0.000)
情感	0.99**(0.000)	2.33**(0.000)	1.34**(0.000)
定向与计划	0.42(0.404)	1.53**(0.000)	1.11**(0.000)
组织与管理	0.14(0.639)	1.21**(0.000)	1.07**(0.001)
监控与调节	1.97**(0.000)	4.41**(0.000)	2.44**(0.000)
反馈与检验	0.85(0.087)	2.30**(0.000)	1.45**(0.000)
反思与评价	1.25*(0.011)	3.44**(0.000)	2.19**(0.000)

注：*$0.01 < p < 0.05$；**$p < 0.01$

根据表 10-3 的多重比较结果中的 p 值，可得到如下结论：①在数学元认知知识维度中包含的三个子维度上，任意两组学生之间均存在极其显著的差异（$p < 0.01$）；②在数学元认知体验维度中包含的两个子维

度中，"认知体验"维度上，高效组与普通组学生之间存在显著性差异（0.01＜p＜0.05），高效组与低效组，普通组与低效组之间均存在极其显著的差异（p＜0.01），"情感体验"维度上，任意两组学生之间均存在极其显著的差异（p＜0.01）；③在数学元认知监控维度包含的五个子维度中，"定向与计划""组织与管理"以及"反馈与检验"维度上，高效组与普通组学生之间不存在显著性差异（p＞0.05），高效组与低效组、普通组与低效组之间均存在极其显著的差异（p＜0.01），在"监控与调节"维度上，任意两组学生之间均存在极其显著的差异（p＜0.01），在"反思与评价"维度上，高效组与普通组学生之间存在显著性差异（0.01＜p＜0.05），高效组与低效组、普通组与低效组之间均存在极其显著的差异（p＜0.01）。

2. 高效组高中生数学元认知影响数学学习成绩的路径探索

研究选取了总样本中高效组的 150 名学生作为被试，以 150 名学生的问卷数据以及数学学习成绩作为变量进行路径探索。

（1）模型建立。

董奇的研究成果表明，元认知包含的知识、体验与监控维度之间存在相互影响的关系，而它们又对学生的数学学习成绩有影响。[①] 本研究的初始假设模型如图 10-1 所示，首先选取逐步多元回归法在 SPSS 软件中进行多元回归分析，结果显示 10 个自变量均能进入回归分析。

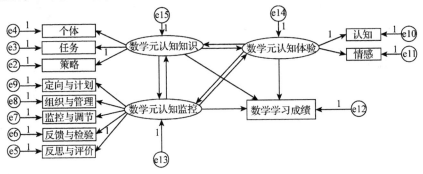

图 10-1　初始假设结构模型

---

① 董奇：《论元认知》，载《北京师范大学学报（社会科学版）》，1989（1）。

初始假设模型中的 4 个潜在变量间存在的影响路径如下：数学元认知知识直接影响数学学习成绩，同时影响数学元认知体验与监控；数学元认知体验直接影响数学学习成绩，同时影响数学元认知知识与元认知监控；数学元认知监控直接影响数学学习成绩，同时影响数学元认知知识与体验。

(2)模型的检验与修正。

分析初始假设模型的各项评价指标，首先模型中的各误差变异量均为正值，标准误数值在 0.05～0.62 之间，说明没有很大的标准误，符合规定。观察潜在变量之间的回归系数，对系数值为负以及未达显著（$p >$ 0.05）的路径予以删除。发现增加"数学学习成绩←数学元认知体验"路径，可减少模型 $c2$ 值 18.481，增加此路径是有意义的，因而调整模型。

对模型修正首先删除系数不显著的路径以及异常路径，得到新模型（图 10-2）。

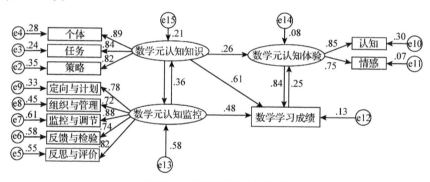

图 10-2　修正后的路径模型

修正后的模型各误差变异量均为正值，标准误数值在 0.07～0.61 之间，潜在变量之间的路径系数均为正值，且没有超过 1，符合标准。进而观察拟合指标（表 10-4）。

表 10-4　修正路径模型拟合指数

预设模型 Default Model	绝对适配度指数				增值适配度指数				简约适配度指数		
	GFI	AGFI	RMR	RMSEA	NFI	IFI	TLI	CFI	PGFI	PNFI	NC
	0.871	0.845	0.032	0.021	0.940	0.911	0.937	0.958	0.528	0.673	2.718

从表 11-4 中的结果可以看出，指标 GFI、AGFI、NFI、IFI、TLI、CFI 的值在 0.845～0.958，PGFI、PNFI 的值均超过 0.5，RMR、RMSEA 的值都在 0.05 以下，NC 值介于 1～3 之间。综合考虑各项指标的最终结果，路径模型的拟合程度较好，可以接受。

(3)模型结果解释。

各潜在变量间的效果值如表 10-5 所示。

表 10-5　各路径效果值

影响路径	直接效果	间接效果	总效果
数学元认知知识→数学元认知监控	0.357	——	0.357
数学元认知知识→数学元认知体验	0.261	0.200	0.461
数学元认知知识→数学学习成绩	0.614	0.261	0.875
数学元认知监控→数学元认知体验		0.123	0.123
数学元认知监控→数学学习成绩	0.483		0.483
数学学习成绩→数学元认知体验	0.254	——	0.254
数学元认知体验→数学学习成绩	0.339	——	0.339

对于高效组学生而言，数学元认知知识、数学元认知监控和元认知体验对其数学学习成绩的影响依次降低。数学元认知知识对数学学习成绩有大效果的直接影响（直接效果值为 0.614）和中效果的间接影响（间接效果值 0.261），总效果值达到 0.875。间接影响路径分别为：“数学元认知知识→数学元认知体验→数学学习成绩”以及“数学元认知知识→数学元认知监控→数学学习成绩”。数学元认知监控与体验两个维度对高效组的数学学习成绩有中效果的直接影响，效果值分别为 0.483 和 0.339。

3 个变量之间也存在影响。数学元认知知识对数学元认知体验有大效果的影响，总效果值达到 0.461，其中直接效果值为 0.261，间接效果值为 0.200。间接影响路径分别为：“数学元认知知识→数学学习成绩→数学元认知体验”以及“数学元认知知识→数学元认知监控→数学学习成绩→数学元认知体验”。数学元认知知识对数学元认知监控有中效果的直接影响，效果值为 0.357。数学元认知监控对数学元认知体验有一定效果的间接影响，效果值为 0.123，影响路径为："数学元认知监控→数学学习成绩→数学元认知体验"。

高效组的数学学习成绩对于数学元认知体验存在中效果的直接影响，效果值为 0.254。

（三）结论、讨论及教学意义

1. 高效率数学学习高中生的元认知特征

通过 3 组被试各项数学元认知水平的方差分析，本研究获得了高中阶段数学学习高效率的学生在数学元认知方面特征的一些发现。

从数学元认知整体水平来看，高效率学生要显著高于其他两组学生。这一结论与以往研究既有相同点也有不同之处。例如，有研究指出元认知水平的提高可以促进学习效率的提升，进而使学生获得更高的学业成就。[1] 但是该结果与张潮[2]以及张军翎[3]的研究结论不尽一致，他们认为中等生与学优生在元认知水平上并不存在显著性差异，也有研究认为，学习困难学生与中等生有着较为一致的元认知水平。[4] 研究结果的不同，原因在于研究对象的选取标准不同，元认知对不同学科、不同学段的影响也未必相同。

在数学元认知知识以及数学元认知体验方面，高效率学生要显著高于其他两组学生。在数学元认知监控方面，高效率学生在监控与调节、反思与评价两个子维度显著高于其他两组学生，而在定向与计划、组织与管理以及反馈与检验三个子维度方面，高效组与普通组学生并没有显著差异，该结果不同于经验认识。至少有两条原因：目前正在实施的高中数学课程，对学生定向与计划、组织与管理等方面的能力整体要求不

---

[1] 张宏如，沈烈敏：《学习动机、元认知对学业成就的影响》，载《心理科学》，2005(1)。
[2] 张潮：《中小学生推理能力和元认知与注意力的比较》，载《心理科学》，2009(3)。
[3] 张军翎：《中小学生的逻辑推理能力、元认知及注意力水平与学业成绩的比较》，载《心理科学》，2008(3)。
[4] 左志宏，席居哲：《三种学业成绩水平学生元认知、学习动机的比较》，载《中国特殊教育》，2005(5)。

是非常高，学生数学学习的选择性不足；高中生的课业负担较重，针对数学学科学生往往能够做到反思自己的解题方案，但很少会进一步选择更好的方案来验证自己的解题过程。[①]

2. 数学元认知对高效率数学学习高中生的数学学习成绩的影响

针对高效组学生的路径模型分析显示，数学元认知知识、监控、体验三个变量对数学学习成绩均构成直接影响路径，前者是大效果直接影响，后两者是中效果直接影响。而数学元认知知识对数学学习成绩还有中效果的间接影响。

就总体效果值而言，数学元认知知识对数学学习成绩影响最大，其次为数学元认知监控和数学元认知体验。之所以数学元认知知识对成绩影响最大，原因是数学元认知知识对成绩具有大效果值的直接影响，同时以数学元认知体验或数学元认知监控为中介变量，进而间接影响数学学习成绩。

数学元认知监控对数学学习成绩有中效果直接影响。这在一定程度上验证了已有结论，即自我监控与思维品质对数学学业成绩均有直接效果，同时，自我监控通过思维品质间接影响数学学业成绩，其总效果值达到了高效果。[②] 虽然本研究中的结果并未达到高效果值，这可能与样本选取标准的差异以及路径模型中的潜在变量不同有关。高效组的数学元认知体验与数学学习成绩间存在相互影响。这一结果的产生，可能是由于数学元认知体验中包含的子维度"情感体验"，在一定程度上因学生的数学学习成绩提高，而变得更加积极，从而形成双向互促。

3. 高效率数学学习高中生的元认知特征研究结论的教学意义

通过方差分析以及路径分析的结果显示，高效率数学学习的高中生在数学元认知水平上整体优于其他两组学生，其包含的知识、体验、监控三个维度对高效组学生的数学学习成绩都具有一定的影响，其中的研

---

① 汤服成，何文林：《中学生数学元认知知识的调查研究》，载《数学教育学报》，2009(5)。
② 于文华，喻平：《个体自我监控能力、思维品质与数学学业成绩的关系研究》，载《心理科学》，2011(1)。

究结论有重要的数学教学实践启迪价值。

（1）高度重视数学元认知知识的指导。

方差分析以及路径分析的结果显示，高效率学生的元认知整体水平较高，在元认知知识方面表现得尤为突出，而在高效组中又以元认知知识对成绩的影响效果最大，影响途径最多。为了提高数学学习效率，数学教师在日常数学教学中首当其冲应加强对学生元认知知识的指导。元认知知识包括关于个体的知识、任务的知识以及策略的知识。在教学过程中，教师可从不同维度加强对学生数学元认知知识的指导。

第一，关于个体的知识。首先，是关于数学学习个体差异的知识。数学教师要知晓学生在数学学习认知以及非认知等方面具有个体差异性。在认知方面，教师可以通过多元表征知识、多种变式提出问题、多种思路分析数学问题、多种策略解决问题等方法兼顾学生个体的数学认知差异。在数学非认知方面，数学教师要知道学生的态度、情绪情感、动机以及性格水平具有个体差异性及其在数学学习中的意义，并对学生进行引导。例如，某位学生高中数学学业成绩非常好，而且数学学业成绩非常稳定，数学教师可以剖析和引导其他学生认识到该学生与其他同学在数学学习内在动机方面（求知欲以及求识欲等）的差异所在。其次，关于个体数学学习优劣方面的知识。教师要做学生数学学习方面"自我知不足"方面的指导者。例如，指导学生在抽象思维能力、数学知识之间的融会贯通、数形结合能力、数学运算、数学学习注意力、数学学习理解、数学学习意志品质等方面有正确的自我认知，指导学生拥有数学学习方面"知不足"的自我意识。最后，关于学生个体数学认知水平和影响数学认知活动的各种主体因素的认识。教师要引导学生是否对"懂而不会"[1]"出错重复"[2]和"忘记讨论"[3]等常见高中数学学习现象有正确的

---

[1] 王光明，杨蕊：《数学学习中的"懂而不会"现象》，载《中学数学教学参考（上旬）》，2012(10)。

[2] 王富英，王光明，魏荣芳：《"错误重复现象"产生的原因及消除对策》，载《数学通报》，2011(7)。

[3] 缪林：《解题过程中的忘记讨论的现象分析——以等比数列前 n 项和为例》，载《中学数学教学参考（上旬）》，2013(6)。

自我判断，并能够加以个别指导。

第二，关于任务的知识。教师既要加强学生对高中数学的整体认知，又要提升学生对具体任务的信息提取与处理能力。高中数学涉及函数、数列、集合、向量、逻辑、排列组合、解析几何、空间立体几何等内容，各内容之间联系紧密。处理数学任务的视角是多元的。加强学生对高中数学的整体认知，促进学生对数学知识、数学思想、解题方法的融会贯通，能够使其在面对数学任务时更加从容、灵活地调动数学思维，激发更为丰富的背景知识。就具体的数学任务而言，其往往以问题为载体，通过文字语言、图像语言以及符号语言等多种形式综合呈现，既有明确的已知条件又有隐含的潜在条件，这就要求学生有较高的信息读取能力和信息转化能力。因此，教师在教学中要注重培养学生的审题能力，通过明确任务类型、目标、难度，寻找有效条件信息，对数学知识的多元表征等环节，梳理问题的核心，抓住任务的本质。

第三，对于策略使用知识的指导。教师要在"授人以渔"上下功夫，将数学思考的过程纳入教学的重点。相对于初中数学学习，高中数学在学习内容上更加抽象复杂，在策略使用上更加灵活多变。在以往教学中，教师将自己的思考过程更多地放在了备课环节，在课堂上展示的都是问题解决的成功途径、最优办法，没有让学生看到"教师是如何想到的"，使学生知其然不知其所以然，造成了死记硬背的现象，对此，教师可在教学中将自己思考的过程进行适当的"现场直播"，向学生展示教师是如何读取重点信息，如何整理思路，如何寻找已知条件和未知量之间的关系，如何清晰、严密地表达问题解决的过程，甚至在遭遇挫折时又如何寻找错误来源，如何转换求解策略等。在学生有了较为丰富直观的体验后再引导学生总结与提炼，会使得学生对解题策略有更加直观和深刻的理解，增强学生关于策略使用的知识。

(2)加强对学生的自我定向与计划、组织与管理行为的引导以及自我检验意识的培养。

涂荣豹[1]、徐燕刚、张大均[2]、汤服成和梁宇[3]等在研究成果中都阐述了元认知监控对于数学学习的重要意义，但是这些研究没有涉及高中数学学习中自我定向与计划、组织与管理行为的引导以及自我检验意识的现状阐述，没有揭示其中存在的问题。

高效率数学学习学生的数学元认知能力要高于其他两组学生，但高效率学生在元认知监控维度下的定向与计划、组织与管理方面与普通组无显著差异。这一结果应得到数学教育工作者的警醒，在当下许多地方的高中数学教学实践中，教学进度、教学材料以及教学评价的主动权仍在学校和教师手中，无论是高效率学生、普通学生还是低效率学生都在相同的学习进度、相同的学习材料以及相同的评价标准中学习，造成即使是高效数学学习的学生在定向与计划、组织与管理等方面也没有表现出超强的元认知能力的现象。

高中新课程改革将实施的"走班制"对学生定向与计划和自我组织与管理等方面的元认知监控能力提出了更高的要求。即将实施的新一轮数学高中课程，将增加课程的选择性，尤其是将加入 CAP 课程内容，让学有余力的学生在高中就学习大学数学课程内容，这就要求学生（尤其是高效率学习学生）在课程内容的选择方面拥有自我定向与计划和自我组织与管理等方面的能力。新一轮高中数学课程改革的趋势进一步突显了涉及学生数学学习中的定向与计划和自我组织与管理，教师在此不能替代学生过多，而应重视给予必要的引导和指导。

"全日制普通高中数学课程标准(修订稿)"(征求意见稿)将数学建模作为六大核心素养之一，数学建模是对现实问题进行抽象，从数学的视角提出问题，用数学的思想分析问题，用数学的语言表达问题，用数学

---

① 涂荣豹：《数学解题学习中的元认知》，载《数学教育学报》，2002(4)。

② 徐燕刚，张大均：《数学教学中渗透培养学习自我监控能力的策略》，载《教学与管理》，2007(12)。

③ 汤服成，梁宇：《小学四～六年级学生数学元认知监控学习策略培养的研究》，载《数学教育学报》，2008(1)。

的知识得到模型，用数学的方法得到结论，验证数学结论与实际问题的相符程度，不断反思和改进模型，最终得到符合实际规律的结果的过程。建模水平的高低很大程度取决于模型优化程度的高低，而这一过程恰恰需要学生具有较强的反馈与检验的能力。本研究表明，我国高中生自我检验的意识和能力并不突出，高效率学生较普通学生也并无显著性差异，这就需要教师在教学中着重培养学生的自我检验意识，让高水平的数学元认知监控为学生数学素养的提升助力。日常教学过程中，教师可鼓励学生从多种角度理解知识，在解题时学会重新思考自己的解题过程，采用不同的问题解决方案，以检验自己解题的正确性和简洁性，也由此逐步培养学生自我检验的意识，提高数学学习过程中反馈与检验的能力。

(3)强化数学元认知体验在学习过程中的促进作用。

路径分析的结果显示，元认知体验与学习成绩之间存在相互影响。换言之，对于高效率数学学习的高中生来说，良好的元认知体验能够促进学习效果的提高，而学习取得良好效果也会形成元认知的良好体验，这样便形成了一种良性循环，反之便形成了恶性循环。这一结果的发现为提升学业不良学生的学习效果提供了方法指导。首先，就认知体验维度而言，很多学业不良的学生数学认知结构混乱，知识之间的相互联系不清晰，学习新知识时，无法建立起与已有知识的联系，学习的知识越多，结构就越松散，于是陷入"只见树木，不见森林"的情境。为解决这一问题，教师要减少学生的认知负荷，可在复习时采用"一题多解"的形式，让学生在不同解法之间寻找知识的联系，梳理知识的脉络，同时采用"一法多题"的形式，突显解题方法的特点，明确数学思想方法的内涵，最终帮助学生形成"一览众山小"的认知体验，带动学习效果的提高。其次，就情感体验维度而言，积极的情绪体验有助于学业不良的学生建立数学学习信心。很多学业不良的学生对于数学学习有着较为强烈的挫败感与恐惧感，这种情况下，教师可根据学生的实际情况，给予学生适合其自身水平的学习任务，通过耐心指导与鼓励，让学生充分体验"挑战—努力—成功"的愉悦，形成积极的情感体验，改变其对数学学习的态度，进而提高学习效果。

今后进一步的研究问题是"结合智力以及其他心理特征来更加客观地认识高效率数学学习学生的元认知特征"。例如，陈英和、韩瑽瑽在研究中指出，智力与元认知有一定程度的相关，学习任务的复杂程度也具有一定的影响。[①] 因而，路径模型分析还有待深入研究。

三、 构建了高中数学素养的操作性定义[②]

《教育部关于全面深化课程改革落实立德树人根本任务的意见》指出，研究制订学生发展核心素养体系和学业质量标准，是深化课程改革的重要举措。[③] 对各学科具体核心素养体系的研究，将指向高中教育准确把握当今人才培养方向，引导考试评价更加准确反映当下人才培养要求。新一轮的高中数学课程改革已经启动，为了保证其顺利实施，如何测评高中数学素养的问题已刻不容缓。早在1923年，布里奇曼(P. W. Bridgman)提出，一个概念的真正定义不是属性，而是操作定义。1971年，该思想与观点被美国《科学》杂志列为世界五大哲学成就之一。操作定义，是根据可观察、可测量、可操作的特征来界定变量含义的方法。为了测量高中生数学素养，就需要将高中生数学素养的抽象概念作为变量，给出其操作定义。

（一）测评维度的确定

研究人员就高中生数学素养操作定义主体维度向享誉海内外的数学教育测评专家进行意见征询，所访专家包括加拿大多伦多大学原北美数学教育心理学会会长麦克杜格尔(McDougall)教授、澳大利亚墨尔本大学国际知名数学教育家大卫克拉克(David Clarke)教授、中国台湾数学素养测试负责人林福来教授、中国上海 PISA 测试负责人张民选教授、PISA 项目专家顾问团成员 Hu Linmin 教授(曾任 PISA 项目副总监)和

[①] 陈英和，韩瑽瑽：《儿童青少年元认知的发展特点及作用的心理机制》，载《心理科学》，2012(3)。

[②] 王光明，张楠，周九诗：《高中生数学素养的操作定义》，载《课程·教材·教法》，2016(7)。

[③] 中华人民共和国教育部：《教育部关于全面深化课程改革落实立德树人根本任务的意见》http://www.moe.gov.cn/srcsite/A26/s7054/201404/t20140408_167226.html，2018-06-28。

加州大学伯克利分校艾伦·舍恩菲尔德(Alan Schoenfeld)教授(曾任美国 AERA 主席,负责起草了 NCTM 于 2000 年颁布的《学校数学的原则和标准》高中标准部分,曾经获得克莱因数学教育奖)。6 位专家均认为考查高中生数学素养可以借鉴 PISA 的测评维度。所以,依据专家意见,参照 PISA 及"台湾评量"的测评维度,设立了包含现实情境、数学内容、数学过程 3 个维度作为高中生数学素养操作定义的主体维度。

(二)二级指标及其描述

二级指标及其描述主要征询了林福来教授、Hu Linmin 教授、David Clarke 教授以及 Alan Schoenfeld 教授的意见。4 位专家均建议内容维度的二级指标要考虑高中特点,情境维度以及过程维度的二级指标可以参考 PISA 以及"台湾评量"。二级指标的描述要尽量体现本土特色与高中数学特点。

结合专家意见,并参考 PISA 和"台湾评量"的二级指标,在数学内容方面,删掉了 PISA 测试中"数量"的内容;在现实情境方面,主要选取我国高中生所熟悉的实际情境;在数学过程方面,具体内涵更加注重高中知识的特点。

最终确定了数学素养操作定义的结构(图 10-3)及指标描述(见表 10-

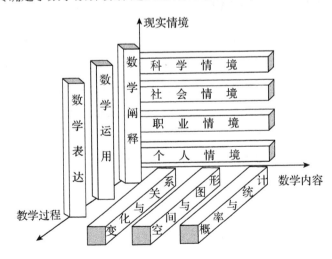

图 10-3 数学素养操作定义的结构

6），其中现实情境分为 4 个子维度：个人情境、职业情境、社会情境、科学情境；数学内容分为 3 个子维度：变化与关系、空间与图形、概率与统计；数学过程分为 3 个子维度：数学表达、数学运用、数学阐释。

（三）学生数学素养测评的水平划分

依据图 10-3 的结构图编制测试题。学生数学素养测评的水平划分也是高中数学素养操作定义的重要构成。关于学生数学素养测评的水平划分，征询了 McDougall 教授、林福来教授、Hu Linmin 教授以及 Alan Schoenfeld 教授的意见，他们均认同依据 SOLO 分类评价理论，对学生数学素养测评的水平进行划分的方法，具体水平划分见表 10-7。借鉴 PISA、"台湾评量"以及专家意见，研究者建构了高中数学素养的操作定义。

表 10-6　数学素养的操作定义

数学素养维度	子维度	二级指标的描述
现实情境	个人情境	指高中生个人日常生活、活动、同伴交往中涉及的问题情境，如学习、休闲娱乐、学校活动等
	职业情境	指某高中生熟悉或知晓的常见工作环境，该情境中会涉及用数学思想方法解决问题，如会计师、建筑设计师、程序设计师等
	社会情境	指与高中生的社区生活、社会生活相关的情境，如房子买卖、汽车修理、公共交通等
	科学情境	指在自然世界或科技问题中应用中学阶段数学知识解决问题的情境，如太阳能技术等
数学内容	变化与关系	指用恰当的方程、函数等建立模型来表征变化规律或关系，并在符号、图像、表格、文字等不同表征方式之间进行转化，包括集合、函数、数列、不等式等内容
	空间与图形	指对于客观事物的形式（形状、结构、度量及位置关系）及其符号进行合理的想象和推理，包括向量、立体几何初步、平面解析几何初步、解三角形等内容

数学素养维度	子维度	二级指标的描述
数学内容	概率与统计	指能够根据提出问题，收集数据、整理数据、分析数据、解释数据、做出判断的数据处理全过程来解决现实情境中问题的中学概率与统计知识和方法，包括概率、统计等内容
数学过程	表达能力	指将真实世界的情景转换为数学情景，用数学函数、方程、图形等方式将某些情境表达出来的能力
	运用能力	指运用数学概念、数学命题、数学思维方法进行推理，建构模型，解决现实情景问题的能力
	阐释能力	指对解决问题的过程与结果结合情境进行解释和评价，且解决问题的方法合乎实际意义的能力

表 10-7 基于数学素养操作定义的数学素养测评水平划分

水平	表现形式	记分
水平 0	学生完全不能读懂问题，无法形成任何有效的表征，表现为空白的解答	0 分
水平 1	学生不能正确指出问题与哪些已学习过的数学知识有关，不能调用有效的数学能力解决问题，表现为完全不符合题目内容与逻辑的解答	1 分
水平 2	学生初步理解题意，能够注意到题目所考察的个别主题内容，与个别的数学知识建立联系，但对题目的表征不完备，只能用片面的知识或能力解决问题，表现为急于给出答案但不能完整给出解答过程，多使用试误的方式给出解答	3 分
水平 3	学生能够逐句理解问题，可以重述问题的条件与结论，但不能理解条件之间的关系，表征方式零散，使用的数学知识与能力是孤立的，表现为可能得到正确或大部分正确的答案，但解题过程只是从不同已知条件中得到的线索的堆积	6 分
水平 4	学生能够对题目进行完整的表征，恰当地使用解题策略，将题意中获得的线索纳入关联的知识与能力框架中，合理解决问题，表现为能够从整体上解决问题，使用严谨的数学语言表述答案	10 分

第二节　媒体评价

课题研究过程中，全国各地媒体对一些重要活动进行了报道。以时间为序，主要的相关报道列举如下。

2004 年 11 月 29 日，《成都日报》做了题为《"数学教学效率论"研讨会昨在新都举行》的报道。

搜狐首页 > 新闻频道 > 社会新闻 > 四川新闻 > 成都日报　

"数学教学效率论"研讨会昨在新都举行

NEWS.SOHU.COM　2004年11月29日03:57　来源：四川新闻网-成都日报

四川新闻网-成都日报讯（记者严斌）　昨日，为期两天的全国教育科学"十五"规划重点课题———"数学教学效率论"中期成果研讨会在新都区一中落下帷幕。在这次研讨会中，全国各地重点中学的数学专家会聚一堂，共同就目前国内数学教育的新思想、新理念进行了研究和探讨，同时就"数学教学效率论"这一颇具时代性的课题进行了专题发言。

2004 年 12 月 1 日，《华西都市报》刊登了《120 名专家来蓉"论数学"》的报道。

120名专家来蓉"论数学"

http://www.scol.com.cn　四川在线（2004-12-01 06:18:23）来源：四川在线-华西都市报

四川在线华西都市报消息　本报讯（曾毅达刘徽记者赖永强）昨日，来自全国各地的120多名数学教育专家齐聚成都新都一中，研讨全国教育科学"十五"规划重点课题：《数学教学效率论》。与会专家分析了中学数学教育效率低下的原因，并从多角度提出了提高数学教学的效率。

2006 年 6 月 2 日，龙泉教育网对在新疆召开的全国首届"高效率数学教学研讨会"进行了报道。

2007 年 4 月 22 日，《光明日报》发文刊登了《天津师大：靠特色显优势》的文章，介绍了课题的研究情况。

 首页>首页 > 光明日报
news.gmw.cn

天津师大:靠特色显优势

2007-04-22 来源:光明日报 作者:本报记者 陈建强 我有话说

建校近50年的天津师范大学近年来以国内外高等师范院校改革与发展经验为借鉴,始终把"为基础教育服务"作为办学宗旨,不断创新教师教育模式,在为天津市基础教育走在全国前列提供强力支撑的同时,也使自身凸现出鲜明的特色和优势。

与基础教育"无缝对接"

数学科学学院在"十五"期间承担了3项与基础教育密切相关的全国教育科学规划课题,其中"数学教学效率论"重点课题在全国建立了近60个实验基地,有近200个中学班级参加实验,在推进基础教育改革方面做出了突出成绩。

2010 年 7 月 28 日，镇江电视台以"国内教育专家为我市教育发展支招"为题，报道了全国教育科学"十一五"规划重点课题"基础教育高效教学行为研究"研讨会在江苏省扬中高级中学的召开。

2010 年 8 月 4 日，《镇江日报》对研讨会的召开做了题为"聚焦基础教育 共商高效课堂"的报道。

2010年8月9日，镇江教育局网在"教育动态"栏目以"全国教育学会课题研讨会在扬中举行"为标题进行了报道。

首页 >> 镇江教育新闻··············>>>

全国教育学会课题研讨会在扬中举行

　　昨天，全国教育学会在扬中举办国家教育科学十一五课题《基础教育高效教学行为研究》交流汇报活动。此活动由天津师范大学和省扬中高级中学承办，全国各地的教育同仁到会，该市部分教师有幸聆听了一些专家型、学者型教师的课题研究成果，深得教益。

　　活动期间，天津师范大学数学系教授博导王光明就本课题的提出接受了采访，他说，当今教师教的很辛苦，学生学的很辛苦，很多教师准备课件、花费大量时间去补课，而教学质量不高，在这种背景下，我们提出了这样的课题。四川省特级教师王富英表示，如何减轻教师和学生的负担，提高教学效率，如何把课堂还给学生，把自主权还给学生，就要从学生学习的角度出发，注重提高他们学习的主动性和积极性。

　　据省扬高中负责人介绍，如何提高课堂教学质量一直是全国各地研究的重点，天津师范大学在2008年开展《基础教育高效教学行为研究》，被批准立项为全国教育科学"十一五"规划重点课题，研究数学、化学、物理、生物和英语等学科的高效教学行为。各学科一一给出了各自的研究方案，并成立课题组。在四川、湖北、福建、浙江和天津等地相继成立了实验区与子课题组实验区。省扬高中从2008年开始，就和天津师范大学合作，参加该校十五课题的研究，取得了丰硕的成果。此次又成为十一五课题江苏实验区成员，参加这一课题研究有力提高了教师的教科研水平，有效提高了教学质量。

　　本次会议将围绕基础教育高效教学行为的研究成果，开展说课活动。

2010 年 12 月 30 日，《福州晚报》报道了"十一五"规划课题"基础教育高效教学行为研究"子课题——"网络环境下数学课堂高效教学研究"开题会议。

总首前所在位置：首页 -> 新闻 -> 教育

福建"网络环境下数学课堂高效教学研究"开题

2010-12-30 15:12:34 来源：福州晚报

【字号：大 中 小】 【评论】【打印】【关闭】

在"网上数学教学中心"里，不但有老师的个人专栏、资料中心、课堂学习、论坛答疑、论文集锦、资源导航等丰富的模块，还有配着轻音乐的聊天室和家长论坛。不管是老师还是学生们登陆后，都可以在这里制定工作或学习计划，也可以添加论坛主题，你可以在这里发布信息或资料，也可以查看同学、老师、家长或者管理员发来的短信息；教师可以在这里上传课件同同步课堂供学生学习，也可以查询学生们提交的作业和资料；教师可以在这里输入学生的考试成绩，学生和家长可以通过统计图了解自己孩子在班上的大致位置；每个学生都能建立一个可以持续学习的"成长记录袋"，培养一种终身学习的能力……这就是不久之后即将覆盖福建省中学数学教学一线的网络课堂的美妙图景。

12月25日，福建省《网络环境下数学课堂高效教学研究》的开题仪式暨首次研讨会在福州教育学院大学城新校区举行，研讨会为来自全省九地市的120多位中学数学一线名师们传递了构建网络课堂的最新信息。

据记者了解，此前，由福建省特级教师协会、福建省数学学会初等数学分会、杰出（福建）教育网络开发有限公司联合向全国教育科学"十一五"规划重点课题《基础教育高效教学行为研究》申报了《网络环境下数学课堂高效教学研究》的分课题研究工作，于11月份获得批准。接着从11月15日起开始全省各校子课题的申报工作，短短一个月时间，全省九地市就有71个实验单位和实验校申报了36个子课题，其中福州市共有20所实验校申报了17项课题进行研究。在未来的两年内，课题组将通过举行系列讲座、实验课开课、听评课及研讨活动、课例个案分析等，提出有效、可操作的网络教育与数学课堂高效教学整合的模式。

在当天的研讨会上，课题组专家、厦门市教育局副局长、"苏步青数学教育奖"一等奖获得者任勇为广大老师们带来了一场题为《数学教师发展之道》的讲座。他认为，目前学校在信息技术网络教育应用上存在很多"盲点"，如只重视硬件建设、缺乏应用指导研究、缺乏信息技术与课程融合的研究等。任勇表示，通过这个课题研究过程中老师们之间的同伴互助和专家引领，逐步提升教师的教学效率，构建一个无限延伸的课堂，最终改变学生的学习方式。（记者 安梓）

2010 年 12 月 31 日，福建省人民政府门户网站和福建省教育厅官网，也对"网络环境下数学课堂高效教学研究"开题会议进行了报道。

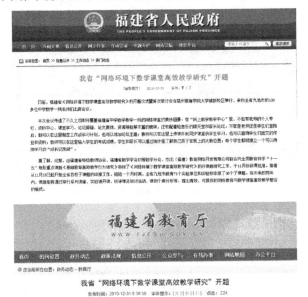

2012 年 3 月 8 日，《天津教育报》、新华网对天津市新华中学教师团队成长进行了纪实报道。

2012 年 7 月 6 日，人民网·天津视窗对天津四中开展课题研究的成果进行了题为"天津市河西区四中创建合作型特色校　重点课题研究成果丰硕"的报道。

天津市河西区四中创建合作型特色校 重点课题研究成果丰硕

2012-7-6 17:18:12

7月3日，天津市河西区数学特级教师、天津四中的王新兵以一堂师生互动的教学课吸引了教育专家的目光，王老师展示的"合作型课堂教学模式"是天津四中《合作型特色学校的发展研究》的一部分。

人民网·天津视窗7月6日电：7月3日，天津市河西区数学特级教师、天津四中的王新兵以一堂师生互动的教学课吸引了教育专家的目光，王老师展示的"合作型特色学校的发展研究》的一部分。经过三年的实践，这一全国性重点课题圆满结题。（记者 陈致宏）

2012 年 11 月 23 日，《中国教育报》刊登了《自然式教学：顺应数学思维规律》的文章，对课题组成员梁栋的教学思想进行了报道。

2013 年 11 月 21 日，"天津电视台"对在天津新华中学举行的"高效教学论坛"进行了报道。

2013 年 12 月 4 日，《天津日报》以"近百位高校教授中小学教师到天津新华中学观摩"为标题，报道了林群院士与天津师范大学"国培计划（2013）"学员到天津中学观摩的情况。

图为中科院院士林群与教师交谈。日前，参加"国家培训计划（2013）"培训团队研修项目天津师范大学数学班的近百位高校教授、中小学特级教师和教研员来到新华中学观摩，探讨轻负高效教学策略。摄影 刘耀辉 通讯员 程永迪

第三节　研究展望

以全国教育科学"十五"规划教育部青年专项课题"数学教学效率论"和"十一五"规划教育部重点课题"基础教育高效教学行为研究"为抓手，基于"五动"模式，促进了参与课题实验教师的专业发展。但已有的研究成果如何更好地推广，让更多的青年教师受益还需做进一步的实践探索。"十二五"期间，我们的研究重点更多的关注高效数学学习学生的心理特征，研究团队基于教育部人文社会科学一般项目"高中生高效学习的心理特征研究"（13YJA190012）的实验研究，开展学生数学学习效率提升的实践探索，发表了系列研究论文，该课题已于 2016 年 12 月结题。在"十三五"期间，为了践行立德树人的根本任务，在关注和研究学生数学学习的过程中，如何提升学生的数学学习素养有待深入研究。同时，培养学生的核心素养，需要进一步提升教师的专业水准，开展教师核心素养和核心能力建设研究，这也将是我们促进教师专业发展的另一重要课题路径。

通过"五动"模式提高教学效率、促进教师专业发展也只是手段之一。改革和认定中学数学教师资格证，实施一体化的数学教师教育，建立数学教师的评级制度与数学教研及职后培训的联系等，均是提升数学教师专业化的系统工程中的环节。

最后需要说明的是，在课题实验中有一种让人非常担忧的现象——总是有些数学教师（甚至研究者）渴望追求和获取一种速效的方法能够立竿见影地提高教学效率（实质是应试的效率）。何种政策以及激励措施、实施何种教师教育乃至什么样的文化环境能够引导和激励教师重视专业发展，导向教师避免浮躁与急功近利，导向教师重视练好内功，导向数学教师重视参与高质量教研活动、培训活动，提升专业水平，厚积薄发，进而提高数学教学效率，还需要做大量的理论与实践研究工作，可谓任重而道远。

参考文献

[1]宗寒．浮躁——现代化建设的大敌[J]．理论前沿，2003(19)．

[2]刘朝晖．中国化肥企业深陷"倒闭死亡潮"行业巨亏上百亿[EB/OL]．[2018-06-28]
　　http：//finance. ifeng. com/a/20170418/15307673 _ 0. shtml．

[3]陈伟民．教师与经济[M]．长春：东北师范大学出版社，2003．

[4]徐玉高，侯世昌，孟庆国．可持续发展中的公平与效率问题[J]．清华大学学报
　　(哲学社会科学版)，2000，15(4)．

[5]吴福象．论供给侧结构性改革与中国经济转型——基于我国经济发展质量和效
　　益现状与问题的思考[J]．人民论坛·学术前沿，2017(1)．

[6]杨宁．绿色壁垒已严重影响我国产品出口[EB/OL]．[2018-06-28]http：//www. zj.
　　xinhuanet. com/zjzj/2014-07/03/c _ 1111437498. htm．

[7]郭路瑶．被买卖的 SCI 竞赛[N]．中国青年报，2016-07-27(11)．

[8]柳风．科技浮躁是科研大忌——中国工程院院士秦伯益访谈[J]．河南科技，
　　2004(7)．

[9]施晓慧．脚踏实地才能成功——访英国皇家工程院院士宋永华[N]．人民日报海
　　外版，2004-08-11(27)．

[10]王开林．麻将中有鬼[N]．今晚报，2004-08-12(18)．

[11]社会百科——时间价值"时间就是金钱"小考[J]．成人高教学刊，1996(4)．

[12][美]威廉·盖里·沃斯．国际贸易与投资后冷战时代国际商务活动的法律环
　　境[M]．黄建武，刘兴莉，刘恒，译．广州：广东人民出版社，1998．

[13][德]恩格斯．英国工人阶级状况[M]．中共中央马克思恩格斯列宁斯大林著作
　　编译局，译．北京：人民出版社，1956．

[14]张文贤．论效率[J]．当代财经，2002(1)．

[15]HILSCHER G. Japan Wirtschaftsmacht mit System[J]. Techn Rdsch, 1992(84).

[16]陈会昌．竞争 社会—心理—文化透视[M]．北京：北京师范大学出版社，2000．

[17]吴乐进，臧蕴．新加坡提升国家竞争力之借鉴[J]．改革与理论，2001(9)．

[18]GINDIN J. Harvest of a Quiet Eye[M]. Bloomington：indiana university press, 2001.

［19］REMBOLD V. Grundbestandteil and entwicklung eines expertensystems［J］. Techn Rdsch，1992，84(13).

［20］茅于轼. 谁妨碍了我们致富［M］. 成都：四川文艺出版社，1996.

［21］周长年. 对效率问题的一些思考［J］. 组织人事学研究，2001(1).

［22］王智勇. FDI 对中国产业效率的影响——基于 1989—2010 年地市级面板数据的研究［J］. 当代经济科学，2015(1).

［23］LORIN W. ANDERSON A. Increasing Teacher Effectiveness［M］. UNESCO：International Institute for Educational planning，1991.

［24］［英］李约瑟. 大滴定——东西方的科学与社会［M］. 范庭育，译. 台湾：帕米尔书店，1984.

［25］汪思谦，苏云荪，瞿鸣荣. 物理学词典——力学分册［M］. 北京：科学出版社，1986.

［26］田禾. 泰罗的科学管理：谋求最高的工作效率［J］. 化工管理，1999(8).

［27］［英］摩根·威策尔，吴言. 效率：完美系统的目标仍遥不可及［J］. 国外社会科学文摘，2003(3).

［28］李涛. 提高课堂教学效率之我见［J］. 教育理论与实践，2000，20(2).

［29］陈佑清. 教学效率刍议［J］. 现代中小学教育，1996(1).

［30］王必成. 略论教学质量与教学效率——关于提高课堂教学效率的几点思考［J］. 课程·教材·教法，1995(1).

［31］周静，张庆林. 关于提高教学效率的几点思考［J］. 西南民族大学学报（人文社科版），2003，24(10).

［32］YOUNG S. ，DALE G. SHAW. Profiles of effective college and university teachers［J］. The Journal of Higher Education，1999(6).

［33］邓金. 培格曼最新国际教师百科全书［M］. 教育与科普研究所，译. 北京：学苑出版社，1989.

［34］DONALD H. NAFTULIN, M. D. ，JOHN E. WARE et al. The Doctor Fox lecture：A paradigm of educational seduction［J］. Journal of Medical Evaluation，1973(9).

［35］ROY BALLANTYNE，JOHN D. BAIN，JAN PACKER，Researching university teaching in Australia：themes and issues in academics' reflections［J］. Studies in Higher Education，1999(2).

［36］JAMES M. KALLISON, JR. . Effects of lesson organization on achievement［J］. American Educational Research Journal，1986，23(2).

［37］肖川．高校有效教学的目标和特征［J］．高等教育研究，1999(3).

［38］杨启亮．困惑与抉择——20世纪的新教学论［M］．济南：山东教育出版社，1995.

［39］FELDMAN K. A. . The association between student ratings of specific instructional dimensions and student achievement：refining and extending the synthesis of data from multisection validity studies［J］. Research in Higher Education，1989(6).

［40］BRODER J. M. ，DORFMAN H. D. . Determinants of teaching quality：what's important to students［J］. Research in Higher Education，1994(2).

［41］SLAVIN R. E. . The napa evaluation of madeline hunter's ITIP：lessons learned［J］. The Elementary School Journal，1986(2).

［42］PORTER A. ，BROPHY J. . Synthesis of research on good teaching：insights from the work of the insititute for research on teaching［J］. Educational Leadership，1988，41.

［43］程红，张天宝．论教学的有效性及其提高策略［J］．中国教育学刊，1998(5).

［44］王光明．重视数学教学效率 提高数学教学质量——"数学教学效率论"课题简介［J］．数学教育学报，2005，14(3).

［45］甄德山，王学兰．教学成效相关研究［M］．天津：天津人民出版社，1997.

［46］［德］恩斯特·波佩尔．意识的限度——关于时间与意识的新见解［M］．李百涵，韩力，译．北京：北京大学出版社，2000.

［47］喻平．数学教育心理学［M］．南宁：广西教育出版社，2004.

［48］杨启亮．减轻学生课业负担的价值辨析［J］．天津市教科院学报，2000(6).

［49］孔企平．数学教学过程中的学生参与［M］．上海：华东师范大学出版社，2003.

［50］涂荣豹．数学教学认识论［M］．南京：南京师范大学出版社，2003.

［51］喻平．数学问题化归理论与方法［M］．桂林：广西师范大学出版社，1999.

［52］薛晓阳．教育科学研究：一个有关实证方法论的讨论［J］．教育发展研究，2012(1).

［53］沈德立，白学军．高效率学习的心理机制研究［J］．心理科学，2006，29(1).

［54］王光明，余文娟，宋金锦．基于NVivo10质性分析的高效数学学习心理结构模型［J］．心理与行为研究，2014(1).

［55］CHARLES J. W. . Study efficiency：where teaching effectiveness and learning effectiveness meet［J］. Teaching of psychology，1982(2).

［56］周志光，雷绿辉．高中毕业班学生学习日内耗能量调查［J］．中国学校卫生，1991，12(3).

[57]纪大海．中国教育病[M]．成都：四川教育出版社，1999.

[58]苏式冬．数学教学效率研究[J]．中学数学月刊，2003(8).

[59]王光明，王合义．运用建构主义观点探讨一堂好课的标准[J]．中国教育学刊，2000(2).

[60]华罗庚．华罗庚科普著作选集[M]．上海：上海教育出版社，1984.

[61]李冬民．社会学方法简论[M]．济南：山东人民出版社，1986.

[62]叶澜．教育研究方法论初探[M]．上海：上海教育出版社，1999.

[63]陈向明．质的研究方法与社会科学研究[M]．北京：教育科学出版社，2000.

[64][德]库尔特·勒温．拓扑心理学原理[M]．竺培梁，译．杭州：浙江教育出版社，1997.

[65][美]安淑华．数学教育中的行动研究[J]．数学教育学报，2002，11(2).

[66][美]JOANNE M. ARHAR, MARY LOUISE HOLLY, WENDY C. KASTEN. 教师行动研究——教师发现之旅[M]．黄宇，陈晓霞，阎宝华，等，译．北京：中国轻工业出版社，2002.

[67]王建龙，彭学秀．高成效教师的典型行为特征[J]．天津教育，1998(4).

[68]田运．思维词典[M]．杭州：浙江教育出版社，1996.

[69]GROUWS. Handbook of Research on Mathematics Teaching and Learning[M]. New York：Macmillan, 1992.

[70]王士平．科学的争论[M]．北京：科学出版社，1998.

[71][美]威廉·维尔斯曼．教育研究方法导论[M]．袁振国，译．北京：教育科学出版社，1997.

[72]陈四益．思想打架[N]．甘肃日报，2011-10-18(26).

[73]程民德．中国数学发展的若干主攻方向[M]．南京：江苏教育出版社，1994.

[73]崔卫国．学习负担的经济分析[J]．喀什师范学院学报，2001，22(2).

[74][美]弗兰克·B·吉尔布雷思，莉莲·M·吉尔布雷思．勤奋的人未必成功[M]．马晓飞编译．北京：海潮出版社，2004.

[75][英]哈里·艾德．事半功倍——使平凡人生发生质变的新方法[M]．高玉环，译．北京：华文出版社，2003.

[76]田运．信息与思维[M]．福州：福建教育出版社，1990.

[77]欧阳绛．思维效率[M]．福州：福建教育出版社，1990.

[78]袁贵仁．开创继续教育工作新局面[N]．中国教育报，2001-11-17(3).

[79]曹一鸣．数学教学论[M]．北京：高等教育出版社，2008.

[80]季诚钧，陈于清．我国教师专业发展研究综述[J]．课程·教材·教法，2004(12)．

[81][美]托马斯·库恩．科学革命的结构[M]．金吾伦，胡新和，译．北京：北京大学出版社，2003．

[82]吴永军．促进教师专业发展：范式、途径、方法[J]．当代教育科学，2007(12)．

[83]沈德立．高效率学习的心理学研究[M]．北京：教育科学出版社，2006．

[84]徐婷婷．论现有教师专业化发展模式的缺陷：从范式比较的视角[J]．上海教育科研，2010(2)．

[85]陈琴，庞丽娟，许晓辉．论教师专业化[J]．高等师范教育研究，2002(6)．

[86]COREY S. Action research to improve school practice[M]. Teachers College, Columbia University, 1953.

[87]STENHOUSE L.. An introduction to curriculum research and development[M]. London：Heinimann，1975.

[88]刁颖．高中生高效率数学学习行为特征的研究[D]．天津：天津师范大学，2009．

[88]王光明．高效数学教学行为的归因[J]．数学教育学报，2010，19(5)．

[89]聂劲松，邹飞雁．中国百年教研制度审视[M]．长沙：湖南师范大学出版社，2009．

[90]雷树福．教研活动概论[M]．北京：北京大学出版社，2009．

[91]龚兴英．中小学教师教研活动研究[D]．重庆：西南大学，2014．

[92]中华人民共和国教育部．国家中长期教育改革和发展规划纲要(2010—2020年)[S]．2010．

[93]杨喜鞠．美国大学促进教师教学发展研究——基于三所大学教学发展中心的视角[D]．西安：西安外国语大学，2015．

[93]杨学枝，江嘉秋．"网络环境下数学课堂高效教学研究"首次课题研讨会暨开题仪式会议纪要[J]．数学教育学报，2011，20(1)：102．

[94]朱晓民，秦杰．公开课与教师专业发展关系的调查研究[J]．课程·教材·教法，2008(5)．

[95]冯家传．优化"师徒结对"的实施策略[J]．中小学教师培训，2006(11)．

[96]崔允漷．有效教学：理念与策略(下)[J]．人民教育，2001(7)．

[97]王光明，刘金英，马晓丹，等．基于"学思知行"有机结合的数学教师评价指标[J]．数学教育学报，2014(3)．

[98]王光明．高成效数学教学的特征研究[J]．当代教育科学，2004(10)．

[99]唐剑岚，蒋蜜蜜，肖宝莹．数学认识信念：影响数学学习过程的重要变量[J]．

课程・教材・教法，2014(6).

[100]王光明.数学教育应该重视数学的内在价值[J].教育理论与实践，2005，25(11).

[101]王光明，王富英，杨之.深入钻研数学教材——高效教学的前提[J].数学通报，2010，49(11).

[102]"数学教学效率论"江西子课题组.中学生数学学习效率成因研究[J].数学教育学报，2005(3).

[103]王光明，王悦.高中数学高才生与普通生的数学认知结构差异比较、析因与教学建议[J].中学数学教学参考，2004(12).

[104]王光明，罗静.美国"促进理解的数学课堂"简介及启示[J].课程・教材・教法，2008(3).

[105]于川.论数学教学的"人课合一"[J].天津市教科院学报，2010(4).

[106]王光明.数学教学效率研究[D].南京：南京师范大学，2005.

[107]王光明.现代课堂教学中的师生交流[J].教育教学论坛，2012(26).

[108]王光明.数学作业方式的变革[J].教育理论与实践，2008，28(23).

[109]王光明.课堂教学中的数学教师评价[J].洛阳大学学报，1996，11(4).

[110]闫德明，李冬辉，李丽.河南省农村小学数学青年教师教育科研现状调查分析[J].数学教育学报，2011(3).

[111]郭胜光.一道课本习题的研究性学习[J].中国数学教育，2012(5).

[112]中华人民共和国教育部.普通高中数学课程标准(实验)[M].北京：人民教育出版社，2003.

[113]王钦敏.高中数学教师专业素养现状的调查与分析[J].福建教育学院学报，2012(5).

[114]李渺，陈志云.中学数学教师专业内在结构的现状调查及分析[J].数学教育学报，2004，13(1).

[115]林风.基于图形计算器开展数学实验的实践与思考[J].中国电化教育，2012(2).

[116]曹一鸣.从数学本质的多元性看数学教育的价值——对新课标"人人学有价值的数学"的解读[J].中国教育学刊，2005(2).

[117]常丽艳.中学数学实验课设计范式及其主体认识分析[J].数学教育学报，2005，14(2).

[118]林风.数学教学的好帮手——图形计算器[J].中国数学教育(高中版)，2011(3).

[119]杨蕊，王光明．TI-Nspire 无线课堂系统在数学教学中的应用及思考[J]．中学数学教学参考，2015(C1).

[120]林风．曲线拟合教学要有三个突破——例谈图形计算器的应用[J]．中学数学，2011(11).

[121]吴增生．3B 教育理念下的数学高效课堂教学策略初探[J]．数学教育学报，2011(1).

[122][美]马克·约翰逊．发展认知神经科学[M]．徐芬，等，译．北京：北京师范大学出版社，2007.

[123]MIRIAM S．，MICHAEL K..Deficient social and play behavior in juvenile and adult rats after neonatal cortical Lesion：effects of chronic pubertal cannabinoid treatment[J].Neuropsychopharmacology，2005(5).

[124]金睐，王玮文，刘美，等．精神分裂症社会隔离动物模型的研究进展[J]．中华行为医学与脑科学杂志，2009，18(6).

[125]吴增生．初中数学课题学习教学的困惑与对策——以人教版课标教材八年级上册"14.4 选择方案"为例[J]．中国数学教育(初中版)，2009(10).

[126]ROBERT SAPOLSKY．驯服大脑压力[EB/OL][2018-06-28]．王伟，译．http://hews.cri.cnlgb/3321/2004/06/03/782@182809.htm.

[127]魏景汉，阎克乐．认知神经科学基础[M]．北京：人民教育出版社，2008.

[128][美]ERIC JENSEN．基于脑的学习[M]．梁平，译．上海：华东师范大学出版社，2007.

[129]PALMER S.E..Modern Theories of Gestalt Perception[M].G.W.humphreys Understanding Vision，Blackwell，1990.

[130]朱滢．陈霖的拓扑性质知觉理论[J]．心理科学，2005，28(5).

[131]吴增生，王光明．数学感知初探[J]．中国数学教育，2010(9).

[132][美]沃尔特·J.弗利曼．神经动力学[M]．顾凡及，梁培基，等，译．杭州：浙江大学出版社，2004.

[133]GOEL V.，BUCHEL C.，FRITH C..Dissociation of mechanisms underlying syllogistic reasoning[J].NeuroImage，2000(5).

[134]吴勤文，杨世明．对"TEC 教学"基础的反思[J]．数学教育学报，2007，16(1).

[135]杜庆宏．开展高效数学教学的行动研究[J]．数学教育学报，2010(5).

[136]王光明．数学教学效率论——走向高效率的数学教学(理论篇)[M]．天津：新

蕾出版社，2006.

[137]王光明. 数学教育要培养效率意识[J]. 中学数学教学参考(高中版)，2006(5).

[138]王光明. 关于学生数学认知理解的调查和思考[J]. 当代教育科学，2005(23).

[139]钟进均. 基于语言学视角的"说数学"探究[J]. 数学通报，2013，52(3).

[140]钟进均. 高中"说数学"的操作原则探究[J]. 云南教育(中学教师)，2013(5).

[141]梁栋. 自然——数学教学的一种境界[J]. 天津教育，2012(6).

[142]于新华，王新兵，杨之. 对"数学教学效率"研究的几点思考[J]. 数学教育学报，2006，15(1).

[143]王富英，朱远平. 中小学教研要素与有效教研分析[J]. 中国教育学刊，2012(11).

[144]刘学质. 问题解决在美国和日本[J]. 数学教学，1993(2).

[145]王富英，王光明，魏荣芳. "错误重复现象"产生的原因及消除对策[J]. 数学通报，2011，50(7).

[146]王光明，刁颖. 高效数学学习的心理特征研究[J]. 数学教育学报，2009(5).

[147]刘善循. 高效率学习与心理素质训练——如何使您更聪明[M]. 北京：商务印书馆，2000.

[148]王光明，佘文娟，廖晶，等. 高效率数学学习高中生的元认知特征及其教学意义[J]. 教育科学研究，2017(4).

[149]FLAVELL J. Metacognition and cognitive monitoring[J]. American Psychologist，1979(34).

[150]ALEXANDER J. M.，FABRICIUS W. V.，FLEMING V. M.，et al. The development of metacognitive causal explanations[J]. Learning and Individual Differences，2003(3).

[151]CRESWELL J. W.. Qualitative inquiry and research design：choosing among five approaches(3rd Edition)[M]. Thousand Oaks，CA：Sage Publication，2014.

[152]王光明，张晓敏，王兆云. 高中生高效数学学习的智力特征研究[J]. 教育科学研究，2016(3).

[153]董奇. 论元认知[J]. 北京师范大学学报(社会科学版)，1989(1).

[154]章建跃. 中学生数学学科自我监控能力[M]. 上海：华东师范大学出版社，2003.

[155]张宏如，沈烈敏. 学习动机、元认知对学业成就的影响[J]. 心理科学，2005(1).

[156]张潮. 中小学生推理能力和元认知与注意力的比较[J]. 心理科学，2009(3).

[157]张军翎．中小学生的逻辑推理能力、元认知及注意力水平与学业成绩的比较[J]．心理科学，2008，31(3)．

[158]左志宏，席居哲．三种学业成绩水平学生元认知、学习动机的比较[J]．中国特殊教育，2005(5)．

[159]汤服成，何文林．中学生数学元认知知识的调查研究[J]．数学教育学报，2009(3)．

[160]于文华，喻平．个体自我监控能力、思维品质与数学学业成绩的关系研究[J]．心理科学，2011，34(1)．

[161]王光明，杨蕊．数学学习中的"懂而不会"现象[J]．中学数学教学参考(上旬)，2012(10)．

[162]缪林．解题过程中的忘记讨论的现象分析——以等比数列前 n 项和为例[J]．中学数学教学参考(上旬)，2013(6)．

[163]涂荣豹．数学解题学习中的元认知[J]．数学教育学报，2002，11(4)．

[164]徐燕刚，张大均．数学教学中渗透培养学习自我监控能力的策略[J]．教学与管理，2007(12)．

[165]汤服成，梁宇．小学四～六年级学生数学元认知监控学习策略培养的研究[J]．数学教育学报，2008，17(1)．

[166]陈英和，韩瑢瑢．儿童青少年元认知的发展特点及作用的心理机制[J]．心理科学，2012，35(3)．

[167]王光明，张楠，周九诗．高中生数学素养的操作定义[J]．课程・教材・教法，2016(7)．

[168]联合国教科文组织国际教育发展委员会．学会生存——教育世界的今天和明天[M]．华东师范大学比较教育研究所，译．北京：教育科学出版社，1996.

[169]王建龙，彭学秀．高成效教师的典型行为特征[J]．天津教育，1998(4)．

[170]西武．黄金法则——左右个人命运的 101 条定律[M]．哈尔滨：哈尔滨出版社，2004.